圖說天下

中國大歷史

◎主編 童超

大秦帝國

圖說天下

前言

歷史好像總是以或明或暗的線索不斷重複，主角不停輪換，你方唱罷我登場，而故事卻逃不過宇宙中顛撲不破的規律——生、老、病、死，如此循環往復、無止無休的輪迴延續；人如是，朝代亦如是。每一代都能從前代的興衰榮謝中尋根溯源、汲取經驗或教訓。

追溯泱泱中華民族之文明正源，必繞不過短暫而璀璨的大秦帝國。當中華歷史從三皇五帝的文明初曙時代穿越夏商，進入制禮作樂的西周時期，秦還只是被強制西遷至蠻荒之地的戴罪之族，默默地爲新王朝鎮守西部邊陲，並開始艱苦卓絕的西部開發。然而，正是這種苦難與艱辛錘煉出秦人堅韌不拔、強悍尚武的民族個性。經過幾代秦人數百年的銳意進取與浴血奮戰，至秦穆公時，秦國終於成爲巍巍大諸侯國。秦從一方霸主成長爲「席捲天下、包舉宇內、囊括四海、併呑八荒」的強大帝國，則始於秦孝公。孝公之後秦國代有明君出，惠王、武王、昭王、莊襄王，無不以完成孝公未竟之志爲己任。

面對這個承載了秦國歷代君王共同夢想的新帝國，秦始皇不敢懈怠，繼續依靠「鐵腕、強權、酷法」鞏固這來之不易的江山：嚴厲鎮壓六國反叛勢力、盡收天下兵器、禁百家之言、築萬里長城，日夜不停地構築自己的「千秋萬代帝國夢」。然而事與願違，新生帝國的生命早已被透支耗盡，倏忽十五年如曇花一般，剎那間灰飛煙滅。

但無可否認，始皇帝的「千秋萬代帝國夢」並沒有就此杳無蹤影，雖然主角變換，卻以另一種形式實現了。大秦帝國奠定了兩千多年來中國遼闊疆域的大輪廓；開創由君主專制、中央集權制與官僚政治以及「海內爲郡縣，法令由一統」的政治體制，歷經後世風雲變幻的朝代更迭得以承襲不替；「書同文、車同軌」使得中華民族奠定文化的基礎；「變法圖強、頑強奮進」的秦人性格成爲中華民族兩千年來雖歷盡劫難卻堅韌不拔、自強不息的精神根源。

大秦帝國

目次

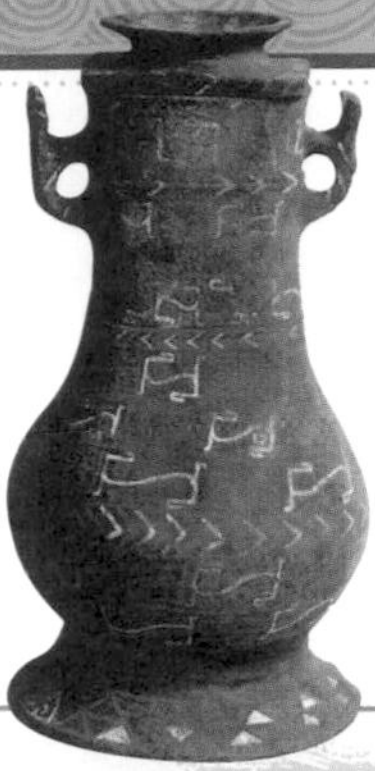

東來西遷

當我們回顧大秦帝國的輝煌歷史，為她能夠在春秋戰國諸侯國中脱穎而出感慨，為她橫掃六國、建立中國歷史上第一個統一的中央集權制國家而震撼時，必然會探尋：秦人來自何方？

起源東方

秦人來自東方。其先民是傳說時代以燕子爲圖騰的氏族部落，發祥地在山東半島的黃海之濱。根據《史記·秦本紀》記載，黃帝之孫顓頊的後代女脩在織布的時候，看見一隻燕子掉落了一顆蛋在地上，女脩便將蛋吞下，於是生下了兒子大業。大業就是秦人的祖先。大業娶了少典的女兒女華，生下兒子大費。大費因爲輔佐大禹治水成功，舜帝賜給他一副黑色的旌旗飄帶，祝福他的後代將繁榮昌盛；並賜了一位姓姚的美貌女子，大費接受了賞賜，爲舜帝馴養禽獸。因爲大費馴養禽獸有功，舜帝就賜封土地給他，賜姓爲嬴。大費由此成爲秦人的得姓始祖——伯益。

殷商顯族

伯益有兩個兒子，一個叫做大廉，也就是鳥俗氏；另一個叫若木，就是費氏。費氏的玄孫叫做費昌。當時夏桀在位，昏庸無道，於是費昌投奔商湯，與商湯一起攻滅夏朝。同時，大廉的玄孫孟戲、仲衍也歸順了商王大戊，大戊以後，仲衍的後代輔佐殷商，功績顯赫，嬴姓逐漸成爲當時的顯族。

自此，嬴姓氏族中一部分人居住在商王朝都城，另一部分則西遷至今天山西、甘肅一帶。商朝末年，仲衍的玄孫中潏遷到西戎，爲殷商保護西部邊防，也就是史書上說的「在西戎，保西垂」。中潏的兒子蜚廉以力氣大著稱，孫子惡來以善於奔跑著稱，父子倆一起爲商紂王賣力。

商紂王驕奢殘暴，引起天下不滿，最終在牧野之戰中被周擊敗。諸

大汶口遺址

根據考古發掘和史料記載，有關專家認為伯益的封地大致在現在山東的日照地區，在這裡有著名的龍山文化、大汶口文化遺址。尤其是這裡的堯王城遺址，前期有可能是少昊都城，後期有可能是伯益的都城。

侯紛紛投奔周，唯有蜚廉與兒子惡來堅決不投降，誓死抵抗周的進攻。惡來因為寡不敵眾，最後在周武王攻陷朝歌之後被殺了。

被迫西遷

雖然蜚廉父子的英勇受人欽佩，但其後代與部族卻是新王朝的戰犯，周王忌憚嬴族的軍事戰鬥力，強行解散嬴姓氏族，秦族被迫向西戎之地遷徙。

蜚廉還有個小兒子季勝，年紀尚小，倖免於難，在部族殘存人馬的保護下逃亡西方，生了兒子孟增。孟增由於善於養馬，受到周成王的寵幸，被封號為宅皋狼。宅皋狼的兒子叫衡父，衡父的兒子叫造父。造父因為善於駕馭馬車，深受周穆王寵幸，為天子駕馭馬車。有一次，周穆王坐車到西方巡視的時候，在王畿的徐偃王乘機集合諸侯作亂，造父憑藉高超的駕車技術，駕著穆王一日千里趕回京城，最終得以及時平定叛亂。穆王大大地獎賞造父，將趙城封賜給他，所以造父一族就改姓趙。

另外有一支嬴姓部落由惡來的兒子女防帶領，在惡來死後逃亡四方。女防生子旁皋，旁皋生子太幾，太幾生子大駱，大駱生子非子。因為當時造父受到周王恩寵，非子就投奔造父，於是也改姓趙。

邑秦復嬴

造父讓非子居住在犬丘負責養馬，周孝王得知非子善於養馬，就命他擔任為王室養馬的官。非子養的馬匹非常肥壯，令周孝王十分高興，同時孝王的外祖父申侯也向孝王大力推薦非子，孝王就說：「從前伯益為舜帝掌管鳥獸，鳥獸繁殖眾多，所以被賜給土地，受賜姓嬴；現在他的後代也為我養馬，我也分給他土地吧。」於是，將今天陝西寶雞陳倉區以西、隴山以東，汧渭二水交會地區的土地賜給非子一族，封邑為秦，並讓其恢復嬴姓，續祀嬴氏，號稱秦嬴，這就是秦人得名的起源。

現代．趙敬予．穆王八駿

周穆王巡遊西方，拜見西王母，憑藉的就是這八匹駿馬。而駕馭這八匹馬的人就是伯益的九世孫造父。傳說他在桃林一帶得到八匹駿馬，馴養好後獻給周穆王。周穆王配備了上好的馬車，讓造父為他駕駛，經常外出打獵遊玩。後來造父平叛有功，周穆王便把趙城賜給他，自此以後，造父族就稱為趙氏，為趙國始祖。

崛起西垂

非子被封於秦，從此秦人開始艱苦卓絕的西部開拓史，並為周朝抵抗西戎、保衛西陲。經過幾代人奮勇抗敵，終於在秦襄公的時候，被封為諸侯國，秦國正式建立。

非子爲周孝王養馬有功，被封於西方的秦地，即今天的陝西寶雞陳倉區以西、隴山以東，汧水渭水交會的地區。當時的秦地，還是一片戎狄經常出沒的莽莽草原、蠻荒之地。從此，嬴秦一族開始了艱苦的西部開發史，然而正是這種苦難與艱辛錘煉出秦人堅忍不拔、強悍尚武的民族個性。同時，爲周王室抵擋西戎各族也成了嬴秦一族的使命。

秦仲戰亡

非子的兒子是秦侯，秦侯在位十年去世，生子公伯，公伯在位三年去世，公伯生子秦仲。秦仲在位第三年的時候，周厲王因爲昏庸無道遭到諸侯反叛，西戎各族趁著周王室政權混亂向秦人發動攻擊，犬丘（今甘肅禮縣東部一帶）一帶的大駱一族盡遭毀滅。周宣王登上王位後，爲強化西部防衛，任命秦仲爲大夫，討伐西戎。然而西戎力量強大，秦仲浴血死戰仍無法取勝，最終力戰而亡。

秦仲的誓死效忠使周宣王深受感動，於是宣王親自召見秦仲的五個兒子，大兒子就是秦莊公，宣王給了他們七千兵卒，命他們重組部隊，再次征討西戎。終於，在莊公兄弟五人的聯手攻擊下，西戎戰敗。周宣王非常高興，於周宣王七年（西元前八二一

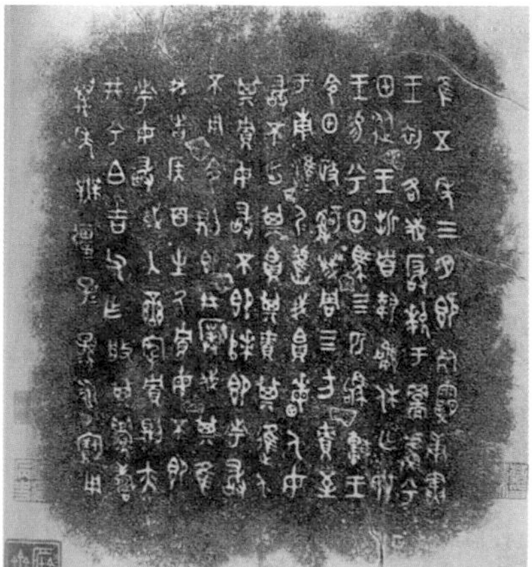

兮甲盤拓片

此盤為西周晚期宣王時代青銅器。圓形，附耳，缺失圈足。宋代出土。盤內有銘文十三行，約一百三十三字。銘文中的兮伯吉父，即西周著名的政治家、軍事家和文學家「尹吉甫」。銘文記述兮甲從天子征伐獫狁，受到賞賜後，天子又命兮甲從成周至南淮夷徵收貢物，包括幣帛、冠服、奴隸等。銘文是研究西周王朝對外戰爭和對外關係，研究西周政治制度的重要資料。在周宣王時期，除了對北方的獫狁、南方的淮夷的討伐以外，也討伐西戎。

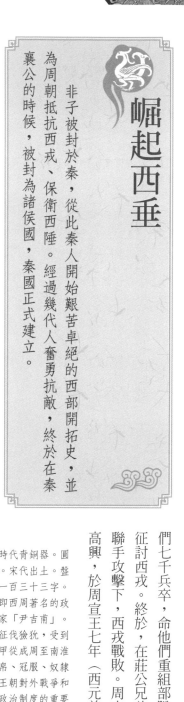

西周・ 盤及其拓片
這件西周青銅盤為方唇，折沿、淺腹、附耳、鋪首，圈足下附四獸足。腹及圈足裝飾竊曲紋，鋪首為獸啣環。二〇〇三年一月十九日陝西省寶雞市眉縣楊家村出土。盤內底鑄銘文二十一行，約三百六十字，記載了單氏家族八代人輔佐西周十二位王（文王至宣王）征戰、理政、管治林澤的歷史。對西周王室變遷及年代世系有著明確的記載，可印證史書的記述。

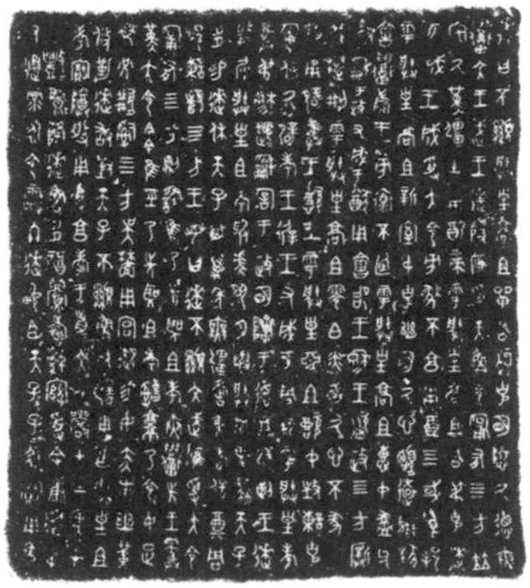

年）將大駱一族的犬丘賜給他們，同時封莊公爲西垂大夫，命他捍衛周王朝的西部邊陲。秦先後擁有過秦地與大駱一族的犬丘兩塊地方，並且在周王室擔任官職。

莊公生了三個兒子，長子世父本來是莊公的繼承人，然而世父爲報祖父之仇，洗刷嬴秦一族曾被西戎擊潰的恥辱，毅然將繼承權讓給弟弟襄公。他說：「西戎殺了我的祖父秦仲，殺不死戎王我就不回家。」接著，世父親自率領軍隊攻打西戎。

莊公在位四十四年去世，次子襄公即位。西戎趁著嬴秦政權轉移的時機突襲秦地，世父集合犬丘一帶的本族軍隊進行反擊，卻因爲寡不敵眾，兵敗被擒。戎人敬重世父的英勇，想要招降他，然而世父堅決不降，一年後，西戎將世父放還。

西戎滅周

周朝在宣王時號稱「中興」，然而這個「中興」只是暫時的，宣王晚年伐戎的失敗正反映出周朝國勢的衰微。周宣王在位四十六年卒（西元前七八二年），同年周幽王即位。

周幽王寵幸佞臣虢石父，朝政腐敗，引起民怨。周幽王三年（西元前七七九年），周軍在伐六濟之戎之戰中失利，同時周王畿內發生大地震，「百川沸騰、山塚卒崩、高峰爲谷、深谷爲陵」，人民流離失所，損失慘重。然而周幽王不僅沒有進行任何補救，反而要廢掉申后和太子宜臼，改立褒姒的兒子伯服爲太子。

申后是申侯的女兒，被廢後帶著兒子逃到申侯的領地申國。周幽王爲了博得美人褒姒一笑，多次點燃烽火騙諸侯來京師，這件事引起諸侯們的憤慨，更使王朝的動亂與衰敗加劇。

幽王十年，王室與諸侯會盟於太室（周的太廟），要興兵討伐申國，申侯忍無可忍，於是聯合西戎攻入周王室京城鎬京，並在驪山殺了周幽王和太子伯服。西周至此滅亡。

襄公始國

秦襄公得知犬戎攻入京城、幽王被殺的消息後，立即率軍來京城援助周王室，最終平定了犬戎之亂，並護送新即位的周平王東遷。秦襄公率兵救周、平定叛亂、護駕有功，周平王非常感激他，不但賜給他「岐山以西之地」，而且對他說：「現在京畿西方的岐豐之地，有一半以上還被犬戎侵佔，你如果能驅逐他們，便將那些土地歸給秦。」岐豐之地處於岐山與豐水間關中平原的腹心地區，是周的發源地，也是周王朝建立以來的政治、經濟、文化的大本營，雖然經過戰亂卻仍是實力雄厚，得到這個地方使得秦國的實力大爲增強。

除此之外，周平王封秦襄公爲「伯」，秦族正式成爲一個諸侯國，開始與其他諸侯國相互拜訪，並在西時祭祀天帝。秦國正式宣告建立。

此後五年，秦襄公幾乎連年出動兵馬，進攻霸佔在岐豐一帶的犬戎，但出師未捷，秦襄公十二年（西元前七六六年），襄公病死營中。

從非子到秦襄公，秦人經過一百餘年的奮鬥，在地域上，從西部一隅發展到岐山以西的關中西部地區；在政治上，從周王朝的重級戰犯，奮鬥爲周王朝的一方諸侯，進而影響周王朝的政治局勢；在軍事上，從被迫解散的嬴姓氏族，成爲驍勇善戰、雄悍整齊的西陲邊防力量。尤其對秦國發展具有重大歷史意義的是，襄公揮戈東進至岐，奏響了秦國占領整個關中地區，進而躋身諸侯列強的序曲。

秦人東進的根據地

周孝王時，非子被封於秦地，周宣王時，又得封西垂（即西犬丘）。此時秦的疆域包括現在甘肅禮縣、清水、張家川一帶。當時的秦人以這一帶為根據地，開始了艱苦卓絕的創業歷程。圖片中所展示的就是現在甘肅張家川一帶的自然風光。

霸業根基

從文公建國開始，秦國再歷經七位君王，勵精圖治，將領土拓展到黃河邊，躋身諸侯列強之林，為成就秦穆公的一代霸業奠定根基。

戰死沙場

秦襄公驅逐犬戎以及護駕東征，立下大功，周平王雖向他許諾岐豐之地，但實際上岐豐之地當時並沒有在周的掌握中。周平王許諾將其賜給秦國，一方面是因爲秦襄公有功於周朝，另一方面也是想透過賜封土地來刺激秦國抵抗西戎，保護周王室的安全。

秦襄公果然倍受激勵，連續五年出兵攻打岐豐一帶的西戎與犬戎，期望能收回岐豐之地。然而連年征伐不斷使得襄公身體疲累，最終體力不支，病死在軍營中，葬於西垂。

收復岐豐

周平王六年（西元前七六五年），秦襄公之子文公繼位，居住在西垂宮。與襄公一樣，文公也是以驅逐西戎、收復岐豐之地爲首要任務。他在位五十年，幾乎窮盡一生征戰西戎，經營岐豐之地。秦文公三年（西元前七六三年），他發兵七百人向東打獵，四年（西元前七六二年）到達汧渭之會，他說：「從前周朝把這裡賜給我的祖先秦嬴做封邑，後來我們終於成了諸侯。」於是占卜這裡適不適合居住，占卜的結果是吉利，於是就在這裡建立城邑。

十年（西元前七五六年），文公開始建造祭壇，稱爲鄜，並用牛羊豬三種牲畜來祭祀。十三年（西元前七五三年），秦國才開始正式設立史官來記載大事，並且開始對百姓進行

陝西隴縣秦襄公紀念雕塑

這尊秦襄公雕塑位於陝西隴縣，隴縣是秦人重要的發祥地。之後，秦襄公護送周王室東遷雒邑，因功而被正式封為諸侯。

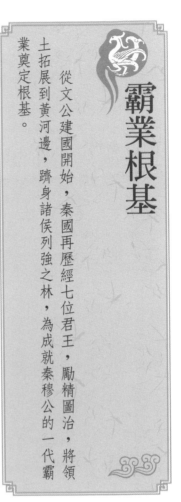

神祕的秦都——西垂

西垂，又稱西犬丘，是秦國的早期都邑。西垂究竟在什麼地方，一直困擾著研究秦史的專家學者。根據傳世文獻地誌資料以及近年來的考古發掘，現在主要有以下幾種具有代表性的觀點。

一是明人董悅、近人王國維、郭沫若考證其故址在漢代的西縣地，即今西和縣、禮縣一帶。二是徐日輝考證在禮縣鹽官堡東南二．五公里的西漢水南岸。三是康世榮考證在禮縣紅河鄉岳費家莊地帶。四是王世平認爲可能在大堡子山秦公墓地不遠處的西漢水北岸一帶。五是祝中熹考證禮縣城東二十公里處的原「天嘉古郡」邑址即西垂故址，在今禮縣永興鎮捷地村與紅土嘴附近。六是張天恩認爲禮縣永興鄉西南的趙坪遺址即西犬丘故墟。

一九七〇年代，禮縣東北部的紅河鄉六八圖村出土一件戰國中期銅戈，胡部陰刻銘文十四字，文中有「右庫工師」之稱，故學者多稱謂「右庫工師」戈，銘尾曰「西工造」。這裡的「西」，應指秦故都西垂之「西」，「西工造」，即西垂工官所造。此外陸續出土的帶有「西」字銘文的青銅器，可以確定西垂的中心地域在東北至禮縣紅河鄉、西南至禮縣石橋鎮一帶。

教化。十六年（西元前七五〇年），文公討伐西戎，西戎大敗而逃，於是收復了周幽王時候失去的土地，岐山以東豐水以西的土地都歸回周王朝，按照周平王當時的許諾，這塊地方實際上就是秦的土地了。

相傳文公在位時發生了兩件奇異的事情。第一件，傳說有兩位由母野雞化成的童子，一個進了現在的寶雞市，後來又變成巨石，另外一個飛到了南陽。文公於是派人建立廟宇祭拜這兩位野雞之神，稱牠們爲寶雞。

第二件發生在秦文公二十七年（西元前七三九年），當時文公派人砍伐南山的一棵大梓樹，突然從梓樹中竄出一頭大青牛，沒有人攔得住牠，後來有人看見這頭大青牛逃到了豐水，於是文公再建一座廟來祭拜神牛。

四十八年（西元前七一八年），世子竫公去世了，文公另立竫公的長子寧公爲世子。五十年（西元前七一六年），秦文公去世，與襄公一樣被葬在西垂。

同年，寧公繼位，當時他才十歲，替他主政的是三位大臣大庶長弗忌、威壘、三父。寧公二年（西元前七一四年），秦國都城東遷到新建的都城平陽城（今陝西寶雞東南）。

寧公二十二歲的時候去世，三位主政大臣聯合東方的魯國，罷黜寧公的長子武公，而擁立魯姬所生的小兒子齣子繼位，當時齣子才五歲。由於太后娘家的勢力太大，引起了「外戚」與「朝臣」之間的權力之爭，三位大臣又殺死君主齣子，擁立武公再度繼位。

鞏固王權

武公是一位驍勇善戰的君王。在

被三位權臣罷黜期間，他帶領自己的軍隊遊歷各地，爭取各方支持力量。魯姓外戚與三位權臣之間的權位鬥爭讓各地將領非常厭煩，卻也更加擁護武公，武公最終得以重新即位。

周桓王二十三年（西元前六九七年），武公即位。第三年（西元前六九五年），武公開始集合禁衛軍隊以及效忠自己的地方勢力，一舉滅掉掌權的三位大臣，重新鞏固了王室大權。同時，武公也繼承了兩位先王征討西戎、經營岐豐的大任。在位期間他多次討伐邽冀（今甘肅天水一帶）地區的戎人，並滅掉小虢國（今陝西寶雞），拓展秦國領土。秦武公二十年（西元前六七八年），武公去世，因為怕兒子嬴白年齡太小，造成權臣干政，於是廢掉太子，命弟弟德公即位。德公元年（西元前六七七年），秦遷都於雍（今陝西鳳翔西南）。

霸業待成

德公即位的時候已經三十三歲了，正處在壯年時期，仍然全力以赴地繼承武公的事業。德公有三個兒子：長子是宣公，次子為成公，第三個兒子就是歷史上赫赫有名的秦穆公，德公死後他的三個兒子兄終弟及，依次輪流成為秦國的國君。

經過武公的勵精圖治，秦國到宣公時候已經非常強盛，這時候宣公開始與東方諸國接觸。秦宣公四年（西元前六七二年），秦國在河陽之戰中擊敗了晉國，讓中原諸侯不敢小覷秦國的實力。至此，秦國經過襄公、文公、武公不斷對外征討、對內鞏固政權，最終成為可以傲視中原的西方大國。

陝西寶雞·雞峰山

按照寶雞當地的傳說，秦文公時野雞化為童子，一隻飛入此山，山因此而得名。山下的祠廟據說就是延續了當年秦文公所建的陳寶祠。該祠幾千年香火不斷，流傳至今。

穆公圖霸

秦穆公為人寬宏大量、銳意進取，具有雄才大略，是秦國歷史上的一代明主。他對內不拘一格用人才，積極拓展秦國領土，推行富國強兵的政策，最終成為春秋五霸之一。

秦穆公，名任好，是秦德公最小的兒子。德公去世後，由大兒子宣公先繼承王位，宣公在位十二年去世，雖然他有九個兒子，但爲了政權穩固，他傳位給二弟成公。成公在位四年便去世，由於自己的兒子年齡還小，於是由三弟穆公即位。穆公即位的時候已經三十三歲了，正值壯年鼎盛時期。

不拘一格用人才

穆公即位之後，爲了增強秦國內部政治、經濟與文化實力，決心境外招募人才。當時大部分的人才都願意投奔最發達的齊國，而秦國只是西方的蠻勇之國，很少有人願意來。但穆公的誠意還是吸引了不少文武人才，如晉國人公孫枝、虞國人百里奚、宋國的蹇叔、西戎的由余等。

百里奚是虞國人，才華橫溢但家境貧寒，四十歲才走出家門謀求發展機會，起初侍奉虞國國君。後來晉國滅掉虞國，百里奚被俘，被獻公當做女兒陪嫁的奴隸送給秦國。百里奚在送親路途中逃到楚國，爲楚王養馬。穆公從剛剛招來的賢臣公孫枝那裡得知百里奚是經世之才，就派人到楚國用五張羊皮換回了百里奚，拜爲大夫。百里奚因此得名「五羖大夫」。

由余是西戎國綿諸的大臣，綿諸（今甘肅天水市東邊）是當時西戎部落中比較強大的一個國家。綿諸王聽聞秦穆公是一位賢能的明君，就派謀臣由余出使秦國。秦穆公知道由余是一位機智能幹的人才，就想要招攬他留在秦國輔佐自己。秦穆公熱情接待了由余，並帶他參觀了秦國雄偉的宮殿，讓他見識到秦國的富庶，並極力挽留由余在秦居住；另一方面，秦穆公讓綿諸王天天享樂，沉迷於秦國的輕歌曼舞中不理國政。由余後來回到西戎，勸諫戎王不要沉迷酒色，但戎王對置若罔聞。失望的由余最終投奔了穆公，爲穆公獻策如何統一西戎。穆公在位第三十七年，秦軍攻破綿諸，之後二十多個戎狄小國先後歸順秦國，秦國得以稱霸西戎。

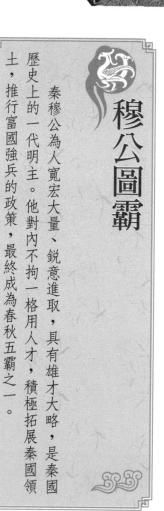

伯樂相馬

還有一件事可以看出秦穆公求才若渴、不拘一格用人才，即「伯樂相馬」與「九方皋」的故事。有一次，穆公問善於相馬的伯樂說：「您年紀大了，子孫中有沒有可以繼承相馬之術的人呢？」伯樂回答：「若是要相良馬，只要憑形貌和筋骨就可以鑒別，但若是相天下稀有的駿馬，卻不簡單，因爲駿馬的神氣在若有若無、似明似滅之間，奔馳起來足不沾塵土、車不留輪跡，極爲迅速。我的子孫才識很普通，他們可以學會識別良馬，卻無法鑒別稀有的駿馬。我有一位朋友名叫九方皋，他相馬的本領不在我之下，我想引薦他。」

於是穆公命九方皋外出找馬。三個月後，九方皋回來報告穆公說：「已經找到一匹好馬了。」穆公問：「是什麼樣的馬？」他回答：「是一匹黃色的母馬。」於是穆公派人取馬，卻看見了一匹黑色的公馬。穆公非常不高興，就向伯樂抱怨：「你推薦的人連馬的黃黑、雌雄都分辨不清，又怎能鑒別馬的好壞呢？」伯樂大驚，歎道：「他的相馬技術已經高

現代．趙叔孺．伯樂相馬圖

伯樂，姓孫名陽，善相馬。他經過長期的潛心研究，取得豐富的相馬經驗後，進行了系統的總結整理。他搜求資料，反覆推敲，終於寫成中國歷史上第一部相馬學著作《伯樂相馬經》。

春秋早期．秦公鎛

橢圓長體，於上部略斂，口平齊，器身有四道扉稜，兩側的扉稜由九條透雕連環盤繞的夔龍組成，會集於舞部，連接成懸鈕。正面和背面的扉稜由五條透雕連環的夔龍和一隻鳳鳥盤繞而成。舞部飾四龍一鳳，鎛身中部上下各飾一條由變形蟬紋、竊曲紋、菱形紋作圍邊的帶紋。帶紋中有四組夔龍紋。內壁有四道調音槽。

到這個地步了，比我高明不止千萬倍了。他觀察馬，並不在乎馬的外表，而是洞察牠的內質與精粹。像他這樣相馬，忽略外在，而只注意內在，這正是他超過我的地方啊！」果然那是一匹天下少有的駿馬。

亡馬得福

穆公不僅智慧勇武，也是一位胸懷寬廣、心慈仁德的君主。穆公有一個牧場在岐山，那裡飼養著各樣的名馬。有一次穆公所愛的寶馬突然逃脫了，被附近村莊的農民捕捉。老百姓因爲不知道馬是自己君主的，就把馬宰了吃。牧場管馬的官員發現馬被三百個農民吃了之後，就把他們全部判死刑，交給穆公定奪。穆公知道之後不僅沒有發怒，反而派人送了好酒給那些吃了馬肉的三百人，說：「君子不會因爲牲畜而傷害人，我聽說吃了好馬的肉，如果不喝酒，就會傷身。」這三百人不但沒有獲刑，反而吃了肉喝了酒，心裡非常感激穆公的恩德。

幾年後，晉惠公趁秦國饑荒時侵犯秦國，穆公親自出征，不幸一時失利並陷入重圍，秦軍隨時可能戰敗。正當危機時刻，突然有三百人拚命衝進重圍解救穆公，一個個爭著衝鋒，死戰到底，扭轉了戰爭局勢。晉軍節節敗退，穆公突圍，反而俘虜了晉惠公。戰勝之後，穆公要謝賞這三百人時，才知道他們正是當年自己赦免的那些食馬之人。他們感激穆公的恩情，一聽到秦與晉要交戰，就悄悄跟隨穆公的軍隊到達戰場，看見穆公陷入困境，紛紛勇猛殺敵，拚死要救出穆公。

穆公雖然亡馬，卻因爲自己的胸懷與仁德，最終也救了自己。

東進圖霸

晉文公去世後，穆公便想趁機攻擊晉國謀求霸業。他不顧百里奚與蹇叔的勸告，堅持命孟明視爲大將、西乞術和白乙丙爲副將去打晉國。秦穆公三十三年（西元前六二七年），秦軍攻破一個叫滑的小國。滑是晉的鄰國，晉襄公非常生氣秦穆公趁著文公亡故的機會擊破滑，於是在崤山埋伏襲擊秦軍，秦軍大敗，三員大將孟明視、西乞術和白乙丙都成了俘虜。後來這三位大將終於逃回秦國，秦穆公穿著喪服，親自到城外迎接他們，哭著說：「都是我不聽百里奚、蹇叔的勸諫，才使得你們三位將軍受此屈辱，這是我的罪，不是你們的罪。我不會因爲一次失敗就抹殺了你們之前的功德，希望你們能繼續盡心努力，他日能夠一雪前恥。」

第二年，孟明視再次請纓攻打晉國，結果再次戰敗。穆公仍然沒有責備他們，只是激勵他們繼續努力。第三年，經過精心準備，秦穆公、孟明視親自率領大軍再次殺奔晉國，在渡過黃河之後燒燬渡船，破釜沉舟，誓言攻下晉國都城。晉軍懾於秦軍不畏生死的氣勢，不敢與之對抗，自動退到崤谷一帶。秦穆公帶領大軍到崤山——就是上次秦軍大敗的地方，收撿陣亡將士的屍骨，親自祭奠，孟明視、西乞術和白乙丙三位大將跪在墳前大哭不止。

秦穆公時期，國力愈來愈強盛。此時秦國闢地千里，國界南至秦嶺，西達狄道（今甘肅臨洮），北至朐衍戎（今寧夏鹽池），東到黃河。秦國稱霸西戎之後，連周襄王都派人送金鼓給秦穆公，以表彰他的功績。

明．仇英．吹簫引鳳圖

《吹簫引鳳圖》描繪的是秦穆公之女弄玉在鳳樓上吹簫引來鳳凰的故事。李白為了這個故事寫了一首五言絕句：「人吹彩簫去，天借綠雲還。曲在身不返，空餘弄玉名。」

五羊皮百里奚

他出身貧寒，曾經乞討度日，甚至被貶為奴隸，成為陪嫁的嫁妝。四十餘歲才出仕，七十歲得遇明主，被以五張羊皮換回秦國，輔佐穆公成為春秋五霸之一。

百里奚是春秋時虞國（今山西平陸北）人，雖滿腹經綸卻家境貧寒，在虞國無用武之地。妻子杜氏知道他胸懷大志，鼓勵他到虞國以外謀事，並告訴他「苟富貴，毋相忘」，百里奚這才告別妻兒，離開虞國開始踏上仕途，那時他已經四十多歲了。

幸遇蹇叔

當時中原混戰，齊國在諸侯國中實力最為雄厚，百里奚便先去齊國尋找機會。然而還沒有等到機會，自己的盤纏先用光了，無奈之下他只能沿街乞討。

春秋．秦公簋

甘肅禮縣大堡子山秦公墓地出土。斂口微腹，獸首耳較大，圈足三獸首足。蓋緣和口下飾獸目交連紋，器上獸首倒置，圈足飾鱗紋，餘飾橫條紋，蓋器同銘五字，記秦公作此簋。

秦公簋拓片

有一天，百里奚在銍邑（今安徽宿州）乞討的時候遇見了隱士蹇叔，蹇叔看百里奚像個讀書人，談吐非凡，就邀請他到自己家中一起住。蹇叔家裡也相當貧困，百里奚便在村子裡養牛來養活自己。

不久齊國發生了權臣公孫無知弒君的事情，公孫無知奪權後張榜公開招募人才，百里奚想去應徵，蹇叔卻不同意，他勸說百里奚：「公孫無知是非法奪權，齊國人一定不服他，而且被殺的先王還有個兒子在外，公孫無知必然位不長久，如果你去輔佐他，他日若有變故，就會玉石俱焚。」百里奚聽從了蹇叔建議，沒有輕舉妄動。果然沒多久，公孫無知又被別人殺害了，齊國政局一片混亂。

當時周王室有一位王子名叫姬頹，要招募善於養牛的人才，百里奚又想去應徵，蹇叔再次建議：「大丈夫不能輕易下決心爲別人賣命，如果爲人工作卻不能全心努力就是不忠，如果和不能共事的主子共同經歷患難就是不明智，王子頹志大才疏、眼高手低，很快就會失敗的，你還是不要去了。」百里奚聽從蹇叔，又放棄了一次機會。

後來蹇叔將他介紹給虞國大夫宮之奇，經過宮之奇引薦，百里奚得以當上中大夫，輔佐虞公。百里奚也希望蹇叔能與自己一起在虞國當官，蹇叔卻認爲：「虞公眼光短淺，且剛愎自用，並不是有所作爲之人。」所以他繼續在村子裡隱居，拒絕了百里奚的引薦。

被俘逃亡

果然，虞國很快就陷入危機。晉獻公二十一年（西元前六五六年），晉國要借道虞國來攻打虢國。晉獻公派人送給虞公很多禮物，其中包括寶玉「垂棘之璧」與名馬「屈產之乘」，虞公很心動。大夫宮之奇勸阻虞公：「君侯不要答應晉國，因爲虞公與虢國相鄰，唇亡則齒寒啊，晉國滅虢之後必然會順便滅掉我國，望君侯三思！」虞公貪圖晉國送來的寶物，根本聽不進去宮之奇的勸諫，還是答應了晉國。果然沒過多久，晉國在滅虢之後轉而攻虞。宮之奇提前逃離了，百里奚卻感激虞公知遇之恩，留在虞國繼續周旋，終於保住虞公性命，但虞國還是滅亡了。

晉獻公看重百里奚的才能，希望他能來輔佐自己，然而百里奚拒絕了晉獻公的邀請，他認爲：「我之前已經因爲不明智才會輔佐虞公，現在豈能又不忠於虞公去輔佐他人？在虞公離世之前我是不會考慮做官的。」這番話惹惱了晉獻公，正好當時秦晉交好，秦穆公來晉國求親，晉獻公便將百里奚當做給自己女兒陪嫁的嫁妝一起送給了秦國。

在送嫁途中，百里奚終於設法逃脫了。本來他想投奔蹇叔，卻因爲路不清楚，又要躲避追兵，就急急忙忙地逃到了楚國的苑城，卻被誤認爲是宋國來的奸細，被抓起來了。百里奚辯解說自己是虞國人，因爲國難才逃到這裡。他看到本地人以狩獵、畜牧爲生，就自薦是養牛高手，楚人這才答應叫他留下來養牛。

不久百里奚善於養牛的名聲便傳到楚成王耳中。楚成王命負責養馬，在南海地區牧馬。

百里奚認妻

百里奚在虞國毫無用武之地，妻子就勸他出去謀事，叮囑他，「苟富貴，毋相忘」。等到百里奚受到秦穆公重用以後，他卻忘記了妻子當年的囑咐。

有一天，一位在府中打雜的老婦人請求為他彈奏一曲虞國的歌，唱道：「百里奚，五羊皮！憶別時，烹伏雌，舂黃齏，炊扊扅。今日富貴忘我為？百里奚，五羊皮！父粱肉，子啼饑，夫文繡，妻浣衣。嗟乎！富貴忘我為？百里奚，五羊皮！昔之日，君行而我啼；今之日，君坐而我離。嗟乎！富貴忘我為？」百里奚一聽，想起了妻子曾經說過的話，趕緊招來那位老婦人，一看果然是自己的妻子，一時百感交集，涕淚交零，夫妻得以相認。

終遇明主

當時，秦穆公也得知了陪嫁的媵人百里奚在楚國牧馬很成功，便想花大價錢贖回百里奚。大臣公孫枝卻建議穆公：「楚王不知道百里奚是治國之才，才令百里奚牧馬，如果大王現在以重價贖買百里奚，不就是提醒楚王『百里奚是有才之人』嗎？大王還不如以百里奚逃之罪，出賤價把他買回來，這樣就不會引起楚王的疑心。」於是穆公就用五張羊皮向楚成王贖買百里奚，楚成王雖然愛惜百里奚的養馬才能，卻並不敢因為一個牧馬人就得罪穆公，只能將百里奚交給秦國。

穆公派公孫枝親自迎接百里奚入秦，並向他請教國家大事，百里奚推辭道：「我是亡國之臣，怎麼值得詢問呢？」穆公說：「那並不是你的罪，乃是因為虞公不善用你，所以虞國才滅亡。」百里奚心裡十分感動，就與穆公一連暢談三日。

穆公問他：「秦國偏居西方一隅，不能參與中原會盟，要怎樣做才不至於落於中原諸國之後？」

百里奚答道：「秦雖然偏居西方一隅，時刻要面臨戎狄的威脅，但這反而能使秦一直保持強大的軍力；秦不參與中原會盟，就不必分神，可以集中精力建設國家。西戎總共不過十幾個國家，秦很容易就能併呑。秦國現在佔據的岐雍之地，地勢險要，本來是周王朝的發源地，周王因為自己無法收復這塊地方，才把這塊地方白白送給了秦，這對秦而言是天大的好事。目前最重要的是先經營好這塊地方，服從秦國的要以德撫之，不服秦國的要以力攻之。等經營好這塊地方以後才能東進對付中原。」穆公聞言，大有醍醐灌頂之感，立即命百里奚主持政事，號為「五羖大夫」。

穆公本來要拜百里奚為大夫，結果百里奚推辭道：「我比不上我的朋友蹇叔，世人並不知道蹇叔的賢能。我曾經在齊國乞討，被蹇叔收留。我本來想輔佐齊國公孫無知，蹇叔勸我不要去，救我一命；之後周王子頹招募善於養牛的人，我本要應徵，是蹇叔勸阻我，再救了我一次。接著我要輔佐虞公，蹇叔又勸阻我，因為知道虞公不會用我，但我還是為了私利爵祿去侍奉虞公，結果虞國滅亡。我兩次聽蹇叔的話得以保全性命，最後一次沒聽他的，就遇難了，這就可以看出蹇叔的賢能。」穆公聽了很驚奇，馬上命人去接蹇叔入秦，並拜他為上大夫。

從此，百里奚與蹇叔成為秦穆公的左右手，為秦穆公圖謀霸業立下汗馬功勞。

秦穆公親迎百里奚

秦自佔有關中之後，各代國君勤勤懇懇，開拓疆土，戎狄來賓，到了秦穆公時期儼然有了大國氣象。這一切都與秦穆公求賢若渴、知人善任分不開。

輔佐霸業

百里奚相秦期間，秦穆公曾經「三置晉國之君」。

秦穆公首先幫助逃亡在外的晉惠公回晉即位，晉惠公本來答應要送給秦國土地以酬謝，結果回國之後立刻就反悔了，不僅沒有實踐諾言，反而趁秦國發生饑荒的時候攻打秦國，結果晉軍大敗，晉惠公成為俘虜。在百里奚的建議下，秦穆公還是放晉惠公回國復位。

不久，晉國發生饑荒，秦國有大臣向穆公提議趁機討伐晉國，百里奚勸阻說：「每個國家都會有天災，救助鄰國是人道。」穆公聽從百里奚的意見，借糧給晉國。

此舉不但挽救了晉國人民，也樹立了秦國的威信。晉惠公死後，百里奚又建議秦穆公幫助另外一位流亡在外的晉國公子重耳即位，重耳就是後來的春秋五霸之一的晉文公。

秦穆公二十八年（西元前六三二年），在百里奚輔佐下，秦穆公會晉救鄭，解除了鄭國的危機。

除此之外，百里奚還輔佐秦穆公對內勤修國政、教化天下，以德政安撫境內各族，施德於諸侯，為秦國樹立了威信與美名，吸引了周圍戎狄巴蜀之人前來秦國朝貢。其中，西戎小

現代・百里奚聽琴圖

據說百里奚出任秦相之後錦衣玉食，而他的妻子聽說了這個消息，便帶著兒子輾轉來到秦國。為了見到百里奚，他的妻子賣身進入相府，在宴席之上彈琴作歌。聽罷歌，百里奚知道這是自己的妻子，便於堂前夫妻父子相認。

國綿諸也派由余入秦，由余就是後來幫助秦穆公稱霸西戎的關鍵人物。

秦穆公三十三年（西元前六二七年），秦穆公想穿過晉國進攻遠方的鄭國。事前，百里奚和蹇叔一致反對。百里奚說：「襲擊一個國家的城池，一定要在車行距離不過百里、人行距離不過三十里的範圍內，這樣才能保證有旺盛的士氣和強盛的戰鬥力，能進攻滅敵，也能迅速撤退。現在大王要行軍千里，且要跨過諸侯之地去襲擊別的國家，臣認爲這不可取。」然而穆公一心想要攻滅鄭國，聽不進去百里奚的話，還是堅持令百里奚的兒子孟明視、蹇叔的兒子白乙丙和西乞術率軍出戰。百里奚與蹇叔哭著說：「我們見到軍隊出去，卻要見不到他們回來了。」穆公大怒，問：「你們爲什麼現在就爲我們的軍隊哭喪？」百里奚說：「我不敢哭軍隊，乃是爲我的兒子哭，他也要與軍隊一起出征，我老了，這次不是他死就是我死啊！」接著百里奚對兒子說：「晉國如果阻擊秦，一定會在崤山一帶，所以你若死了，屍骨不在南岸，必在北岸，這樣我爲你收屍也方便些。」

第二年，秦國果然在崤山被晉襄公偷襲，全軍覆沒，只有三位主將逃回來秦國。穆公身著素服迎接他們，懊悔不已：「是我不聽百里奚和蹇叔的意見，才使你們受此屈辱。」從此無心東進，一心經營秦國本地。從這件事可以看出百里奚的智慧與遠見。

百里奚死時，秦國人人流淚哀哭，可見他實在深得民心。正是由於百里奚勤修內政，外樹威信，輔佐穆公經營本地，收服戎狄，與晉國抗衡，才使得秦國成爲諸國爭霸中的一方強國，奠定了秦國未來稱霸與統一的基礎。

秦晉之好

秦穆公為了向東發展，娶晉獻公的長女為妻。晉獻公去世後，穆公護送晉公子夷吾回國繼位，平定了晉國內亂。後來又將女兒嫁給了公子重耳，即晉文公。晉文公繼位後，秦晉之間連續六年和平相處，後世稱為「秦晉之好」。

穆公娶親

秦穆公即位時，周王室已經名存實亡，東方諸侯中已經沒有人眞正服從周王室了。諸侯之間彼此征戰，不斷兼併與征討，使得最初的一百七十幾個國家演變成最後的七、八個大國。其中，晉、楚、齊三國稱霸中原，齊桓公被尊奉爲當時的霸主，齊國也吸引了當時諸多的人才。

秦穆公心中清楚，以秦國目前的形勢，尚無實力與東方諸國爭取霸權。爲了借助力量向東發展，同時也是緩和宣公時期秦國擊敗晉國的仇恨，秦穆公決定與晉國聯姻。當時晉國國內問題重重，根本惹不起西邊近鄰秦國。爲了維持西部邊防的安全，晉獻公將大女兒伯姬嫁給穆公，伯姬就是後來的穆姬。爲穆姬陪嫁的人中有一位特別的人——百里奚，他就是後來輔佐穆公稱霸的大功臣。

扶持夷吾

晉獻公有四個兒子：長子申生，次子重耳，第三個兒子是夷吾，小兒子是驪姬所生的，名叫奚齊。晉獻公年老昏庸，因爲寵愛年輕貌美的驪姬，聽信了驪姬的讒言，懷疑太子申生要下毒害死自己，迫使申生自殺，改立驪姬之子奚齊爲太子。另外的兩位公子夷吾與重耳怕受到連累，紛

晉文公復國圖・重耳入秦

秦穆公數次安晉，無奈晉惠公、晉懷公以怨報德。穆公最終派人到楚國邀請重耳入秦，協助他完成復國大計。

重耳出奔圖．秦晉結姻

重耳到了秦國之後，受到了秦穆公的隆重接待，並將自己已經嫁給晉懷公的女兒又嫁給了重耳。為了復國，重耳在眾臣的勸說下只得叔納侄媳。

紛逃出晉國。重耳逃到母親的娘家狐氏的部落，夷吾逃到了梁國（今陝西韓城一帶）。

晉獻公死後，大臣里克發動政變，殺死了新繼位的國君奚齊及驪姬妹妹所生的兒子悼子。晉國一時無主、國政混亂。里克先去請公子重耳回晉國即位，然而重耳可能是不想做傀儡君主，又無把握平息晉國政亂，就婉言謝絕了。於是里克轉而去請夷吾，夷吾非常高興。其實之前夷吾早已經聽說大臣有意支持重耳，就派人聯絡自己的姐夫秦穆公，希望獲得穆公支持，借兵回國奪權。秦穆公起初看重的是重耳，想要扶持重耳即位，但大臣公孫枝卻勸阻說：「重耳賢能，若是他做晉國國君，可能不利於秦，還不如支持才能平庸的夷吾。」夷吾也承諾：「如果姐夫幫助，我願意割讓晉國三分之一的土地給秦。」穆公於是派兵護送夷吾回國即位，當上晉國國君，這就是晉惠公。

沒想到，晉惠公一完成目標，便忘記了秦國的恩情，後悔割地之事。秦國大臣建議穆公出兵教訓夷吾，但穆公終究寬宏大量，沒有與夷吾計較。不久，晉國鬧饑荒，晉惠公又向穆公借糧，穆公透過渭水運糧給晉國接濟饑民，這就是著名的「泛舟之役」。

不幸的是，隔年冬天秦國也發生饑荒，這下輪到穆公向惠公求助。可是晉惠公再一次忘恩負義，不但不救濟秦國，反而聯合梁國趁機攻打秦國。秦穆公非常憤怒，親自率大軍迎戰晉國於韓原（今山西河津東）。晉國雖然人多勢眾，但敵不過秦軍將士同仇敵愾的猛烈進攻，反而吃了敗仗，晉惠公被俘。

關於如何處置惠公，朝廷中形成

了兩派意見：大將公孫摯等主張處死惠公；公孫枝與百里奚則力勸穆公釋放晉惠公，並藉此與晉達成和議，從此不再相向動武。穆公正在兩難之間，傳來了夫人以命相脅要救夷吾的消息。原來穆姬聽到夫君俘虜了自己的弟弟，就身穿喪服，帶著兒女登上樓台，派人轉告穆公：「夷吾什麼時候入京，我就什麼時候死！」穆公大驚，趕緊下令放了晉惠公，並派公孫枝處理秦晉和談事宜。

秦穆公與晉惠公結盟，晉惠公送世子子圉到秦國爲質子，並將黃河以西的地方獻給秦國，秦的東部疆界擴展至龍門。秦穆公則將宗女懷嬴嫁給子圉。

扶持重耳

子圉與父親夷吾一樣，是個忘恩負義的人。晉惠公十三年（周襄王十七年，西元前六三八年）秋天，公子圉拋棄妻子兒女，一個人偷偷逃回晉國，謀取王位，次年就即位，是爲晉懷公，他即位之後繼續迫害逃亡在外的叔叔重耳。穆公大怒，決定扶持公子重耳回國奪取政權。

重耳在秦穆公和齊桓公的聯合支持下，終於回到晉國，殺了懷公，即位爲君，也就是晉文公。此後晉文公又在秦穆公的幫助下，平定了周天子王室之亂，尊王攘夷、敗楚城濮，最終成爲一方霸主。

此時，秦穆公是晉惠公夷吾的姐夫兼親家，又是晉文公的姐夫兼岳父。因爲這樣錯綜複雜的姻親關係與利益平衡的因素，造就了秦晉兩國接下來六年的和平共處局面，後世遂以「秦晉之好」代指兩姓聯姻的關係。

宋．馬和之．晉文公復國圖

馬和之的《晉文公復國圖》是根據《史記．晉世家》和《左傳》中關於晉文公重耳出奔至復國的歷史故事所繪製。本畫是馬和之人物繪畫的代表作。畫家以細膩的筆法刻畫人物，神情相貌栩栩如生。這一局部表現的是重耳入秦之後秦晉結好的情景。

崤之戰

晉文公死後，秦穆公不顧百里奚與蹇叔的勸阻，執意派兵越過晉國攻打鄭國，意圖東進圖霸，結果在崤山中了晉軍埋伏，大敗而歸。

不聽勸諫

秦穆公三十二年（晉文公九年，西元前六二八年），晉文公因病去世。秦國此時已經國富力強，然而東進圖霸的道路總是被晉國所阻擋。秦穆公得知鄭、晉兩國國君剛剛去世，同時，駐守鄭國的大將杞子派人傳信給穆公說：「我現在掌管鄭國北門，大王如果趁機派兵攻鄭，由我做內應，大王必能一舉吞併鄭國。」秦穆公非常心動。

百里奚、蹇叔極力勸阻，然而穆公一心想要攻滅鄭國，還是堅持令百里奚的兒子孟明視、蹇叔的兒子白乙丙和西乞術率軍出戰。

兵敗崤山

第二年，秦軍大軍經過晉國，到達滑（今河南洛陽偃師府店一帶），遇到正往秦國販牛的鄭國商人弦高。弦高知道秦軍要襲擊鄭，就不顧個人安危，向孟明視詐稱：「鄭君不知道自己怎麼冒犯了秦國，特地派小人獻上十二頭肥牛犒勞貴軍。」孟明視聽了大驚，以爲鄭穆公知道秦軍要攻打

河南靈寶函谷關城樓

函谷關，古代的崤函之地。在春秋時期，這裡是秦人東擴的障礙。照片中是函谷關關樓的復古建築，在一九九二年開工修建。關樓南北長共七十一．五公尺，高二十一．五公尺，呈凹型，坐西向東，控制入關的要道。關樓為雙門雙樓懸山頂式三層建築，樓頂各飾丹鳳一隻，所以又叫「丹鳳樓」。

鄭國，已經做了準備，就不敢再輕舉妄動了。爲了補償這次襲鄭未遂，孟明視與另外兩位大將商議就近襲擊滑國。於是，秦軍滅掉滑國後立即撤退回秦國。

當秦軍經過澠池（今河南澠池縣）的時候，白乙丙說：「這兒靠近崤山，地勢複雜，一定要當心。」孟明視卻不以爲意。其實晉國早已得到秦要攻鄭的情報，晉國大將先軫建議晉襄公在崤山這個地方攔擊秦軍。晉襄公親率大軍開到崤山，在那裡布下了天羅地網，只等秦軍到來。果然，秦軍剛走完一段路，就看見前面的路已經被亂木擋死了。這些亂木上插了一根旗桿，上面寫著「晉」字。孟明視命令將士砍倒紅旗，移走亂木，繼續往前走。忽然看見晉軍從四處山野中殺了出來。秦軍沒有防備，死傷無數，孟明視、西乞術和白乙丙三員大將都被俘虜。

襄公悔悟

晉襄公本來打算殺掉這三位秦將來祭祖，但遭到太后的阻止，原來晉襄公的母親正是秦穆公的宗女懷嬴。太后聽說兒子要殺死秦將，非常著急，勸襄公：「秦晉本來是親戚，關係很好，不要爲殺了他們三個就破壞了兩家的關係。現在他們戰敗，秦君必不會饒恕他們，不如就放他們回去接受審判吧。」襄公聽從了母親的建議，釋放了孟明視他們。大將先軫知道襄公釋放了囚徒，非常憤怒。晉襄公這才醒悟過來，後悔不已，立即派人去追孟明視等人。晉軍追到河邊時，孟明視等人已經登舟離岸了，孟明視在船上叩頭說：「貴國國君寬宏大量，沒有殺我們，卻叫我們回秦受刑。秦君若眞殺了我們，我們就算死也不會忘記這次的失敗；秦軍若赦免我們，那三年之後一定要再來拜謝晉國的『恩典』！」

石鼓文拓片

石鼓文是唐代在陝西鳳翔發現的中國最早的石刻文字，世稱「石刻之祖」。因為文字是刻在十個鼓形的石頭上，故稱「石鼓文」。內容介紹秦國國君遊獵的十首四言詩，亦稱「獵碣」。今日中國考古界一般認為是東周秦國的遺物。石鼓文的字體，上承西周金文，下啓秦代小篆。

崤谷封屍

崤山慘敗之後，孟明視第三次請纓攻晉，這次秦軍破釜沉舟、背水一戰，結果大敗晉軍。秦穆公親自到崤山收斂當年崤山慘敗中的秦軍屍骨，祭拜而歸，史稱「崤谷封屍」。

再戰而敗

由於秦穆公不聽百里奚、蹇叔諫言，執意越過晉國國境攻打鄭國，結果在崤山遭晉國伏擊。穆公後悔不已，堅持自己承擔這次戰敗的罪過，激勵孟明視等三位大將再接再厲，一雪崤山之恥。

秦穆公三十五年（晉襄公三年，西元前六二五年），孟明視再次請纓，發兵攻晉。秦穆公答應了，命孟明視、西乞術、白乙丙三位大將軍再次率軍去攻打晉國。

晉襄公早已做好準備，命令先軫之子先且居前去迎戰秦軍，兩軍交戰於彭衙。由於晉國準備充足，秦軍又一次吃了敗仗。彭衙之戰慘敗令孟明視更覺得羞愧，他命人將自己裝進囚車，交給秦穆公發落，可是穆公再一次原諒了他，依然像以往那樣重用他，甚至更加厚待他。

背水一戰

彭衙之戰結束後的這年冬天，晉國聯合宋、陳、鄭三國攻打秦國，孟明視奉命抵抗，他命令將士只許守城、不許出擊。雖然晉國人一再挑戰，而且奪取了秦國的兩座城，孟明視還是堅守不出，暗暗訓練兵馬。於是有人抱怨說孟明視是膽小鬼，要求秦穆公另選良將。可是秦穆公心中有數，仍然相信孟明視。

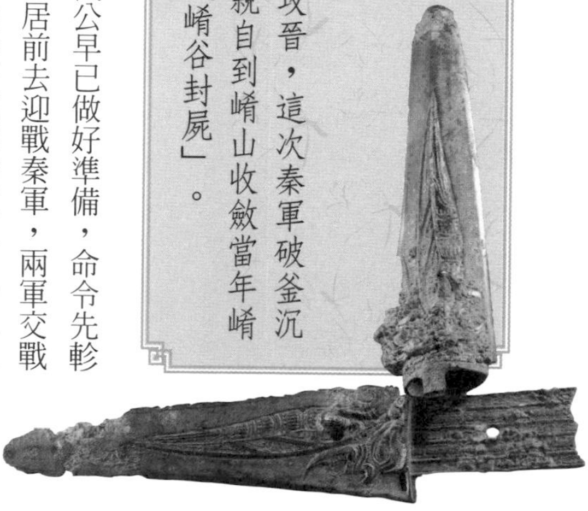

春秋．鳥紋銅戟

鳥紋銅戟的鑄造相當精美細緻，鳥紋的抽象形羽毛的形式正配合著銅戟的形狀，戟的形狀也變得輕巧起來。

秦穆公三十六年（西元前六二四年），也就是崤山之戰後的第三年，穆公再次命孟明視伐晉。孟明視臨走之前立下誓言：「這次如果還打不了勝仗，我就絕不活著回來。」他手下的秦軍個個情緒高亢，都與主將孟明視一樣，紛紛下決心這次一定要一雪前恥。秦軍一路浩浩蕩蕩地渡過黃河。

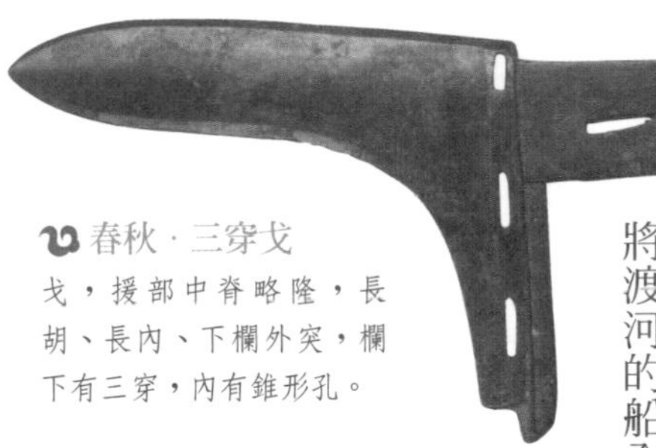

春秋．三穿戈

戈，援部中脊略隆，長胡、長內、下欄外突，欄下有三穿，內有錐形孔。

過河之後，孟明視下令將渡河的船全部燒掉，顯示出背水一戰的決心。破釜沉舟更增長了秦軍的志氣，孟明視帶領將士全力前進，一路上所向披靡，愈戰愈勇，不但奪回了上次被晉軍奪去的兩座城，還攻佔了晉國幾座大城。晉國人懾於秦軍破釜沉舟的決心與勇氣，都躲在城裡，不敢出來對陣，並且自動退出崤谷一帶。孟明視這次伐晉終於取得了成功。

崤谷封屍

晉國不敢出來應戰，秦軍不戰而屈人之兵，大獲全勝。秦穆公親自率軍到達崤山，收撿三年前在此陣亡的將士們的屍骨，命人將其重新掩埋，一連祭拜三日。穆公親自寫了《誓文》罪己以告亡靈：「唉，我的將士們，不要喧嘩，仔細聽我說！我要告訴你們最重要的話。古人說：『人只聽信自己，就會多出差錯。』責備別人並非難事，難的是要順服地聽從別人的責備。我心裡憂愁，時光像流水一樣一去不返！那些有智慧的人能夠毫不忌諱向我提建議，但我卻說他們沒有順從我的心意。現在我才認識到，要想沒有失誤，就一定要請教那些年老而且經驗豐富的人。我親近那些白髮蒼蒼、身體衰弱的良士，不太喜歡那些強壯威猛、會駕車射箭的勇士。但我大多時候是親近那些淺薄善辯、花言巧語的人，被他們所迷惑。所以我自己暗暗思量，如果有一位臣子，他誠實專一、心胸寬廣，能夠容納別人，看到別人有能力，就覺得像自己有一樣；看到別人品德高尚有本領，他就心裡喜歡他，口裡也讚揚別人，這樣能容人的忠臣才能保護我的子民……國家危亡，乃是因為用人不當；國家安寧，乃是以內有賢臣啊！」這篇誓文說明了秦穆公是何等的胸懷寬廣、知錯能改的明君。

孟明視知恥後勇、忍辱負重的精神也是第三次伐晉勝利的原因，孟明視終於洗去了第一次崤山之戰慘敗的恥辱。

秦公簋拓片

秦公簋銘文字體整飭嚴謹，微曲中求勁健，表現出強悍雄風，也是春秋時期秦國的傳神寫照。銘文字數，蓋內和器內底共鑄銘文一百二十三字。

內憂外患

從輝煌的穆公時代到孝公革新變法之前，秦國歷經康公、共公、桓公、景公、哀公、惠公、悼公、厲公、躁公、懷公、靈公、簡公、惠公、出子、獻公等十五代君王，漸漸從興盛走向停滯，陷入外有強敵、內有矛盾的窘迫局面。

內部政事紊亂

秦穆公在位三十九年去世，這時秦國已經是春秋五大強國之一。然而穆公辛苦成就的輝煌就如一團煙火，在他死後也隨之轉瞬而逝。秦國開始了漫長的停滯期。

穆公死後，兒子康公繼位。康公是一個好大喜功且昏庸無能的人。他喜歡攻戰，繼續進行穆公晚年時期的秦晉交惡戰爭，不太關心老百姓的生活。他曾用三年時間爲自己建造奢華的高台，勞民傷財。民間更有人批判康公說，「饑召兵，疾召兵，勞召兵，亂召兵」，可見人民對康公的不滿。

因爲日子不好過，秦國逐漸出現了很多盜賊。這種狀況一直持續到秦景公時期，景公的弟弟後子鍼竟然跑到楚國大罵「秦國無道」，這說明了秦國內部已經問題叢生。

河曲之戰

不僅內部發生衝突，秦國對外征戰的能力在穆公死後也漸漸衰微。秦穆公死後不久，晉襄公也去世了，晉國王室又開始了王權紛爭，權臣趙盾擁立襄公最小的兒子繼位，即晉靈公。那時晉靈公還是嬰兒，但另有兩位大臣先蔑與士會卻想請正在秦國的晉公子雍回來即位。秦康公於是派人護送公子雍回晉，當走到晉國的令狐

山西河曲望河樓

黃河由東、西、南三面繞縣境流過，蜿蜒曲折，故稱河曲縣。河曲縣城是春秋時期晉國的邊地，歷代鎮守邊疆的「古塞雄關」，是晉、陝、內蒙三省（區）交界處的經濟、文化重鎮。秦康公六年（西元前六一五年），秦晉河曲之役就是在這裡發生。

時，遇到趙盾率領的晉軍。趙盾一面佯稱迎接公子雍，一面趁秦軍不注意，深夜偷襲秦軍，毫無防備的秦軍只能潰敗，先蔑與士會也逃奔秦國。

秦康公六年（晉文公六年，西元前六一五年），秦康公親自率軍攻打晉國，晉軍由趙盾率兵應戰。在進攻之前，秦先派人聯絡魯國，取得魯國的支援。這年冬天，秦國攻佔晉國的羈馬（今山西永濟南），與晉軍對峙於河曲（今山西河曲）。

春秋・秦公鼎

立耳折沿，寬體淺腹，下腹外鼓，底近平，三隻蹄足。頸部和腹部飾式樣不同的獸目交連紋，耳外側飾鱗紋（大小相間的重環紋），足上部飾獸面。內壁鑄銘文六字：「□（秦）公乍（作）鑄用鼎。」

晉將臾駢認爲秦軍孤軍深入，經不起長期消耗，建議趙盾：「晉軍應該高築營壘，以逸待勞，伺機而動。」趙盾接受臾駢的建議，下令晉軍據守不出。秦康公一心求戰，無奈晉軍按兵不動。這時，逃到秦國的晉臣士會建議康公：「大王必須先除掉臾駢，然後引誘趙盾的兄弟趙穿出來應戰，趙穿狂妄自大，又不懂軍事，必會逞強出戰，到時秦就有獲勝的機會！」康公採取士會的建議，率軍進攻晉上軍，刺激趙穿。果然趙穿忍耐不住，不顧旁邊人的反對，獨自率領軍隊向秦進攻。趙盾聞訊急忙出兵接應，這次兩軍都沒有佔到便宜。當晚，臾駢發現秦軍有逃跑的跡象，建議立即進攻秦軍，結果被趙穿阻止，貽誤了戰機，於是秦軍得以連夜逃走。不久，秦軍攻戰晉國的瑕（今河南陝縣西南）。第二年，瑕又被晉國奪回，並緊緊守住「桃林之塞」，讓秦國無可奈何。

麻隧之戰

秦桓公二十五年（晉厲公元年，西元前五八〇年），秦晉兩國在令狐（今山西猗氏西）進行會盟。雙方表面上約定停戰，其實互不信任。晉厲公一方面爲攻秦大造輿論，一方面爭取楚國中立，次年與楚國召開「弭兵大會」，約定停戰，解除了攻秦的後顧之憂。

一切準備就緒後，晉厲公派大臣呂相到秦國宣布晉國要與秦國絕交。在《呂相絕秦書》上，晉國列舉從秦穆公不參加晉文公葬禮，到秦晉連年交戰的一系列衝突，將這一切罪責都推給秦國。秦晉關係立刻變得緊張起來，秦桓公也與狄、楚聯絡，背棄秦晉盟約。緊接著，兩國在麻隧（今陝西涇陽附近）大戰，秦國再次大敗，被晉軍一直追到侯官。這一次秦軍大敗，使得晉軍深入秦國內地，晉厲公親自到新占領的秦地——新楚，迎接晉軍回歸。

秦景公十八年（晉悼公十五年，西元前五五九年），晉國軍隊又一次深入秦國內地，這一次晉國聯絡宋、齊、鄭、衛、曹、邾、滕、薛、杞、小邾等諸侯國聯合攻秦，突破秦軍防線，一直攻到林（今陝西華縣）。這是繼麻隧之戰後，晉對秦戰爭中取得的第二次重大勝利。秦軍兩次慘敗，證明了秦國軍事實力每況愈下。

被動挨打

秦厲公在位期間（西元前四七七年至西元前四四三年），秦國在與晉國的戰爭中取得了微弱的優勢，這主要是因為晉國此時國內動亂，分裂為韓、趙、魏三國，而秦國政局相對穩定，軍事力量也相對強大。

秦厲公元年（西元前四七七年），秦國攻佔了魏城，然而二十四年（西元前四五三年），晉國軍隊又攻佔了秦國的武城，可見秦國的優勢也只是暫時。那時南方的楚國與蜀國也曾前來向秦國朝貢，秦境內和四周的戎狄也向秦獻禮乞援。十六年和三十二年（西元前四六一年和西元前四四五年），秦厲公曾先後討伐過大荔和義渠戎，占領了大荔王城（今陝西大荔），俘虜義渠王。

秦厲公在位三十四年後去世，兒子秦躁公繼位。從躁公經過懷公、靈公、簡公、惠公一直到出子這幾代君王統治下的秦國日趨衰弱。秦國的東鄰魏國經過改革，逐漸強大起來，秦國又陷入了被動挨打的衰敗境況。

三晉分裂之後，魏國自魏文侯（西元前四四五年）即位開始，任用翟璜、李悝、吳起等一批人才進行改革，國力逐漸強盛。從魏文侯三十三年（西元前四一三年）開始，魏國就不斷地侵擾秦國。在魏將吳起的率領下，魏國攻取秦國河西數城，魏在那裡設立河西郡，並築城戍守，由吳起擔任河西守將。秦國只好無可奈何地退守洛水，沿河修築防禦工程，建重泉城（今陝西蒲城）固守，與魏軍對峙。

除此之外，躁公在位第二年，附屬國南鄭（今陝西漢中）造反，脫離秦國的統治。而秦國的西鄰戎狄也不斷侵擾秦國，原來主動獻貢的義渠戎，在躁公十三年的時候也向秦進攻，一直打到渭水。

躁公在位十四年後去世，弟弟懷公繼位，但不到三年，權臣庶長晁與其他貴族一起發動軍事政變，逼死懷公。周威烈王二年（西元前四二四年），懷公之孫靈公即位。靈公在位十三年去世時，大臣再度政變，廢掉太子公子師隰，而從晉國接回靈公的叔父悼子，立爲國君，即秦簡公。公子師隰逃亡魏國，開始了二十九年的流亡生活。簡公在位十六年後去世，其子惠公即位，惠公收回了之前喪失的南鄭等地方。惠公去世後，剛剛兩歲的出子即位，主持朝政的是出子的母親，秦國陷入外戚宦官專權，這種狀況引起朝廷大臣的不滿，於是權臣再次叛亂，聯合諸侯力量攻陷京城，殺死出子與太后，擁立流亡魏國的公子師隰回秦即位。秦出子二年（周安王十七年，西元前三八五年），公子師隰回到雍城即位，即秦獻公。

獻公新政

秦獻公是一位英明睿智、發憤圖強的君王，他一即位，就立刻開始改革秦國內政外事，期望改變自穆公死後秦國的長期衰敗情勢。

首先，他廢除了人殉制度，結束了秦國流傳幾百年的野蠻殉葬制度。其次，打破奴隸與平民、奴隸主分居「國」、「野」的區別，統一編製戶籍。同時，秦獻公把蒲、藍田、善、明氏等邊境地區改建成縣，由自己直接掌管，推廣了春秋時期興起的縣制。最後，從獻公時候起，秦國開始允許工商業發展，從中抽取營業稅，爲國庫帶來了大量的收入，促進國家經濟發展。

獻公在位時最重要的舉措，是在第二年（周安王十九年，西元前三八三年）時，將都城從雍東遷到櫟陽（陝西今臨潼東北）。因爲關中東部的黃河西岸已經被魏國所佔，秦國需要經常對魏作戰，而雍城遠在關中西部，不利於秦獻公指揮對魏國的戰爭。櫟陽距離魏國很近，是東西往來的必經之路，經濟比較發達，是戰略要地，所以秦獻公就將都城向東遷移到櫟陽。

對外戰爭方面，秦獻公十九年（西元前三六六年），秦國趁韓、魏兩國國君在宅陽（今河南蒙陽東南）相會，出兵進敗韓、魏聯軍。緊接著第二年，秦軍乘勝深入河東，在石門與魏軍大戰，斬首六萬，大獲全勝。這兩次勝利，大大改變了秦國孱弱的形象，提高了秦國在諸侯國中的地位，連周顯王也入秦祝賀。

獻公時期最後一次作戰取勝是在獻公二十一年（西元前三六四年）。當時，晉國的韓、趙、魏正在進行大混戰。秦國趁著魏國與韓、趙聯軍打得不得開交的時候，從後面襲擊魏國，大敗魏軍，攻取了龐城（今陝西韓城東南），俘虜魏將公叔痤。

獻公時期的內外改革雖然沒有完全改變秦國積貧積弱的狀況，仍然沒有收回河西之地，但已經重振國威，提升了秦國的經濟實力與國家形象，這也爲後來孝公時期的商鞅變法奠定了基礎。

孝公圖強

秦孝公即位時，面對穆公以來秦國衰敗停滯的局面，痛思變法強國之道，知人善任，支持商鞅進行兩次變法，不僅恢復了秦穆公時代的輝煌，更使秦國一躍成為戰國七雄之首。

秦獻公在位二十三年去世，二十一歲的年輕太子渠梁繼位（西元前三六一年），是爲孝公。當時，東遷後的周王室苟延殘喘，形同虛設，六個強大的諸侯國霸主控制著周朝大部分疆土。這六位霸主分別是：齊威王、楚宣王、魏惠王、燕悼王、韓哀侯、趙成侯。其中魏、楚兩國與秦國接壤，魏秦之間戰爭頻繁。除了這六國之外，淮水到泗水一帶還有十餘個小國。

招募英才

年輕的孝公面對秦國貧弱的局面，仔細思量變革強國的方法。他首先對民眾施以恩惠，救濟孤寡之人，以德政撫慰民眾；同時招募兵士，推行論功行賞的法令。

爲了吸引更多有才之人，秦孝公發出《招賢令》：「從前，我國先祖穆公在岐山、雍邑之間，對內施行德政、對外振興武力，向東平定晉國之亂，奪取河西之地，將領土擴展到黃河邊上；向西稱霸戎狄，拓展疆土廣達千里。所以周天子賜予秦國伯爵的稱號，中原諸侯國也都爭著向我國祝賀。穆公爲我們後世子孫創立了輝煌的榮耀與地位，但到了厲公、躁公、簡公、出子的時候，由於王權不穩

戰國·商鞅銅方升

器壁三面及底部均刻銘文，左壁刻：「十八年，齊率卿大夫眾來聘，冬十二月乙酉，大良造鞅，爰積十六尊（寸）五分尊（寸）壹為升。」器壁與柄相對一面刻「重泉」二字。底部刻秦始皇二十六年詔書：「廿六年，皇帝盡併兼天下諸侯，黔首大安，立號為皇帝，乃詔丞相狀、綰，法度量則不壹歉疑者，皆明壹之。」右壁刻「臨」字。「重泉」與左壁銘文字體一致，應是一次所刻，而「臨」字與底部詔書為第二次加刻。可知此器初置於「重泉」（今陝西蒲城），後轉發至臨地。

定，造成了國內問題重重，因此也沒有力量對外用心，結果丟失了河西之地，諸侯國對我們也由尊敬轉爲輕視，這眞是我國莫大的恥辱啊！獻公即位以來，加強邊界的防衛能力，並將都城遷到了櫟陽，爲的是要東征，收復穆公時代的疆土，重建穆公時代的政令與威勢。寡人接任後，每次想到先君的心意，就爲自己沒有完成先祖的志向而感到悲痛。賓客和群臣中若誰有高明的計策，能使我秦國強大起來，我就拜他爲高官，賜給他土地，使他成爲秦國的貴族！」這一次，秦孝公終於找到了協助自己變法圖強的傑出人物——商鞅。

商鞅石像

孝公時期，秦國積弱已久。孝公奮起自強，任用商鞅，取西河，收北地，秦國一躍而成為七雄之佼佼者。

變法圖強

在秦孝公的支持下，商鞅從秦孝公六年（西元前三五六年）開始變法。首先，獎勵耕戰。凡是專心本業，好好種糧、織布的人可以免除徭役；凡是有軍功的人可以按照軍功大小獲得爵位。其次，開阡陌封疆，廢除原有的土地國有制度，而施行土地私有；同時強化「什伍制度」，實行連坐制。

商鞅以血腥暴力手段來推動這次變法，凡是反對變法的人他都堅決鎮壓，對議論法令、違反法令者一律處以酷刑。當時，太子的兩位老師公子虔和公孫賈反對變法，鼓動太子駟犯法，想要破壞變法。商鞅知道之後，告訴孝公：「法令之所以難以執行，就是因爲上面的人不遵守！」孝公完全贊同商鞅的看法，就讓商鞅依律處罰這兩位太傅，割掉其中一位太傅的鼻子，在另外一位臉上刺了字。這件事說明了孝公是一個毫不徇私、堅定變法的君主。

第一次變法推行了十年，政績斐然，孝公大喜，愈加重視商鞅，命他爲大良造，繼續推行第二次變法。這次變法期間，秦國於孝公十二年（西元前三五〇年）將都城從櫟陽遷到了咸陽（今陝西咸陽市東北），目的非

戰國·秦「半兩」錢（一組十八枚）

「秦半兩」的出現代表中國古代錢幣的初步成熟，是中國貨幣發展過程中的一個里程碑，並影響到相鄰國家和地區，具有非凡的歷史意義。「秦半兩」奠定「圓形方孔」的古錢幣造型。「圓形方孔」錢幣成為古代中國貨幣的基本形式，貫穿中國古代社會，沿用了兩千多年。

常明顯：想要東進圖霸。秦獻公時期曾經對魏作戰取得勝利，收回了部分的河西之地，將秦魏兩國抗爭的重心向東推至函谷關以東，這樣，處在關中平原東部的櫟陽就顯得位置偏北了，不利於秦國東進爭霸。而咸陽北依高原，近臨渭河，交通便利，物產豐富，方便秦國向東的戰略擴張，所以商鞅建議孝公進行遷都。除此之外，商鞅也進行了賦稅改革與統一度量衡。

富民強兵

隨著內部日益富強，秦國在對外戰爭方面也開始轉敗爲勝。孝公四年（西元前三五八年），秦國便在西山大敗韓國軍隊。此戰改變了其他國家對秦國的看法，不敢再將秦國看做「戎狄」了。

四年後，秦國趁著魏趙相爭的時候襲擊魏國，又取得一次大勝。這一年，趙國進軍衛國，企圖迫使衛國歸向趙國，然而衛國以前是魏國的附屬國，這自然引起了魏國對趙國的不滿。魏國就派兵圍攻趙國都城邯鄲，趙國告急。秦國趁魏國集中兵力進攻邯鄲的時候從後面襲擊魏國，在元裡（今陝西澄城）大勝魏軍，攻取了魏

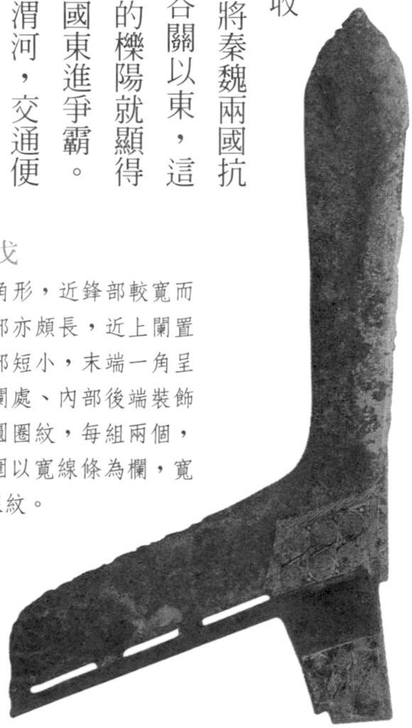

戰國·幾何紋戈

長援，鋒部略呈三角形，近鋒部較寬而漸向闌部窄收；胡部亦頗長，近上闌置一長條形小翼；內部短小，末端一角呈小矩形。胡部近上闌處、內部後端裝飾幾何紋：排列三組圓圈紋，每組兩個，由圓切線相連，外圍以寬線條為欄，寬線條內有細密的斜線紋。

商鞅的智囊——屍佼

屍佼，後世尊稱爲屍子，戰國時期魏國人（一說魯國人）。商鞅入秦之後，屍佼以商鞅門客的身分參與了商鞅變法，深受商鞅的信任。秦惠文王即位之後，商鞅在咸陽市被五牛分屍，屍佼潛逃到了蜀地，後病逝於蜀。在蜀地期間，屍佼著書立說，宣傳自己的思想學說，爲後世留下了一份豐厚的思想文化遺產——《屍子》。

《屍子》一書原來有二十多篇，六萬多字，現在遺留下來的不過十之二三。從現存的文字來看，他說：「四方上下曰宇，往古來今曰宙。」屍佼無疑是中國最早提出具有現代意義的時空觀念的人。同時，屍佼對於空間觀還作了進一步的論述。他說，「荊者，非無東西也，而謂之南，其南者多也。」這裡說明荊地在中國具體方位坐標點，具有上下四方這一空間特徵。但擴大來說，中國之東西南北四方，亦存在著各自的東西南北四方，說明每一坐標點上的方位，既是絕對的又是相對的，是絕對與相對的統一。可以說，屍佼是戰國時期重要的思想家之一。

國的少梁（今陝西韓城南）。

元裡一戰之後，魏國忙於應付東邊的齊國與趙國，後方空虛，正好又給了秦國攻佔的機會。秦軍直奔魏國都城安邑，迫使安邑（今山西夏縣北）投降。魏國難以同時應付齊、趙、秦三國的同時侵擾，而齊國此時也在襄陵（今山西襄汾東）一戰中遭到失敗，魏齊兩國都無力再戰，於是齊、楚、趙、韓、魏互相議和，暫時休戰。然而，秦國並沒有停止進攻魏國。秦孝公十一年（西元前三五一年），秦軍在魏國的固陽（今內蒙古包頭）大敗魏軍，再一次獲勝。

秦孝公二十二年（西元前三四〇年），齊趙兩國重新聯手攻魏，趁此機會，秦孝公派商鞅攻打魏國西側。魏國派公子迎戰商鞅，商鞅耍詐，他先謊稱秦國要與魏國議和，派人邀請公子來自己營中商談秦魏兩國和平之道，在飲酒間卻將公子擒捕，接著派兵襲擊魏營，沒有主將的魏軍自然大敗。這樣，魏國受不住屢屢慘敗，不敢再戰，只得將河西一部分土地還給秦國。

自此，孝公實現了「強秦」與「復穆公之地」的目標，同時掌握了黃河天塹，打開了東進的門戶，爲後來秦國一統天下的霸業奠定了基礎。

秦孝公在位二十四年後去世，死時正值四十五歲盛年時期，這可能與他過度勞累有關。孝公死後，商鞅因爲失去了支持者，也迅速被打倒並被處以極刑，但孝公變法的內容在秦國後世卻延續下去。

商鞅變法

區區五十金，樹立了國家的威信與政府的威嚴；短短二十年，就使孱弱的西方小國變為雄踞一方的霸主。鞠躬盡瘁，卻身裂家亡；功在當世，卻利及千秋。他就是可敬可畏卻又可悲可歎的一代改革家——商鞅。

商鞅入秦

商鞅（約西元前三九〇至西元前三三八年），原名公孫鞅，爲戰國時期衛國的庶出公子（妾所生的公子），雖然出身貴族，但實際上與平民無異。

商鞅受同樣出身衛國的著名政治家李悝、吳起所主張的「刑名之學」的影響，非常喜歡刑名學，推崇「循名責實、以功論賞、以罪刑罰」。商鞅胸懷大志，不甘心在衛國這樣的小國埋沒自己的才能，就離開衛國奔赴魏國尋找機會。

秦孝公一即位，便招賢納士、改革弊端、富國強兵。此時在魏國仕途不順的商鞅聽到秦國招賢，立即離魏入秦，投身秦孝公寵臣景監門下做食客，經過景監的安排，公孫鞅終於在入秦之後的第三年得以拜見秦孝公。

四會孝公

第一次見到孝公時，商鞅大談堯舜之道，聽得孝公連連打瞌睡。孝公責備景監：「怎麼推薦這麼一個只會說大話的人？」商鞅並不放棄，第二次求見孝公。這次孝公雖然沒有打瞌睡，但還是對他所談的「禹、湯、文、武」治國之道毫無興趣。等到第三次拜見孝公，商鞅只談春秋五霸如何成爲強國，終於迎合了孝公的胃口。孝公聽得津津有味，還約他下次詳細討論。第四次會面，商鞅大談「強國之術」，孝公聽得非常入迷，與商鞅促膝長談數日也不厭。

陝西商洛商鞅廣場上的商鞅像

陝西商洛因商鞅而得名。而今在商洛市已經建起了宏偉的商鞅文化廣場，並雕塑了商鞅像，以此來紀念這位改革家。

景監好奇地問商鞅：「你怎樣做才合大王心意的？」商鞅答道：「開始我勸大王用帝國之道，建立夏、商、周那樣的盛世，可是大王卻怕時間太長，自己等不及，所以最後我用富國強兵之法勸說大王，他才滿意。但這樣，秦國也就比不上殷、商了。」

四次會談之後，秦孝公雖然相信商鞅的變法論說，卻顧慮變法會遭到大臣反對、民眾議論，遂猶豫不決。商鞅勸他：「大王猶豫不決就不會成功。古往今來，高出常人理解的事情本來就會被世人誤解，見解獨到的人也必會受人嘲笑。所以，大王不需要和民眾共同謀劃如何開始，只要和他們一起分享成功的快樂。品德高尚之人不會與世俗合流，成就大業之人不必和眾人共謀。只要能強國，不必沿襲舊法；只要能利民，不必遵循舊禮。」

孝公還是不放心，就召集諸位大臣一起在朝廷上討論變法的事情。大臣甘龍與杜摯是反對變法的主要人物，他們認爲：「若是順應民俗來實施教化，不用費力就能成功；若是沿襲舊法來治理國家，就會使官吏習慣而百姓安定。如果不能獲得百倍的利益，就不要變法；如果沒有十倍的功效，就不能變更舊器。總之，倣做古人、遵循禮制才不會出差錯。」商鞅並不因此退縮，他冷靜地反駁：「治世不一道，便國不法古。湯武正是因爲沒有沿襲舊制度才能稱王天下，夏殷正是因爲不變更禮制才招致滅亡。所以，秦國不應該讚揚沿襲舊禮的人，也不應責難反對舊法的人。」商鞅力排眾議，更加堅定了孝公變法的信心。秦孝公六年（西元前三五六年），商鞅被封爲左庶長，開始推行變法。

變法革新

爲了展現政府改革的決心以及信用，商鞅巧施計謀。他命人在京都雍城的南門口豎起一根三丈長的木桿，並貼出告示：「任何人如將木桿扛到北門，賞十金。」老百姓都不相信會有這種好事，根本沒有人去動木桿。商鞅命人換了告示：「任何人若是能將木桿移到這道門，就賞五十金。」終於有個老百姓好奇地搬了木桿，商鞅立刻賞給他五十金。此事令秦人大爲震驚，這才覺得政府的命令不像是開玩笑。

商鞅趁熱打鐵，立即實施他的第一次變法：主要是防盜、防間諜，強化「什伍制度」，實行連坐制。同時，抑制宗室、獎勵軍功，禁止私鬥。另外，改革稅制，重農抑商，廢井田，開阡陌。這幾方面的變法引起秦國社會的巨大震動。

變法在短短十年裡就取得了理想的效果，秦國從一個孱弱小國變爲政治穩固、經濟發展迅速、軍事力量強大的國家。因爲第一次變法的成功，孝公大喜，愈加重視商鞅，升他爲大良造。商鞅並不滿足於首次變法的成績，而是極力推動第二次變法：首先是將秦都遷到腹地咸陽，爲秦國之後的東進戰略鋪路。同時，頒布秦律，推行郡縣制，並且統一度量衡。

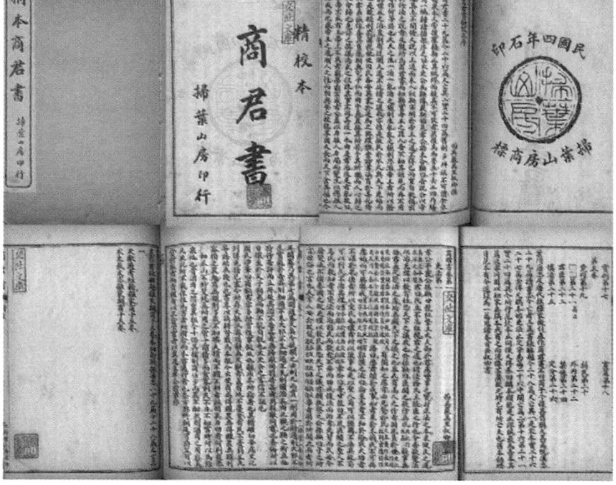

《商君書》書影

《商君書》也稱《商子》，現存二十四篇，戰國時商鞅及其後學的著作彙編，是法家學派的代表作之一。

改革必然會有人反對和不服。爲了使改革順利進行，商鞅採取「鐵血暴力」來推動變法，凡是反對變法的都堅決鎮壓，對議論法令、違反法令者處以酷刑。有一次，一天在渭河邊上就殺死反對變革的七百多人，殺人數目太多，連渭水都變紅了，哀號之聲震動天地。

收復河西

魏國一直是秦國東進的威脅與障礙，孝公以前，秦國在與魏國的征戰中經常失敗，處於被動挨打的地位。商鞅變法使得秦國日漸強盛，秦國對魏國戰爭也開始轉敗爲勝。

爲了打開東進通道，商鞅對秦孝公說：「魏國對秦國來說就是心腹大患，不是秦合併魏，就是魏合併秦，原因很簡單，魏國的地理位置扼住了秦國東進的咽喉。如果我們全力攻魏，迫使魏國向東遷移，那麼秦就能佔據險要，向東發展。」秦孝公在商鞅的建議下開始攻魏。首先，在元裡大勝魏軍。四年後，秦國又在固陽大敗魏軍。

最後一次對魏作戰勝利是在秦孝公二十一年（西元前三四〇年），商鞅率秦軍伐魏，將魏軍殲滅。魏國求和獻出河西。這時魏惠王想起當年公叔痤「不用則殺之」的諫言，非常後悔自己當時沒聽他的話殺掉商鞅。

人亡法存

秦孝公二十四年（西元前三三八年），一生勤勉於政的秦孝公病逝，商鞅失去了靠山。繼位的秦惠文王早在兩次變法中就與商鞅積怨甚深，所以上任第一件事就是除掉商鞅。於是由連續兩次遭到刑罰的太傅公子虔出

商鞅侍魏

商鞅離開自己的家鄉，奔赴魏國謀求前途。他先投奔魏國要臣公叔痤手下做中庶子。公叔痤一直向魏惠王力薦商鞅，然而惠王重名好虛，根本看不上商鞅這種既年輕又無高貴身世背景的政客。

公叔痤病重之際曾勸說魏惠王：「我府中的中庶子公孫鞅，人雖年輕，但有驚人才學，大王可以將國政委託給他。」惠王不置可否，公叔痤就改勸他：「大王若不用商鞅，就殺掉他，絕不可讓他離開魏國，否則會留大患！」惠王勉強答應了他，但是一出門，就對左右的隨從說：「公叔痤已經病得語無倫次了，一會兒叫我把國家大權交給公孫鞅，一會兒又叫我殺了他。」惠王走後，公叔痤馬上叫來商鞅說：「我向王推薦你，但他不願意用你，我就勸他殺了你，免得你日後對魏國不利。我是先公後私，先忠於君，後忠於友，不能不勸他殺你，請你原諒。現在你還來得及逃離魏國。」商鞅聽了並不著急，反而安慰公叔痤說：「王既然不聽您的意見重用我，自然更不會聽從您，無緣無故來殺害我。」果然，惠王並沒有下令殺商鞅。

面，聯合其他憤恨商鞅的貴族與官吏，一起彈劾商鞅，誣陷商鞅叛變。

商鞅無奈之下，只能逃離自己的封地。他先逃到函谷關下，請求當地老百姓收留救助他，但因爲自己所定的新法規定：「收留藏匿奸人者，必遭死刑。」所以，老百姓都沒有人敢接納他。商鞅又逃到魏國，卻因爲自己曾經欺詐公子擊敗魏軍，魏國也不願意庇護他，強行將他送回秦國。商鞅被逼到絕境，只能鋌而走險，發動自己封地內的子弟兵對抗秦惠文王的軍隊，結果沒有成功，兵敗被擒。

商鞅最終被處以車裂，家人一併抄斬。商鞅雖死，但他的變法卻沒有被廢除，最終使得秦國成爲戰國七雄中最強盛的一個。

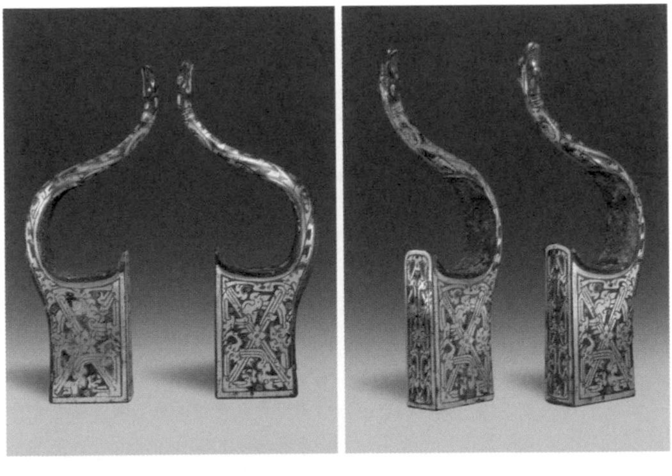

戰國．錯銀龍紋承弓器

一對兩件。首作龍頭昂起，長頸，下承長方形座。通體裝飾錯銀紋飾，頸部裝飾幾何雲紋，方座裝飾龍紋，龍首的嘴、目、耳、鼻也以錯銀而成，裝飾豪華富麗。據考古發現，承弓器為戰車上承弓所用，安裝在車前，上架弩機，承弓器的鉤曲部分卡住弩臂前端弓的兩側，向斜上方拉弦，即可張弓。

河西之爭

秦晉（戰國時主要是魏）兩國三百年來反覆爭奪河西之地，它是秦國東向稱霸的必要通道，也是晉國阻擋秦國猛虎下山的重要壁壘。河西之爭持續了三百餘年，歷經春秋、戰國兩個歷史時期，大小戰役多達數百次。

河西之地位於今天陝西渭南，河南靈寶、陝縣一帶。河西之地對秦國至關重要，因為河西的桃林塞是秦國東進征途上的重要軍事要塞，河西之爭的數次戰役都與這個要塞有關。秦國幾乎每一代君主都想要佔據河西，走出桃林，向東爭霸，卻一直被晉國所阻。河西同樣是晉國阻擋秦國猛虎下山的重要壁壘。河西之爭是秦晉兩國關係的主要線索，在春秋戰國時期，秦晉兩國之間的歷史事件幾乎都與河西之爭相關。

最早注意到河西的是晉獻公，他派兵滅掉虢國等河西之地上十餘個小國，最終取得了河西之地。

穆公占河西

晉國在獻公死後，經歷了「驪姬之亂」，國內政局一片混亂，太子被逼自殺，公子重耳和夷吾被迫逃離他國。而此時的秦國卻因為秦穆公任用百里奚、蹇叔等賢才實行改革，逐漸強盛起來。

流亡在外的晉公子夷吾為了借助秦穆公的力量回國奪位，就許諾穆公：「一旦我即位，就割讓河西八城給秦國。」穆公於是護送夷吾回晉即位。沒想到夷吾出爾反爾，後悔割地給秦國。穆公寬宏大量，沒有與夷吾計較。不久，晉國鬧饑荒，秦穆公還送糧給晉國接濟饑民。而當第二年秦國也鬧饑荒的時候，晉惠公再一次忘恩負義，不僅不救濟秦國，反而聯合

「函谷」刻石

函谷就是秦晉爭奪最激烈的桃林塞，亦即湖縣舊址（閿鄉縣城舊址）之間的函谷古道，它以此間谷道兩旁及其以南衡嶺源、鑄鼎原的桃樹成林而得名。春秋時，詹嘉奉晉侯之命在此駐紮堅守桃林之塞，即可阻斷秦人的東西往來。

梁國趁機攻打秦國。秦穆公非常憤怒，親自率大軍迎戰晉國於韓原，由於晉國人多勢眾，穆公一時陷入重圍，處境危急，這時半路殺出了「岐下野人」，救出了穆公，一下子扭轉了戰爭局勢。晉軍節節敗退，穆公突圍，反而俘虜了晉惠公。這次晉惠公再也不敢耍賴，乖乖地將河西八城送給秦國。

韓原之戰之後，晉文公即位，秦晉進入和好時期。秦穆公專心經營河西，爲以後東進打準備。晉文公一方面忙於向東爭霸，同時因爲感激秦穆公之前幫助自己即位的恩惠，就沒有向秦討要河西之地。

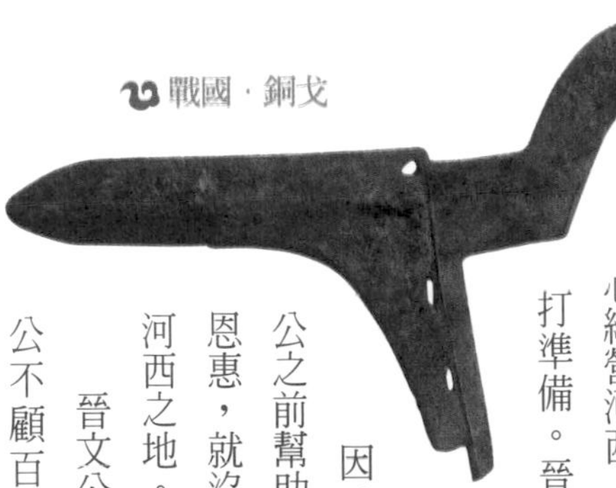

戰國．銅戈

晉文公死後，秦穆公不顧百里奚與蹇叔的反對，執意越過晉國偷襲鄭國。結果秦軍在半路上走到崤山，中了晉軍的埋伏，全軍覆沒，三位將軍都被俘虜。這是秦國在河西之爭中的第一次大敗。迫於晉國的壓力，秦國歸還了河西的部分地方。晉國開始掌握洛河以東。

崤山慘敗之後，秦軍臥薪嘗膽，發憤訓練，終於在第四年，秦穆公親自率領軍隊進攻晉國，破釜沉舟、來勢兇猛，嚇得晉國不敢出擊，秦國大勝。穆公回到當年崤谷戰敗的地方，收集秦軍陣亡將士的屍骨，發喪三日才回國。這次雖然秦國取勝，但由於晉國對河西的緊密看守，一直到穆公去世，秦國也沒有在河西之爭中佔優勢，秦國向東發展的要道「桃林之塞」始終被晉國控制。

秦失河西

秦穆公死後，秦國陷入內憂外患之中，不僅無力向東擴展，連守住自己原來的事業也很難，實力漸漸衰微，在諸侯之中的地位也日漸下降。此時，晉國在晉襄公去世後發生了王室權位紛爭，晉大臣想邀請尚在秦國的晉公子雍回來即位。秦康公於是派人護送公子雍回晉，當走到晉國的令狐時，遭到晉軍的偷襲，秦軍在毫無防備之下潰敗。

令狐之戰後，秦晉連年頻繁交戰，雖然互有勝負，但秦國逐漸處於下風，從康公到景公（西元前六二〇年至西元前五三七年），中間經過共公、桓公這幾十年，秦國始終處於被動挨打的地位。

麻隧之戰是另一個證明晉強秦弱的例子。秦桓公在位時，由於沒有親自參加秦晉會盟，遭到晉國的進攻，兩國大戰於麻隧（今陝西涇陽附近）。秦國再次大敗，被晉軍一直追到侯官，晉軍得以深入秦國內地。麻

馬陵之戰

魏惠王十六年（周顯王十五年，西元前三五四年），趙國企圖迫使原本歸順魏國的衛國轉而歸順自己。魏將龐涓領兵救衛，直接包圍了趙都邯鄲。趙國形勢危急，向齊國求救。齊威王派田忌、孫臏前去救趙。孫臏設計「圍魏救趙」，引誘龐涓放棄圍攻邯鄲而回師解圍，在魏軍回師的必經之地桂陵設了埋伏擊敗龐涓軍，並俘虜龐涓。

魏惠王二十九年（西元前三四一年），龐涓再次領命攻韓，圍攻韓都新鄭，韓昭侯也向齊求救。齊國再次派田忌、孫臏出馬營救。孫臏故技重施，「圍魏救韓」，龐涓再一次急急忙忙地棄韓回國。魏惠王痛恨齊國一再阻撓魏國，就派龐涓與太子申率兵十萬，要與齊決戰。當時齊軍已經深入魏國境內，魏軍氣勢洶洶地殺來，敵眾我寡，齊軍要是硬拚絕不會有勝算。

孫臏採用「欲擒故縱」的計謀，用「減灶之法」迷惑魏軍，引誘魏軍追擊。龐涓又一次中計，率軍追到馬陵，結果看到一棵大樹上寫著「龐涓死於此樹之下」八個字才醒悟過來，但為時已晚，齊軍伏兵盡出，魏軍慘敗，龐涓自刎於樹下，太子申被俘虜。這就是著名的「馬陵之戰」。

隧之戰後，晉國又聯絡宋、齊、鄭、衛、曹、邾、滕、薛、杞、小邾等諸侯國的軍隊一起攻打秦國，突破了秦軍防線直攻到棫林。

這一時期，秦國僅是勉強保住河西一些地方，卻對晉國沒有多少威懾力了。漯河以東秦的重要據點都被晉國拔除，使魏文侯得以經營河西。

周定王二十四年（西元前四四五年），魏文侯即位，開始了河西之爭的新階段。當時，秦國還佔有部分河西地區，對魏國存在威脅。所以，魏國加固少梁城，派大將吳起看守，經營河西。吳起在河西進行了大刀闊斧的改革，整頓吏治、親近百姓、充實倉庫、宣傳教化，同時任用一大批有才智的人才，河西在吳起的經營下不斷發展。同時，吳起對秦多次發動攻擊，逼秦國退出河西。秦國徹底丟失了河西之地。

秦獻公即位後，開始進行改革，他將都城遷到東邊的櫟陽，期望能收復穆公時代的河西之地。秦獻公二十一年（魏惠王六年，西元前三六四年），秦魏大戰於石門（今陝西三原），秦獻公大勝，向河西逼近。魏國趕緊沿著洛水沿岸修築長城，希望抵擋秦國奪取河西的步伐。

收復河西

秦國在孝公時代日漸強大，孝公從來沒有忘記「收復穆公時代的河西之地」的使命。

秦孝公二十一年（魏惠王二十九年，西元前三四一年），魏國受到齊、趙兩國夾擊，在馬陵之戰中大敗。商鞅建議孝公：「秦應該趁這個機會把魏國趕走，這樣秦就可以佔據河西之固，東向以制諸侯，成就帝王之業。」孝公非常贊同，立即派商鞅率兵攻魏。第二年，商鞅趁著齊趙兩國向魏進攻之際，攻打魏國西側，魏將公子應戰。商鞅耍詐，用計誘捕魏公子，魏軍大敗。這樣，魏國受不住秦、齊、趙的屢屢侵擾，不敢再戰，只得還給秦國一部分河西土地。同時魏國不得不將國都從安邑遷到大梁（今河南開封）。這一戰也是秦在河西之爭中的最大勝利。

接著，秦國乘勝加緊對河西的大規模攻勢，秦惠文王六年（魏惠王後元三年，西元前三三二年），秦軍再次大敗魏國，俘虜了魏國人將龍賈，斬首八萬。

秦惠文王九年（魏惠王後元六年，西元前三二九年），秦軍圍焦（今河南陝縣），大勝。五年後，秦相張儀圍攻陝。秦國佔據焦、陝，就重新得到了桃林、崤函要塞。

河西之於秦國

取得河西之地，對秦國來說意義重大。首先，河西之地歸於秦國，使得關中地區成爲秦統一的物質生產基地，關中進可攻、退可守，正是日後秦統一六國的堅固基地。秦國與諸侯常在關外發生戰爭，關中內部秦人努力發展生產，保證充足的糧食來滿足戰事需要。秦國後來的每一次戰爭都少不了關中的支持，尤其是秦王嬴政時期鄭國渠的修建，更是使關中成爲「天下糧倉」。

其次，佔據了桃林、崤函要塞，改變了秦國的戰略地位，爲其東進打通了南北通道。秦國之前因爲沒有完全佔有河西之地，被晉國阻擋在西部戎狄之地，很難向東發展。自從奪得河西之後，秦國憑藉著崤函之固，加快了戰爭步伐，東征西討，從秦惠文王末年至昭襄王末年，秦國戰事頻繁，戰爭速度加快不少：向南可以攻取漢中、進攻楚國；向西可以進攻巴蜀；向東可以與齊、魏相爭；向北可以與燕、趙相爭，大大加速了秦統一六國的步伐。

戰國·杜虎符

背面有槽，頸上一小孔，虎作半立走形，昂首，尾端捲曲。錯金銘文九行四十字：「兵甲之符。右才（在）君，左在杜。凡興士被甲，用兵五十人以上，必會君符，乃敢行之。燔燧之事，雖毋（毋）會符，行殹（也）。」虎符「右在君，左在杜」，意思是說右半符存君王之處，左半符在杜地的軍事長官手中，凡要調動軍隊五十人以上，杜地的左符就要與君王的右符會合，才能行軍令。但遇有緊急情況，可以點燃烽火，不必會君王的右符。

張儀連橫

張儀是戰國時期著名的縱橫家，是秦國歷史上的第一相。張儀的主要貢獻是以「連橫」策略打破了其他六國「合縱」之盟，為秦後來併吞六國、一統天下奠定了基礎。

秦國第一相

孝公在位二十四年去世，其子惠文王（又稱惠文君、秦惠王）即位（西元前三三七年）。雖然惠王一上台就處死了商鞅，但並沒有廢除商鞅的變法內容，對內對外仍然繼承孝公時代的富國強兵政策。相比之下，其他諸侯國中唯有剛剛滅掉越國的楚國還能與秦國相爭，其他的如韓、趙、魏都逐漸衰退。

秦惠文王繼承孝公時代「任人唯賢」的人才政策，使得天下人才紛紛跑到秦國來尋找用武之地，張儀便是其中一個。張儀出生於魏國，擅長「縱橫之術」，在入秦之前曾經遊說魏國、趙國、楚國和東周，都沒有得到重用。

秦惠文王九年（前三二九），張儀入秦，拜爲客卿。第二年，張儀與公子華領兵攻魏，奪取魏國的蒲陽城（今山西永濟北）。張儀建議惠文王歸還蒲陽、送公子繇到魏國做人質，並派他隨公子繇入魏，伺機說服魏王投靠秦國。

張儀到了魏國，對魏王說：「秦王得到了城邑卻送還給您，還叫公子繇來到魏國做人質，可見秦王對魏國是真心的，魏國也應該回報秦國。」魏王覺得有道理，就問：「該怎麼報答秦國？」張儀順勢說：「秦王喜歡土地，如果大王您能送給秦王一些土地，秦一定視魏爲兄弟，秦魏形成聯盟，將來一起討伐其他國家，取得的土地可遠比您送給秦國的土地多得多了。」魏王聽了十分心動，就將上郡十五縣和河西重鎮少梁送給了秦國，從此秦魏和好。秦魏兩國幾十年反覆爭奪的「河西之地」至此全部歸秦所有。

雲夢山鬼谷亭

雲夢山位於河南淇縣，這裡據說是鬼谷先生隱居之處。當年蘇秦、張儀二人在這裡跟隨鬼谷先生學藝，下山以後分別鼓吹合縱連橫，在七國之中縱橫捭闔。

由於張儀說服魏王歸還河西之

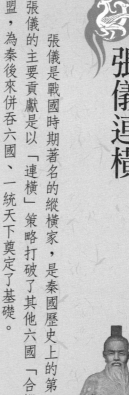

地，立了大功，惠王提拔他為相，取代了原來做大良造的公孫衍。張儀以前秦國從來不設相，而只有將相合一的大良造，這個軍、民、政權力高度集中的大良造對君權是一個威脅，所以秦惠文王上台後，就著手對大良造進行分權，張儀就成為秦國歷史上的第一位丞相。公孫衍也因此鬱鬱不平地離開秦國奔赴魏國。

合縱攻秦

周顯王四十四年（西元前三二五年），秦國稱王，即「秦惠文王」，這也就暴露了秦「目無天子」、稱王稱霸的野心，引起了鄰國魏的強烈不安。魏國自知不能單獨與秦對抗，於是積極聯合韓、趙和齊等國。在秦國始稱王的同年，魏惠王與韓宣惠公相會，也尊韓宣惠公為「王」，同時韓魏兩國積極地籠絡趙國。第二年，秦惠文王派張儀率兵攻打魏國的陝，取得了魏國的上郡。這件事更令魏國十分惶恐，就接連兩次與齊威王會盟，想依靠齊國抵抗秦國。

次年，為了拆散東方各國的聯盟，秦惠文王也派張儀和齊國、楚國的大臣在嚙桑（今江蘇沛縣西南）會盟，企圖拉攏齊國與楚國對付魏國。這時，從秦國跑到魏國的公孫衍看清了秦的意圖，就發起「五國相王」，使魏、韓、趙、燕、中山五國同時稱王，結成聯盟，以對抗秦、齊、楚的聯合。但這個聯盟並不穩固，各懷異心的五國君主很快四分五裂，楚國趁機派兵在襄陵攻打魏國，奪取魏國八個城邑，給了魏國迎頭一擊。

制服三晉

為了進一步瓦解東方各國聯盟，秦國假裝解除了張儀的官職，叫張儀投奔魏國。秦惠文王更元三年，（西元前三二二年），張儀入魏，很快受到魏王的重用，任他為相。張儀趁機遊說魏王歸附秦國：「魏國土地不到千里，士兵不到三十萬，地勢平坦，沒有大山大河的阻擋，本來就是戰場。魏國南邊臨楚、西邊接韓、北邊臨趙，東邊是齊，各國從各個方向都能進攻魏國，那麼魏國至少需要十萬人來守衛邊防。如果魏國向南親近楚國而不依附

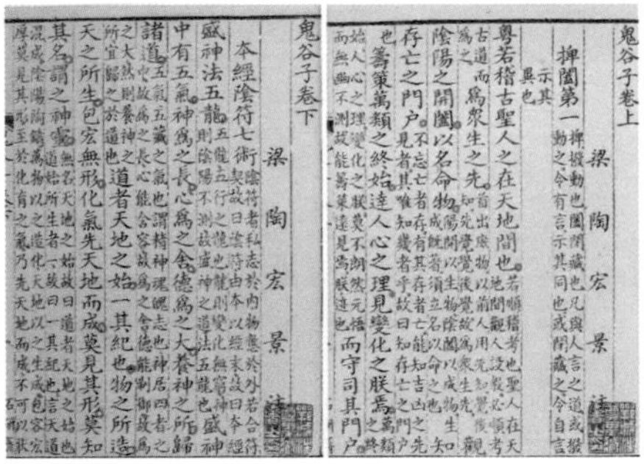

《鬼谷子》書影

《鬼谷子》共有十四篇，其中第十三、十四篇已失傳。《鬼谷子》一書，從主要內容來看，是針對談判遊說活動而言的，但是由於其中涉及大量的謀略問題，與軍事問題觸類旁通，也被稱為兵書。此書以功利主義思想為主，認為一切合理手段都可以運用。

齊國，那麼齊國就會攻打魏國的東面；如果向東親近齊國而不與趙國交好，趙國就會攻打魏國的北邊；如果不親近韓國，韓國就會攻打魏國西面；如果不與楚國合作，楚國就會攻打魏國南邊。所以，魏國正好處於四分五裂的位置上。現在雖然諸侯合縱聯合，但就是同一個父母生的親兄弟，還會彼此爭奪錢財，您怎麼還能依靠這樣不穩定的聯盟呢？」

「魏國如果不依附秦國，秦國就會進攻河外，占領卷、衍、南燕、酸棗等地，脅迫衛國奪取晉陽，趙國也就不能南下支援魏國，這樣魏國就不能與趙國『合縱』。如果秦要挾韓來攻打魏，韓國因爲懼怕秦國必然不敢不聽從，那麼，魏國的處境就非常危險。所以，魏國不如歸順秦國，以防楚國與韓國的侵擾。」魏王聽信了張儀的話，就向秦國稱臣，爲秦國修建行宮，向秦國進獻禮物，接受秦國的封賞。

秦惠文王更元五年（西元前三一八年），張儀的連橫計謀被魏國發覺，就被趕回了秦國。

不久，魏相公孫衍開始聯合趙、燕、韓、楚、魏五國共同攻秦，「縱約長」由楚懷王出任。這次「五國伐秦」雖然聲勢浩大，但因爲各國行動不一，很快就被秦軍大敗。緊接著秦軍在大將樗里子的統帥下，第二年在修魚（今河南原武東）大敗三晉聯軍，俘虜了韓將申差，斬首八萬，這次戰爭也宣告了「五國伐秦」的行動失敗。

韓國在修魚戰敗後，損兵折將，大傷元氣，已經無力與秦國抗衡。韓國大臣公仲侈向韓宣惠王獻策：「不如與秦國講和，畢竟秦國的主要目標還是在楚國，韓國不如和秦國一起攻楚。」韓王於是命公仲侈入秦求和。這件事被楚懷王知道了，立即揚言要興師救韓，一方面想要動搖韓國向秦國求和的心思，另一方面則爲了鼓動秦國加速攻韓。果然，韓國以爲楚國會救自己，就不再向秦國求和，而秦國也正如楚國所想，派兵攻打韓國，此時楚國坐視不理。秦惠文王更元十一年（西元前三一四年），秦國在岸門（今河南許昌）一戰中大敗韓國，迫使韓國屈服。

第二年，秦軍乘勝攻打趙國，在藺（今山西離石）大敗趙軍，俘虜趙將趙莊。至此，秦徹底挫敗三晉，接下來就是對付齊、楚聯盟了。

削弱楚國

秦惠文王更元十二年（西元前三一三年），秦國再次假裝辭掉張儀，叫他去拜見楚懷王，以求伺機破壞齊楚聯盟。張儀到達楚國之後，首先買通楚懷王的寵臣靳尚，取得了懷王的信任，接下來建議楚懷王：「秦王其實最敬佩楚王您，最憎恨的是齊國。秦王願意把商於（今陝西商洛）六百里地獻給楚國，只要楚國與齊國絕交。這樣一來齊國力量必然會削弱，楚國也就可以控制齊國。這件事是三全其美：既能削弱齊國，又能施德與秦，也能使楚國獲得商於六百里地。望大王不要錯失良機！」

楚懷王聞言大喜，在朝廷中大肆宣布：「我國馬上就會有六百里地了。」群臣都紛紛祝賀，唯獨大將陳軫不賀。陳軫勸說懷王：「張儀的話不可信。楚國若是與北邊的齊國絕交，失去了齊國這個盟友，西邊的秦國也就不怕楚國了，齊與秦要是聯合起來攻打楚國，那時楚國就有大禍了！」此時楚懷王根本聽不進去陳軫的諫言，還是執意派人回秦國要土地，張儀也假稱要回國斡旋，回到了秦國。

沒想到，張儀回秦以後稱病一連三個月不回楚國。愚蠢的楚懷王以為秦是嫌自己與齊斷交還不夠徹底，因此特地派人去齊國辱罵齊王，齊王大怒，與楚絕交而與秦結交。張儀看到目的已經達到，就告訴楚國使者說：「秦王要將『從某至某，廣袤六里』送給楚王！」懷王得知「六百里地」變成了「六里地」，才知道自己被張儀騙了，非常生氣，要立即出兵伐秦。陳軫再一次勸阻懷王：「現在楚國不如割地向秦求和，然後聯兵攻齊，或許楚國還可以繼續存活。」氣急敗壞的楚懷王再一次拒絕了陳軫的建議，強行派人攻打秦國。秦惠文王更元十三年（西元前三一二年），楚軍在丹陽與秦軍展開大戰，楚國大敗，秦軍占領漢中。

漢中失守後，楚懷王又與齊國聯合，制訂了共同對抗秦國的策略。楚軍剛剛深入秦國的藍田，便遭到秦國襲擊。與此同時，韓魏兩國配合秦國，發兵攻打楚國的後方，迫使楚國退出秦地，這一場混戰以楚國的失敗而告終。

秦惠文王去世，秦武王即位，武王不喜歡張儀。然而張儀比商鞅聰明，搶先逃到魏國，兩年之後，在魏國鬱鬱而終。

戰國中期・交龍紋鼎

隆蓋，蓋與鼎體渾然一體，整體造型似扁球形，予人以敦實之感。蓋上環列有三個獸形紐，獸呈側臥狀。蓋臥可仰置。口微斂，與蓋的弧度相一致。器兩側近口沿處設置獸首啣環耳，圜底，下接三個短蹄足。蓋頂中心飾火紋，圍以葉瓣紋，自蓋至腹部裝飾五圈交龍紋，每個龍紋均為雙首，相互交連，形成交龍紋帶。紋飾疏朗活潑，整體裝飾富於韻律感，而紋樣構圖則又宛轉流暢。

司馬錯伐蜀

司馬錯是戰國時期的秦國名將，他輔佐秦惠文王、武王、昭王三代君王，東征西討，戰功赫赫，其中最重要的功績就是為秦攻伐巴蜀兩國，使秦佔據了「巴蜀之饒」，為日後統一六國奠定了雄厚的物質基礎。

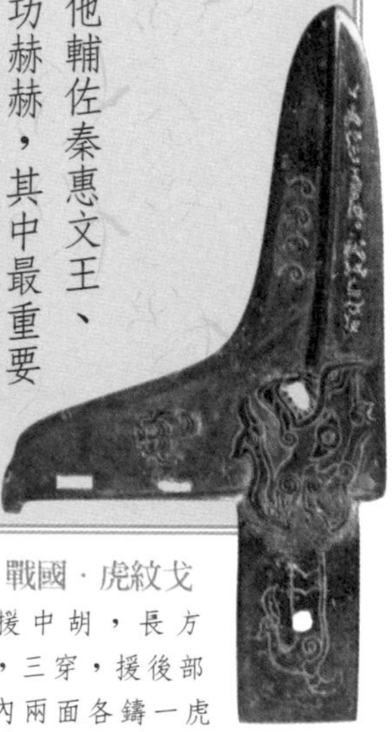

戰國．虎紋戈

直援中胡，長方內，三穿，援後部至內兩面各鑄一虎紋，虎頭向鋒，張口，口中有一穿孔，虎身後部有一圓穿孔，胡的一面飾一椎髻跽坐腰懸刀的人紋。援上鑄銘文十餘字。一九七二年四川郫縣出土。

司馬錯十九歲加入秦國的新軍，從普通士兵一步步升爲十夫長、百夫長、千夫長。在商鞅收復河西的戰爭中，他獨自率領軍隊突襲離石（今山西離石）要塞，攻取魏國在河東最大的根據地，又切斷了魏國華山大營的退路，從魏國手中奪回了秦國重要的隘口要塞，立下赫赫戰功。商鞅非常賞識司馬錯，立即提拔他爲函谷關守將，並在臨死之前將司馬錯介紹給新即位的秦惠文王。

伐蜀之辯

巴蜀是秦國西南的兩個小國，因爲結仇，互相攻擊，兩國都向秦國求救，秦惠文王決定派兵伐蜀。正在此時，韓國從北邊進攻秦國，秦惠文王也想立即伐韓，但不知道到底是應該「先伐蜀」還是「先伐韓」，於是召集群臣在朝廷上討論。

主張伐韓的張儀認爲：「應該先伐韓。我國可以先與楚國、魏國結盟，出兵三川（郡名，轄今河南黃河以南的伊水、洛水流域），堵住轘（今河南偃師東南）、緱氏的要塞與屯留的羊腸阪道。同時，由魏國攔截韓國自南陽南下的交通，由楚國進攻韓國的南鄭，而秦國則可以往東攻打韓國的新城與宜陽（今河南宜陽西），進逼東、西二周所在地，又可以入秦楚、魏之地。周王身陷危機、不能自救，必然會交出傳國之寶九鼎，這樣我國就可以憑藉傳國之寶和地圖戶籍挾天子而令諸侯，天下就沒有不聽從我們的，這乃是霸王之業！相比之下，蜀國僅僅是一個西方偏遠小國，是戎狄之地，就算我們勞民傷財地伐蜀，也不會建立霸業。三川、周室才是我們應該爭奪的地方，而不是距離霸業甚遠的野蠻之地。」

司馬錯卻不認同張儀的看法，他認為：「要想國家富強，就要先擴張領土；要想兵強馬壯，就要先叫百姓富足；要想得到天下，就要先廣施仁政。做到這三件事，霸業自然會成就。但如今秦國地方不大，百姓也很窮，所以我國應該先從容易的地方入手。正因為蜀國是西方的偏僻小國，又是戎狄之邦的首領，國內政局如夏桀、商紂時一樣紊亂，所以秦國若伐蜀，就如狼群進入羊群一樣簡單，出兵討伐也名正言順。這樣，秦國獲得了蜀國的土地，就可以擴張領土；得到了蜀國的財富，就可以富足百姓；不發兵傷害百姓，就可以使蜀國屈服。秦國消滅了蜀國，卻不會被別人認為是暴虐，即使搶走蜀國一切財富，別人也不會認為秦國貪婪。所以，伐蜀是名利雙收的好事，會使我國獲得除暴安良的美名。相反，如果現在攻打韓、劫持天子，不僅很難成功，而且會被扣上『不義』的惡名。周是天下的宗室，齊國是韓國的盟國，如果周天子知道將要失去九鼎，韓國知道會失掉三川，周與韓必然聯合起來，透過齊國、趙國說服楚國和魏國背叛秦，周天子為了拉攏楚、魏兩國，免不了會將九鼎給楚，將三川給魏國。這就危險了，不如先伐蜀。」

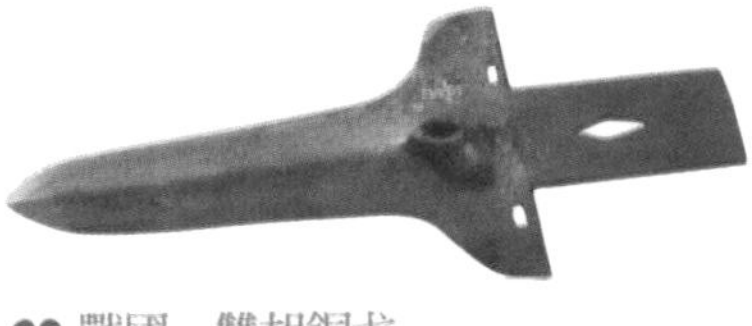

戰國．雙胡銅戈

寬援，援上一圓形孔。有上下胡，胡上下各有一穿。直內，內中心處有一菱形孔。胡的一側有一族徽字。一九八〇年出土於四川新都戰國墓。

石牛道伐蜀

秦惠文王採納司馬錯的方案，派司馬錯與張儀、都尉墨等率軍伐蜀。當時蜀有劍門之險，巴有江河之阻，道路崎嶇，不易征伐。司馬錯獻計，謊稱：「秦國得到了從天而降的幾頭石牛，夜能糞金，秦王因為與蜀國相鄰，願意饋贈石牛與美女給蜀王。」

蜀王聽了大喜，立即派人在大小劍山、五丁峽一帶峭壁處日夜劈山破石，鑿險開路，想要到秦國去取石牛與美女。沒想到蜀道開通，秦國卻派大軍長驅直入，一舉滅了蜀國，這條路從此也就命名為「石牛道」。

石牛道

石牛道，又叫蜀棧、金牛道。石牛道是古代川陝的交通幹線，北起陝南勉縣，南至四川巴中大劍關口。

智囊樗里子

樗里子是秦國著名的將領，因足智多謀、詼諧幽默、能言善辯而著名，被稱為「智囊」，曾輔佐秦惠文王、秦武王、秦昭襄王三代君王，使秦國能夠東攘諸侯。

樗里子，名疾，出身秦國皇室，是秦惠文王同父異母的弟弟，因爲居住在樗里而被稱爲樗里子。他非常聰明，善用謀略，又因爲是皇親國戚，所以深受秦王信賴，承擔著爲秦國開疆闢土的重任。

東攘諸侯

秦惠文王更元八年（西元前三一七年），魏、趙、韓三晉聯合攻秦，秦軍在樗里子的統帥下在修魚大敗三晉聯軍，俘虜了韓將申差，斬首八萬，使得東方諸國大爲驚恐，破壞了當時五國伐秦的合縱之舉。三年後，秦惠文王再次派樗里子率兵攻魏，占領了魏國的曲沃和焦，迫使焦歸降，趕走曲沃城中所有的魏人，使得曲沃成爲一座空城，併入秦國的版圖。

韓國在修魚大敗後，元氣大損，已經無力與秦國抗衡。韓王想向秦求和，卻被楚國知道了，於是楚王一面揚言要興師救韓，動搖韓國求和的心思，另一面又鼓動秦國加速攻韓。果然，韓國以爲楚國會救自己，就不再向秦國求和。結果秦王再次派樗里子率軍出兵攻韓，在岸門一戰中大敗韓軍，楚國卻坐視不理。

同年，秦國乘勝攻打趙國，樗里子在藺大敗趙軍，俘虜了趙國大將趙莊，奪取了藺。第二年，在樗里子的協助下，秦將魏章攻打楚國，在丹陽大敗楚軍，斬首八萬人，俘虜大將屈丐及裨將逢侯丑等七十餘將領，隨後

戰國．王命虎符

作蹲虎欲躍狀，虎揚頭，口大張，露齒，弓腰，尾巴上揚捲起，姿態威猛生動。虎兩面的毛斑，是先鑄出彎葉形淺槽，再貼以金箔片，虎眼、耳以細金片勾勒。這是目前中國僅存的一件錯金虎符，不論在造型上還是在工藝上，都是一件難得的藝術珍品。虎符正面有錯金銘文「王命車徒」。

張儀誣陷陳軫

張儀和陳軫都是戰國時期赫赫有名的縱橫家，但是兩人素來不和。有一次，張儀對秦王說：「陳軫經常在秦楚之間來往，現在楚國並不喜歡秦國卻很喜歡陳軫，這說明他只爲自己而不爲國家，假如他現在要去楚國，你就放他去吧。」秦王很生氣，就把陳軫叫來責問。陳軫一聽就知道秦王話裡有話，就說自己要去楚國。秦王說：「那張儀說的一點沒錯了。」這話一出口，陳軫就明白這是張儀在搗鬼。於是他對秦王說：「不但張儀知道，路上的行人也知道。」「爲什麼呢？」秦王問，陳軫說：「孝己愛自己的親人，天底下的人都想要這樣的兒子；伍子胥忠於國君，天下的君主都想要這樣的臣子。賣自己的奴僕卻被住在同一街上的人買走，這肯定是很好的奴僕；離婚的婦女嫁給了與前夫同村的人，這肯定是賢婦。要是像我這樣的忠臣在秦國都得不到重用，在楚國哪會得到重用呢？現在我在秦國被放棄不用，我不去楚國還能去哪呢？」秦王一聽這話，很快就打消了疑慮，再度重用陳軫。陳軫透過自己的聰明才智，破解了張儀對自己的誣陷而獲得秦王的信任。

立即攻取楚國漢中六百里地，設置漢中郡。漢中失守後，楚懷王決定孤注一擲，傾全國之力報強秦之仇，並深入到秦國藍田。此時，秦的盟國韓、魏趁機襲擊楚國後方，樗里子率秦軍也在藍田擊敗楚軍，楚懷王被迫撤兵，向秦國割地求和。

樗里子因爲戰功赫赫，被封於嚴道，稱號爲嚴君。但是，當時在秦王面前的紅人還是張儀。張儀眼看著樗里子的聲望和地位日盛一日，加上他是秦國的公族，不由得心中不是滋味。爲了鞏固自己的地位，解除樗里子對自己的威脅，張儀終於想出了驅逐樗里子的妙計。張儀向秦王推薦樗里子出使楚國，同時又讓楚國向秦國建議任命樗里子爲相。準備就緒之後，張儀對秦王說：「大王重用樗里疾而讓他出使楚國，爲的是國家的和平共處。現在樗里疾在楚國，楚王請求秦國任命樗里疾爲相，並且我聽說樗里疾對楚王說過：『大王你想要張儀在秦國受困嗎，我願意協助大王。』楚王覺得樗里疾的想法不錯，因此才向大王請求讓樗里疾擔任秦相。現在大王如果按照楚國的請求辦，恐怕樗里疾會把秦國拱手

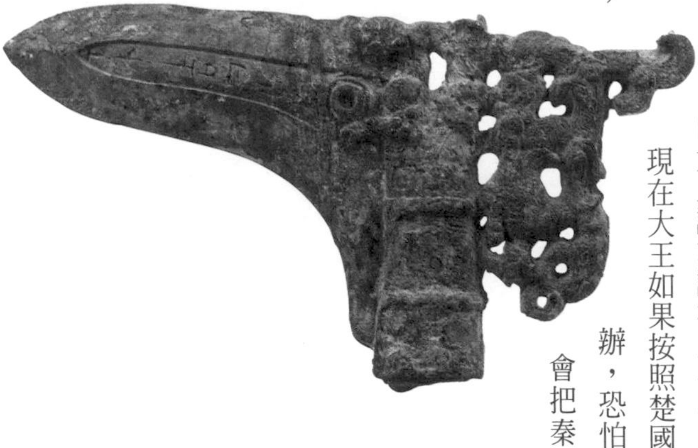

戰國．玄鏐戈

此戈直援中胡，中胡較寬，闌側三穿，內上一橫穿，後端有鏤空裝飾。

送給楚國吧。」秦惠文王聽罷張儀這番話，不由得勃然大怒，樗里子從楚國回來以後，就直接賦閒在家了。

輔佐武王

周赧王四年（西元前三一一年），秦惠文王去世，太子嬴蕩即位，即秦武王。武王並不喜歡張儀，秦國許多大夫也很討厭他，紛紛對秦武王進言：「張儀這個人不講信用，賣國求榮，用這樣的人會被天下人所恥笑。」張儀知道自己可能遭遇與商鞅一樣的下場，於是離秦至魏，不久就鬱鬱而終。武王逐走張儀之後，啓用樗里子、甘茂爲左右丞相。

秦武王四年（西元前三〇七年），秦占領宜陽，打開了周天子王城洛陽的門戶。秦武王派樗里子駕車百乘覲見周天子。周天子忌憚秦國強大，不得不恭敬地接待，派士兵迎接樗里子，長戟在前，強弩在後。楚王見周天子對秦國這般隆重接待，非常不平，周臣游騰連忙解釋：「以前晉國的知伯攻打仇猶（今山西盂縣東北）時，先假意送給仇猶一輛大車，卻令晉軍跟隨在車後面，伺機襲擊仇猶，結果仇猶沒有防備就被滅了。齊桓公攻打蔡國時，表面上說是要誅罰楚國，實際上是要偷襲蔡。現在秦國如狼似虎，派樗里子駕車百乘進入京畿，居心不良，天子乃是怕仇猶、蔡國的事重演，所以才長戟在前，強弩在後，名義上是保護樗里子，實際上是要圍困他，以防不測。難道周王不愛惜自己的社稷天下嗎？只是怕一旦亡國，對大王您也不利啊！」楚王聽了有道理，才消了氣。

戰國．銅戈

輔佐昭王

武王死後，秦國發生內亂。因爲武王沒有兒子，其同父異母的弟弟嬴稷（即秦昭襄王）即位稱王，但國家大政實際上由宣太后主持，樗里子仍然擔任宰相，更受尊重。樗里子繼承惠文王時代張儀的策略，聯合齊國來抑制楚國力量的壯大。

秦昭襄王元年（周赧王九年，西元前三〇六年），樗里子率軍攻打衛國的蒲邑（今河南滑縣），蒲邑長官請胡衍爲其解圍。胡衍勸說樗里子：「聽說您要攻打蒲城，您這樣做到底是爲了秦國呢，還是爲了魏國？如果爲了魏國當然好，但爲了秦國就不好了。因爲衛國正因爲蒲城的存在才算是一個國家，如果您攻滅蒲邑，衛國必然會屈服並依附魏國，魏國因此會強大起來。魏國的強大就是秦國的威脅。若是秦王知道您這次行動反而有利於魏，必會定您的罪。」樗里子聞言覺得有理，就問：「我該怎麼辦？」胡衍趁機建議：「如果您放棄不攻打蒲邑，我會替您對衛國說，請衛國不要忘記您的恩德。」樗里子於是退兵，轉頭攻打魏國城邑皮氏（今山西河津西）。

秦昭襄王七年（西元前三〇〇年），樗里子去世，被葬在渭水南邊章台之東。傳說他臨終前曾預言說：「一百年之後，會有天子的宮殿夾著我的墳墓。」果如其言，漢朝的長樂宮建在樗里子墳墓的東邊，而未央宮在其西側，武庫正對其墳墓。

秦國有句諺語：「力則任鄙，智則樗里。」這話說的就是樗里子智慧過人。秦國的東進擴張政策很多都是由樗里子所建議的。

戰國．錯銀鑲嵌綠松石幾何紋帶鉤

長條形，鉤面由三個平面構成，平面的結合處形成挺拔的折角線，頗有立體感，鉤頭為蛇首。鉤體裝飾幾何紋，錯銀絲勾勒菱形紋和三角紋，內中有錯銀圓片，並鑲嵌有綠松石的多瓣花紋，蛇目也以錯銀而成。此器與山西榆次貓兒嶺出土的鑲嵌幾何紋帶鉤的造型、紋飾大致相同，時代為戰國中晚期。

戰國．六山紋鏡

三弦鈕，圓鈕座。主紋為逆時針排列六山字，山字修長，傾斜度較大，山字底邊與相鄰山字邊的延長線相接，形成一六角星芒形。鈕座外及山字上各飾小花瓣，均以羽狀紋為地。此鏡體形較大，紋飾精美。

兵馬俑的前生今世——秦國的人殉制度

秦國自從第五代國君秦武公開始實行人殉，陪葬的人少則數十，多則上百。迄今發掘的中國古代最大古墓秦景公墓即有一百八十五人殉葬，直到第二十四代秦獻公時，才廢除人殉制度，秦始皇時採用陶俑殉葬，代替人殉。

殉葬是指將器物、牲畜甚至活人置於死者墓穴，爲死者陪葬，使死者在死後仍能「繼續」世間的生活。其中，人殉是最爲殘忍野蠻的一種陪葬制度。人殉的主要目的是爲了死者死後在陰間仍能繼續享受人世間所享有的服侍與生活。

活人殉葬制度早在約五千年以前的龍山文化時期就產生了，殷周時期許多貴族墓葬都有大量人殉。秦漢以後人殉制度才逐漸消失，之後往往用木俑、陶俑代替。

秦國人殉

史書上記載的最早的秦國開始人殉制度是在秦國第五代國君武公時期。武公死後被埋葬於平陽（在今陝西寶雞東南），當時陪葬的有六十六個人。雖然史書這樣記載，但人殉制度可能早在武公二十年之前就產生了，因爲六十六個人已經數量極多，可見當時人殉制度已經相對成熟了。

武公之後，人殉愈演愈烈。殉葬者的數量多少反映了墓主的地位高低和財富多寡，地位愈高、財力愈雄厚，則陪葬的人愈多。正如《呂氏春秋·節喪》中所說：「國彌大，家彌厚，葬彌厚。」

秦穆公死時，陪葬的多達一百七十人，其中包括穆公的三位良臣奄息、仲行、鍼虎，這三位大臣都是自願做人殉爲穆公陪葬。《史記》

秦公一號大墓

秦公一號大墓據有關專家考證為秦景公墓。該墓的考古發掘證明了秦國人殉制度的殘酷。

記載秦穆公有一次與眾位大臣一起喝酒，喝至酣處，穆公對這三位大臣說：「咱們君臣活著要一起享受快樂，死後也要一同哀痛。」三位大臣竟然允諾下來。後來，秦穆公死時，他們果然爲他陪葬。

不僅君王以活人殉葬，連太后也爭相倣傚。秦國歷史上有名的宣太后就曾經在病重的時候下令說：「我死後，一定要魏先生殉葬。」魏先生指的是秦國大臣魏丑夫，也是宣太后的祕密情人。宣太后想死後也和情人在一起，但魏丑夫並沒有下決心與她「不能同生，但求共死」。一聽到宣太后的命令，魏丑夫嚇得要命，趕緊找朋友商量怎麼辦。後來他的一位朋友庸芮替他去勸說宣太后：「太后認爲，人死之後還有知覺嗎？」太后回答：「當然沒有。」庸芮便說：「既然沒有知覺，太后爲什麼要生前所喜愛的人白白送死呢？若是有知覺，先王要是知道太后帶魏先生下葬，豈不怪罪於您？」宣太后這才收回成命，不讓魏丑夫陪葬。

秦始皇兵馬俑（局部）
秦始皇兵馬俑的考古發掘，顯示秦國對人殉制度的改造。

秦獻公元年（西元前三八四年），獻公進行了一系列改革，其中包括廢除人殉制。雖然官方已經廢除人殉，但之後的墓葬中仍有人殉的痕跡。一九五九年在山西馬喬村附近發現的戰國晚期秦人墓葬中就有人殉，這些人有的被肢解，有的脖子上有刑具鐵鉗，最多的一個墓裡有十八個殉人。

秦二世胡亥也曾經用活人爲父親秦始皇殉葬。當時，二世率領後宮妃嬪、夫人與眾大臣護送秦始皇的靈車前往驪山秦始皇墓。秦始皇屍體被放入地宮後，二世突然下令：「先帝后宮人等，只要還未生子的都要殉葬！」妃嬪中很多都沒有生子，聽到要殉葬的命令都嚇得號啕大哭。二世根本無視眾女的哀哭乞求，直接驅趕她們進入墓穴，並命工匠關緊墓門，這些妃嬪就活活地陪秦始皇下葬了。

迄今發掘的中國最大古墓

秦國歷史上共有十九位君王被葬

兵馬俑中殘損的陶人陶馬

用陶人陶馬取代真人真馬殉葬，從哪個角度看都是一種進步，都是社會發展的必然。

在故都雍城（今陝西鳳翔西南）。一九七五年考古人員開始在鳳翔尋找秦公墓葬，因爲這一時期的墓葬特徵是「不封不樹」，即地面沒有封土，也不樹立標誌，所以考古工作一直沒有進展。直到有一天，考古人員從鳳翔縣城西靈山一帶的一位村民那裡得知，當地的土壤堅硬，無論雨水如何都穀粒無收，才有了墓穴的線索。經過挖掘，考古人員竟然發現了一座有兩條斜坡墓道和一個長方形墓室的「中」字形超級大墓。這塊墓是雍城發現的第一座秦公大墓，所以被稱爲秦公一號大墓。

隨後，考古人員對秦公一號墓進行持續十年的發掘。該墓長三百公尺，深二十四公尺，面積達五千三百三十四平方公尺，比湖南長沙馬王堆一號漢墓大二十倍。這個超大型墓穴的主人是秦第十四代國君景公。景公統治秦國長達四十年，執政期間奉行向東擴張的策略，在與東方諸侯國的交戰中屢次取勝，使秦國國力不斷增強，這個宏偉的陵墓也見證了當時的國力。

在墓的第二層台基處，考古人員發現了一個頭骨，這個頭骨嘴巴大張，像是在呼喊什麼，在頭骨旁邊又發現了一節折斷的胳膊殘骸。接著，考古人員一連發現了二十具人骨遺骸，這些屍骸位置雜亂無章，無棺無槨。這些屍骸正是被當做人牲的殉人，這些人生前可能是戰俘或奴隸，景公下葬之時他們就被當做祭祀品砍殺了。

在二十具屍骸之下的土層，還發現了一百六十六具棺木，每具棺木中都有一具下肢蜷曲著的屍骸。下肢蜷曲而葬是秦人盛行的屈肢葬，即在人剛剛死的時候，就用布將其下肢向上捲曲捆紮，然後入棺埋葬。這些有棺木的人也是人殉，只不過他們大多是死者的妃嬪、大臣等，大都是自願殉葬。

以俑代人

隨著社會的進步，人殉制度受到愈來愈多的批判。墨子曾經批判這種人殉制度：「天子殺人殉葬，多則幾百，少則數十；將軍和人夫殺人殉葬，多則幾十，少則幾個。殉葬包括車馬、歌伎、舞女都有，這種殘酷的做法，使人民無法做事，浪費的民財也無法計算。」荀子也批判說：「削減活人的花費而增加死人的隨葬品這叫糊塗，殺死活人爲死人陪葬這叫凶殘！」

戰國時期，秦國逐漸出現了用陶俑、木俑代替活人陪葬的現象。以俑代人比人殉更易於操作，也可以避免過多殺戮引起人民反抗，這種殉葬制度是一種很大的進步。秦國早在春秋時期就用俑陪葬，有石俑、泥俑、木俑，這些俑數量很少，爲後來以俑代人制度奠定了基礎。

秦始皇是以俑殉葬的典型。秦始皇陵兵馬俑坑中出土了數以千計的兵馬俑，這些俑正是用來代替活人陪葬的。與東方六國截然不同的是，齊國、晉國和楚國的殉葬俑一般是樂舞、侍僕、侍衛的形象，秦國的殉葬俑幾乎全是軍人形象。

秦始皇爲什麼用整個軍隊做殉葬？一方面這反映了秦人尚武的傳統文化，另一方面則與秦始皇獨特的個人經歷有關。秦始皇一生大部分是在戰爭中度過的，強大的秦軍是促使秦能夠兼併六國、統一天下的關鍵條件。統一之後，秦國北擊匈奴，南平夷越，平息叛亂，每一樣都仰賴軍隊。軍隊是他至上權力的保障，沒有軍隊，他就不可能擁有這一切。所以，他將生前所擁有的一切重現於地下。氣勢雄偉的兵馬俑軍團完全模擬了眞實的秦軍，不僅僅身高、形象與眞人相似，而且排列、佈局完全模擬眞實作戰的陣型。

總之，秦國在早期主要以活人殉葬爲主，尤其是在春秋時期的秦穆公時期，人殉制度最爲鼎盛，秦景公時期人殉數目多達一百八十五個。戰國時期，秦國由於身處西部，長期與戎狄相鄰，社會發展緩慢，尤其是文化方面，所以人殉制度在秦國還存在根深柢固的基礎，很難與其他中原國家一樣立即廢除。雖然秦獻公時期已經以法律的形式正式地廢除人殉制，但無法徹底根除，這以後仍然出現過人殉，尤其是秦二世胡亥時期，曾令秦始皇生前的眾多妃嬪爲始皇殉葬。而社會的發展促使俑殉葬制度的出現，尤其以秦始皇兵馬俑最爲典型。它採用象徵軍隊的陶俑來殉葬，俑數量之多、排列之整齊劃一、規模之大，令人歎爲觀止。

秦始皇陵碑

秦武王舉鼎

秦武王勇武有力，愛好鬥力，一直嚮往能一睹周天子重器九鼎，等到終於看到九鼎的時候，他與大力士孟賁比賽舉鼎，結果不幸被鼎壓傷，不治而亡。

野心勃勃

周赧王四年（西元前三一一年），秦惠文王死，太子嬴蕩即位，即秦武王。秦武王是個勇猛好鬥的人，他非常賞識勇力過人的人，比如當時以勇猛力大著名的烏獲和任鄙，秦武王都破格將他們提拔爲將軍，給予高官厚祿。當時齊國有兩位大力士孟賁和陸行，聽說秦王重視勇士，都來投奔秦武王。傳說孟賁力大無窮，而陸行不怕虎狼，一個人能制服兩頭野牛。

隨著秦國的實力壯大，秦武王的野心也一步步擴張，他不僅要稱霸諸侯，還十分嚮往周天子的寶座，想一窺九鼎的風采。

武王即位後，對樗里子與甘茂說：「寡人住在西戎，從來沒有到過周天子的王畿洛陽，不知道那裡是何等的繁華。寡人希望有一天能夠駕車遊歷洛陽，親眼看看天子寶器九鼎，這樣就死而無憾了。不知道你們誰能爲寡人攻取宜陽，進攻洛陽？」樗里子表示：「韓國宜陽城固兵精，離秦國甚遠，如果秦攻打宜陽，趙、魏兩國必定會救韓，秦就可能陷入險境。」秦武王對樗里子的觀點很不滿意。甘茂又說：「要進攻韓國宜陽，必須先破除韓魏聯盟、聯合魏國幫助秦國，這樣趙國不可能越過魏國去救韓國，那麼韓國就沒有人援助，秦攻破宜陽指日可待。」甘茂的分析令秦武王非常滿意。

戰國．錯金銀馬首形銅轅飾

這件銅轅飾呈馬首形，其頭、頸錯金飾卷毛紋、鱗紋，製作精美，是戰國時期錯金銀銅器的典型代表作品之一。一九五一年出土於河南輝縣固圍村大墓。該墓是形制規模很大的「中」字形墓（兩墓道的墓），周圍有陵園，類似諸侯陵墓的規格，所以出土的車轅飾異常精美。

戰國．鑲嵌錯金壺

一九六六年陝西寶雞陳倉鄉劉家台出土，現藏寶雞市博物館。

攻破宜陽

秦武王三年（西元前三〇八年），派甘茂率兵攻打宜陽。甘茂首先說服魏王與秦聯盟，共同討伐韓國。同時爲了不讓秦武王中途變卦，君臣二人立下了「息壤之盟」，甘茂這才出兵攻打宜陽。

果然，秦軍攻打宜陽一直持續了五個月還沒有進展，國內有人開始向武王抱怨：「我軍攻打宜陽已經拖了五個月了，兵士們筋疲力盡，這樣下去，恐怕形勢惡化，還不如退兵的好。」武王意志動搖，這時甘茂派人傳信給武王，上面只有兩個字「息壤」。武王一看，想起自己與甘茂的盟約，立刻堅定決心，增援甘茂。最終，甘茂率軍攻陷了宜陽孤城，斬首六萬，迫使韓國屈服，向秦求和。

舉鼎喪命

占領宜陽就是打開了洛陽的門戶，秦武王親自率軍進入洛陽，周天子根本無力抵抗，秦軍一路暢通無阻地進入周室太廟，武王也見到了渴慕已久的鼎。武王看完鼎，好奇地問：「這鼎有人能舉起來嗎？」守鼎人很驚訝：「這個鼎重達千鈞，自從出世以來就沒有人舉起過。」武王轉身問自己的兩個大力士任鄙與孟賁：「二位能不能舉起鼎？」任鄙非常聰明地推脫了，孟賁卻不明就裡，上去一把就將鼎舉起來了。武王一見，好勝心被激起來了，說：「你能舉起這鼎，難道寡人還不如你嗎？」於是就要上前舉鼎，任鄙連忙勸道：「大王是萬乘之軀，請不要輕易試力！」秦武王一心想要與孟賁比試高低，哪裡聽得進去任鄙的話，堅持上前舉鼎，結果剛剛抬起鼎，腳步一軟，鼎就落了下來，砸到腳上。等到太醫過來的時候，武王已經昏迷不醒了，嘴裡還說著：「心願已了，雖死無恨。」當天夜裡武王便氣絕身亡。

戰國．錯金銀雲紋鼎

甘茂相秦

甘茂是秦惠文王、秦武王時期的著名將領，與「智囊」樗里子齊名。他出身平民，官至秦國左相，一生最關鍵的兩次戰績是平定蜀亂與攻取宜陽，後來被樗里子等人排擠離開秦國。

甘茂是楚國下蔡（今安徽鳳台縣）人，從小跟隨下蔡的史舉學習諸子百家學說。當時秦國經過商鞅變法日漸強盛，惠文王即位後繼承了孝公時代「任人唯賢」的政策，聚集了眾多人才，諸如張儀、司馬錯、魏章以及被稱爲「智囊」的秦國皇族樗里子。甘茂也同樣嚮往能到秦國一展宏圖。他非常幸運，遇見了經常出入楚國的張儀，經過張儀以及樗里子的引薦，甘茂得見秦惠文王，秦惠文王非常欣賞甘茂。

取漢中、定蜀亂

秦惠文王假裝撤掉張儀的相位，派他入楚說服楚懷王與齊斷交而與秦結交。楚懷王貪圖張儀允諾的商於六百里地，不顧大臣的反對，堅決與齊斷交。事成之後，張儀卻耍賴說當時只允諾給楚國「六里地」。楚懷王大怒，第二年就發兵伐秦，秦惠文王派甘茂與樗里子一起輔佐左庶長魏章迎戰。最終，秦軍在丹陽大敗楚軍，斬首八萬人，俘虜大將屈丐及裨將逢侯丑等七十餘將領，隨後立即攻取楚國漢中六百里地，設置漢中郡。這是歷史記載甘茂最早的出戰經歷。

不久秦惠文王去世，太子嬴蕩即位，這就是秦武王。武王將張儀、魏章驅逐出秦，啓用樗里子、甘茂爲左右丞相，甘茂接替魏章的位置，掌握了兵權。當時擔任蜀侯的秦公子輝和他的輔相陳壯在蜀地發動叛亂，秦武王派甘茂去平定蜀地之亂，甘茂邀請當年伐蜀的功臣司馬錯一起去，最終順利平定叛亂，回秦之後，武王就任命甘茂爲左丞相。

戰國．重絡錯金提梁盉

攻取宜陽

秦武王對甘茂表達了自己東窺周室的想法。甘茂首先說服魏王與秦國聯盟，共同討伐韓國，接著派人對秦武王報告說：「現在魏雖然已經同意要和秦一起討伐韓國，但我們還是不要進攻宜陽的好。」武王聽了很困惑，親自到息壤去見甘茂，甘茂解釋說：「宜陽城堅兵精，我軍兵行千里冒險攻打宜陽，絕不是短時間就能見效的。從前有個人賢德的人叫曾參，與他同名的人殺了人，就有人告訴他母親『曾參殺了人』，一連三個人都這樣說，他母親就害怕地翻牆逃跑了。就算是曾參再賢德，母親再相信他，最終還是抵不過別人的懷疑。我比不上曾參賢能，大王也不可能像曾參母親那樣相信我，而且懷疑我的絕不僅僅三個人，我恐怕大王也會像曾參母親一樣懷疑我。以前張儀西併巴蜀、北擴西河、南攻上庸，天下人並不覺得是張儀的功勞，而認爲是君王賢能。以前魏文侯派樂羊統兵攻打中山，三年才攻下來，等到樂羊回到魏國請功論賞時，文侯命人將誹謗他的一筐折子抬出來給他看，樂羊大驚，連拜文侯：『這絕不是我的功勞，乃是主君之力啊！』現在臣只是一個寄居此地的人，這次帶兵出征，樗里子與公孫奭必然會拿攻韓來抨擊我，大王若是聽信了他們，恐怕不僅宜陽不能攻破，臣也會因此身敗名裂。」武王明白過來了，原來甘茂怕自己中途改變主意，於是斬釘截鐵地告訴他：「寡人要與你定下『息壤之約』，絕不聽信小人之言。」君臣立下盟誓之後，甘茂這才出兵攻打宜陽。

果然，秦軍攻打宜陽一直持續了五個月還沒有進展，樗里子、公孫奭向武王抱怨：「我軍攻打宜陽已經拖了五個月了，兵士們筋疲力盡，這樣下去，恐怕形勢惡化，還不如退兵的好。」武王心裡很動搖，要召甘茂撤兵，這時甘茂派人傳信給武王，上面只有兩個字「息壤」。武王一看，想起自己與甘茂的盟約，立刻堅定決心，增援甘茂。最終，甘茂率軍攻陷了宜陽孤城，斬首六萬級，迫使韓國屈服，向秦求和。

戰國．宴射刻紋畫像

這件宴射刻紋畫像匜刻畫的是貴族宴享圖。紋飾是用銳利的鋒刃鏨刻的，仔細觀察之下，線條並不連貫，由一段段楔形短線構成，細如毫髮，刻工十分嫻熟。畫面的安排十分注重故事情節的展開，給人以有條不紊之感。所刻的人物、禽鳥神態生動，栩栩如生；而在流口處刻游動的魚，與流水相應；在器底刻畫著互相纏繞的呈圓形的蛇紋，頭近三角形，體軀肥大。

戰國·鑲嵌綠松石錯銀幾何紋方壺匜

方口，口沿有加厚層，斜肩，腹鼓，下有方圈足，腹部兩側設置獸首啣環耳。通體滿佈鑲嵌綠松石和錯銀絲而成的幾何形紋飾。從表面上看，這種勾連形幾何紋繁縟而富於變幻，仔細觀察其結構仍是很有規律的，是為此類紋飾的一個特點。這件方壺紋飾製作精緻，造型穩重而不失靈巧，為戰國中晚期青銅器。

甘茂受讒

武王死後，昭王繼位，由其母宣太后主持朝政。昭王元年（西元前三〇六年），楚國出兵伐韓，韓國向秦求救，宣太后是楚國人，不願意救韓與楚國為敵。甘茂力主出兵救韓伐楚，昭襄王聽從了甘茂的建議，出師救韓。

秦王讓向壽去駐守宜陽，同時派樗里子和甘茂去攻打魏國皮氏。向壽，是宣太后的娘家親戚，與昭王從少年時就很要好，所以被昭王任用。向壽先到了楚國，楚王聽說秦王十分敬重向壽，便優厚地禮遇向壽。向壽駐守宜陽，準備據此攻打韓國。韓相公仲侈派蘇代對向壽說：「野獸被圍困急了是能撞翻獵人車子的。您攻破韓國，雖使公仲侈受辱，但公仲侈仍可收拾韓國局面再去侍奉秦國，他自認為一定可以得到秦國的封賜。現在您把解口送給楚國，又把杜陽封給下小令尹，使秦、楚交好。秦、楚聯合，無非是再次攻打韓國，韓國肯定要滅亡。韓國要滅亡，公仲侈必將親自率領他的徒隸去頑強抗拒秦國。希望您深思熟慮。」

向壽說：「我聯合秦、楚兩國，並不是為了對付韓國，您替我把這個意思向公仲侈申明，說秦國與韓國的關係是可以合作的。」蘇代回答說：「我願意向您進一言。秦王親近您，比不上親近公孫奭；秦王賞識您的智慧才能，也比不上賞識甘茂。可是如今這兩個人都不能直接參與秦國大事，而您卻獨能與秦王對秦國大事作出決策，這是什麼原因呢？是公孫奭偏向韓國，而甘茂偏袒魏國，所以秦王不信任他們。現在秦國與楚國爭強，可是您卻偏護楚國，這是與公孫奭、甘茂走的同一條路。您靠什麼來與他們相區別呢？人們都說楚國是個善於權變的國家，您一定會在與楚國結交上栽跟頭，這是自惹麻煩。您不如與秦王謀劃對付楚國權變的策略，與韓國友善而防備楚國，這樣就沒有憂患了。韓國與秦國結好必定先把國家大事交給公孫奭，聽從他的處理意見，而後會把國家托付給甘茂。韓國是您的仇敵。如今您提出與韓國友好而防備楚國，這就是外交結盟不避仇敵啊。」向壽說：「是這樣，我是很想與韓國合作的。」蘇代憑著三寸不爛之舌，把向壽迷得團團轉。後來，甘茂終於向秦昭襄王提出，把武遂歸還給韓國。向壽和公孫奭竭力反對這麼做，但沒有成功。向壽和公孫奭因此而怨恨，常在昭王面前說甘茂的壞話。甘茂恐懼，怕有不測，便停止攻打魏國的蒲阪，乘機逃亡而去。

甘茂離秦

甘茂跑到秦國邊境函谷關時，正好碰到縱橫家蘇代，蘇代問甘茂要去哪裡，甘茂並沒有直接回答，只講了一個「借光」的小故事：「從前有條小河邊住了很多戶人家，每天晚上各家的姑娘都會把自家的燈油倒在一個大燈裡，然後一起在大燈下做活。有一個姑娘拿不出燈油，她對其他人說：『我雖然拿不出燈油，但我可以每天早點來晚點走，爲大家打掃屋子，只希望你們能借點光給我。』其他人聽了，決定還是留下她了。」蘇代明白過來，就與甘茂一起去了齊國，在齊王面前爲甘茂「借光」，推薦甘茂做了齊國的上卿。

齊王派甘茂出使楚國。當時秦楚關係友好，秦昭襄王知道甘茂在楚國，就請楚王送回甘茂。楚王向謀臣范蜎詢問這件事，范蜎不贊同，他說：「甘茂入秦，以惠文王之聰慧、武王之敏銳、張儀之善辯，甘茂竟然還是能一一侍奉好他們，擔任十個官位而沒有犯錯，這是一般人做不到的。把這樣的賢人送回去給秦國爲相，對楚國不是好事。大王不如推薦向壽做秦相，這樣對楚國更有利。」楚王聽了建議，就派人請求秦王讓向壽當秦國丞相。甘茂最終沒能回秦國，死在了國外。

扁鵲與秦武王

扁鵲，戰國時期的醫學家。他學醫於長桑君，有豐富的醫療經驗，反對巫術治病；總結前人經驗，創立望、聞、問、切的四診法。扁鵲去見秦武王，武王把他的病情告訴了扁鵲，扁鵲建議及早醫治，可是左右大臣提出異議：「君王的病在耳朵的前面，眼睛的下面，未必能治好，弄不好反而會使耳朵聽不清，眼睛看不明。」武王把這話告訴了扁鵲，扁鵲聽了很生氣，把治病的砭石一丟，說：「君王與懂醫術的人商量治病，又與不懂醫道的人一起討論干擾治療，就憑這可以瞭解到秦國的內政，如此下去，君王隨時都有亡國的危險。」

戰國·玉鉤雲紋璧

東帝西帝

經過秦孝公時代的商鞅變法、秦惠文王時期的連橫破縱、秦武公時期的西拓東進，秦國到昭襄王時期已經從西隅小國成長為傲視中原的大國。秦昭襄王聯合當時的強國齊國共同稱「帝」，即「東帝」、「西帝」，然而卻惹來了齊、韓、趙、魏、燕五國合縱伐秦，僅僅兩個月就被迫取消「帝號」。

宣太后專政

周赧王八年（西元前三〇五年），秦武王去世，在位僅四年。武王沒有兒子，宮廷裡又上演了一場王位爭奪戰。武王的親生母親惠文后去世得早，庶母宣太后的弟弟魏冉因爲曾經輔佐秦惠文王、秦武王兩代君王，權高位重。由於魏冉的支持，宣太后的兒子最終即位，稱爲秦昭襄王，即位初由宣太后主政，樗里子爲相，魏冉爲將軍，滿朝文武中很多都是宣太后的親族。

昭王即位雖然有魏冉和宣太后的支持，但其他兄弟並不服氣。昭王即位第二年（西元前三〇五年），公子庶長壯聯合其他公子一起叛亂，而自稱爲季君。魏冉立即出兵平叛，殺掉了參與叛亂的諸位公子，也將秦武王的王后趕回魏國。至此，秦武王死後的王位紛爭暫時告一段落，魏冉掌握了秦國的軍政大權。

戰國・鑲嵌卷雲紋羊首車

圓筒羊首狀，上有穿口，用以納轄，以便套在車軸末端。此車軎的精細程度反映了當時青銅製造業的情況。一九五八年陝西西安安後園出土。

當時諸侯間以秦國、齊國、楚國三國最爲強大，這三國之間戰和不定，秦時而與楚爭戰，時而對齊發兵，韓、魏、宋等小國則根據形勢變化選擇秦國或者齊國、楚國當靠山。

秦楚由合到分

因爲宣太后是楚國人，所以昭王即位後秦國與楚國關係比較好。楚國曾經與齊國、韓國聯盟合縱攻秦，但自從昭王即位，楚國便背棄與齊、韓兩國的盟約，單獨與秦和好，導致齊、韓兩國很生氣。秦昭襄王二年（西元前三〇五年），秦昭襄王與楚懷王聯姻。第二年，兩國在黃棘（今河南新野東北）會盟，秦國退還楚國之前占領的上庸（今湖北竹山）之地。以後三年秦楚之間和平相處。

秦昭襄王四年（西元前三〇三年），齊國、韓國聯合魏國共同伐楚，楚王立即向秦求救，於是秦國出兵攻打魏國的蒲阪（今山西永濟）、晉陽與封陵（今山西永濟風陵渡）。第二年，秦昭襄王、魏王與韓太子嬰在臨晉會盟休戰。

同一年，楚國人質太子橫殺死了秦國的一個大夫，偷偷逃回了楚國，秦楚兩國爲此結怨，秦國轉而與齊國結盟。當齊、韓、魏三國在這一年再次聯手進攻楚國的時候，秦國卻坐視不管，楚國因此大敗於垂沙（今河南唐河）。楚國被迫將剛剛從秦國逃回來的太子橫再次送到秦國當人質，以求停戰。秦國這時候極力拉攏強大的齊國，在齊國戰勝後，馬上派昭王的弟弟涇陽君去齊國當人質。

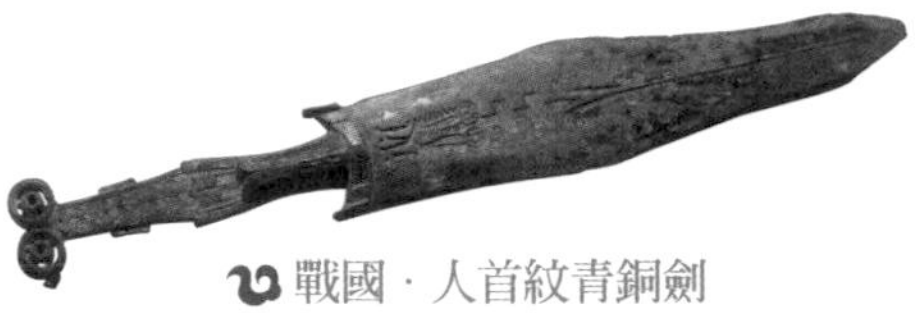

戰國．人首紋青銅劍

劍首為兩個如同車輪的並列圓環；劍格兩端上揚，中部微彎曲；劍身上部飾有人面圖案，人面整體由平凸線構成。

秦不僅不救楚國，還不斷攻打楚，楚國在連續不斷的攻勢下節節敗退。不久，秦昭襄王約楚懷王到武關結盟，楚國大臣極力勸阻楚懷王不能去，怕被秦陷害，然而楚懷王求和心切，還是親自到了武關（今陝西商縣東），果然被秦劫持到了咸陽。秦昭襄王威脅他無條件割讓楚國的巫、黔中兩地給秦國，否則不放他回去，楚懷王當然不答應，結果就被押在了秦國。這時，楚國國內大臣一面設法營救楚懷王，一面設法接回在齊國做人質的太子橫即位，即楚頃襄王，使得秦要挾割地的圖謀落了空。秦國大怒，決定武力攻擊楚。秦昭襄王九年（西元前二九八年），秦國進攻楚國的析地，大敗楚軍，斬首五萬，佔據十多個城。

秦齊由分到合

齊宣王十九年（周赧王十四年，西元前三〇一年），齊國任命孟嘗君田文爲相，齊國在孟嘗君的改革下日漸強盛。

秦昭襄王八年（西元前二九九年），秦國也邀請孟嘗君擔任秦相，結果孟嘗君不到一年就被免了職，且被囚禁起來，孟嘗君靠自己的門客用「雞鳴狗盜」之術逃回齊國，重新爲齊相。從此齊秦兩國結怨。次年，在孟嘗君的組織下，齊、韓、魏三國合縱攻秦，一直打到了函谷關，後來宋國、中山兩國也參與攻秦，三年之後，五國攻秦聯盟終於攻進了函谷關，秦國只好將之前占領的魏國封陵還給了魏，又把武遂（今山西臨汾西南）還給了韓。

不久，齊國在蘇秦的慫恿下，放棄攻秦，轉而攻宋；秦國也不願意繼續以齊國為敵，而想集中精力對付韓、魏，擴張領土，所以兩國重新修好，齊國免去了主張攻秦的孟嘗君相位，而任命秦國的五大夫呂禮為相。同時秦國也主動與楚國修好，重新任命魏冉為相，援助了楚國糧食五萬石，免去攻韓魏的後顧之憂。

秦齊稱帝

在暫時穩定齊、楚兩國之後，秦國專心對付韓與魏。秦昭襄王十三年（西元前二九四年），昭王派白起、向壽率兵攻打韓、魏，先後攻取了武治、新城。同一年，白起又攻下了伊闕，第二年，打敗了韓魏聯軍，斬首二十萬，俘虜魏將公孫嘉。兩年後，秦國繼續進攻魏，不過這一次雖然攻取了魏國的垣，卻又還給了魏，轉而進攻韓。秦昭襄王十三年（西元前二九一年），秦國攻取了韓國的宛，秦得到了手工業發達的宛，從此經濟迅速發展。第二年，司馬錯率秦軍攻取魏國的軹（今河南濟源東南），又再次攻佔垣。次年，白起、客卿錯率軍攻魏，奪取蒲阪等六十一個城。秦國勢如破竹的進攻使得韓、魏兩國無力招架，兩國被迫割地求和，韓國又將武遂二百里地讓給秦，魏國則割讓河東四百里地給秦。

戰國・出廓螭龍浮雕璧

圓環璧體上，凸雕的回首對望雙螭，呈出廓狀，雙尾相交於璧心圓孔處。璧面上的陰刻線條流暢自然，凸雕出的雙螭形體強勁有力。玉璧質地稍粗，閃白花，呈青色。

秦國連戰連勝，領土不斷擴張，國力更加強大。當時各國君王陸續稱王，秦昭襄王已經不滿足稱王，而要進一步稱帝，但又忌憚齊國反對，就拉攏齊王一起稱帝。秦昭襄王十九年（西元前二八八年），秦昭襄王自稱「西帝」，又派魏冉到齊國，尊齊王為「東帝」，秦齊兩國開始做起「東帝」、「西帝」來了。

好景不長，韓國、魏國拉攏趙國，請趙國的奉陽君李兌聯盟各國合縱攻秦。同時蘇秦也勸齊王取消帝號，進而拉攏其他國家共同伐秦，齊國就可以趁機攻打宋國了。齊王為了得到宋國的土地，就聽從了蘇秦的建議，取消了帝號，並與趙國會盟，並出兵威脅秦國也取消帝號，秦昭襄王根本沒料到齊國會中途反悔，無奈之下，只好也取消了帝號。

秦昭襄王從稱帝號到取消帝號僅僅歷時兩個月。

五國攻秦

齊湣王私自放棄帝號，攻打秦國

的盟國宋國，這就與秦國結了怨。在齊王的支持下，蘇秦替齊遊說燕、趙、魏、韓，共同抗秦，這一時期除了蘇秦主張攻秦之外，還有李兌和孟嘗君。秦昭襄王二十年（西元前二八七年），韓、趙、魏、燕、齊五國形成聯盟，由李兌率領聯軍，燕國派二萬人參加，齊國、魏國屯兵於皋、滎之間。

這個五國聯盟貌合神離，同床異夢。齊國的目的在於攻奪宋國土地，而蘇秦表面上相齊，暗地裡其實爲燕國賣力，想透過挑起戰爭來削弱齊國的實力。同時，蘇秦私下裡遊說趙、魏共同攻齊。魏國長久以來被秦國攻擊，早想報仇，但因爲剛剛失敗、元氣大損，攻秦有心而無力。各國在伐秦過程中互相推諉、徘徊觀望，誰也不願意眞動武，只是在成皋吵嚷一番，就無功而返了。

五國攻齊

在「西帝」秦昭襄王無奈放棄帝號的同時，「東帝」齊國也終於惹火上身。五國攻秦雖然沒有成果，但齊國卻趁機對宋國發動了三次攻擊，最終滅掉宋國。然而好景不長，蘇秦又勸齊王：「魏國與趙國離秦國比較近，現在五國聯合攻秦如果不能勝利，魏趙兩國必然會爲了保存自己向秦求和，這樣秦就會和其他國家聯合攻齊，所以大王還是先與秦談和，避免以後被動。」齊王聽信了蘇秦，就瞞著魏趙偷偷與秦國交好，這件事惹惱了魏趙兩國。趙國與魏國紛紛聯絡秦國，一起攻打齊國。這時候各國之間的形勢發生了變化，各國都傾向與秦結盟，攻齊的統一戰線也逐漸形成。

秦昭襄王二十二年（西元前二八五年），秦國約楚頃襄王在宛會盟，又聯絡趙惠文王，加強與楚國、趙國的關係，同時，派將軍蒙武首先率兵進攻齊國，大獲全勝，攻佔齊國河東九座城，秦在此地設立了九個縣。

第二年，秦又與魏王在宜陽會盟，與韓王在新城會盟，燕昭王也親自到趙國會見趙惠文王，至此，秦、趙、韓、魏、燕五國聯軍正式形成。韓、趙、魏派兵，在燕將樂毅的統帥下，向齊進攻。秦國也派大將尉斯里率領秦軍參加，同時派大夫起賈到魏國主持攻齊。楚國與魯國雖然沒有正式派兵參加，但也非常配合攻齊。不出意外，齊國被五國聯軍打敗，齊王逃離齊國，樂毅率大軍攻入齊國都城臨淄。

五國攻齊恰恰給了秦國擴張領土的機遇，替秦國剷除了一個東方勁敵。從此，秦國將東進的目標轉向了三晉與楚國。

穰侯專政

穰侯魏冉是秦國歷史上任丞相時間最長的一位，一生五任國相。武王去世後，昭王在魏冉的支持下即位，國家政事由宣太后與魏冉執掌。魏冉對內專權、對外奉行「遠攻近交」戰略，擴張秦國領土，起用了一代名將白起。

昭王即位

魏冉是秦武王庶母宣太后的弟弟，他勇猛矯健、臂力過人，而且精通兵法，非常擅長領兵打仗，被秦武王任命爲將軍。魏冉經常與崇武好鬥的武王一起習武，二人非常投機。除此之外，魏冉與時任秦相的樗里子關係也很好。在魏冉的支持下，樗里子排擠走了另一位秦相甘茂。

秦武王因爲與人鬥力，舉周天子九鼎時被鼎壓傷，不治而亡。秦國一下子失去了國君，朝廷大亂，武王的諸位弟弟都紛紛爭奪王位。魏冉極力幫助姐姐宣太后奪權，扶持宣太后的兒子昭王即位。昭王即位後，國家執政大權實際上掌握在宣太后和魏冉手中，魏冉被任命爲將軍，樗里子仍然爲相，滿朝文武中很多都是宣太后的親族。

平定了季君之亂後，秦昭襄王七年（西元前三〇〇年），樗里子卒，秦國派涇陽君到齊國作人質。趙國人樓緩來秦國任相，這對趙國顯然不利，於是趙國派仇液到秦國遊說，請求讓魏冉擔任秦相。仇液即將上路，他的門客宋公對仇液說：「假如秦王不聽從您的勸說，樓緩必定怨恨您。您不如對樓緩說：『請爲您打算，我勸說秦王任用魏冉爲相將會有所保留。』秦王見趙國使者請求任用魏冉並不急切，必感奇怪，將會不聽從您的勸說。您這麼說了，如果事情不成功，秦王乃用樓緩爲相，您會得到樓緩的好感；如果事情成功了，秦王任用魏冉爲相，那麼魏冉當然會感激您了。」於是，仇液聽從了宋公的意

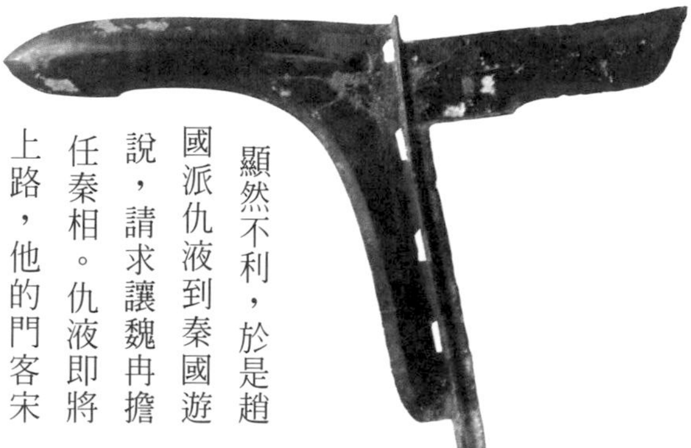

戰國·廿一年相邦冉戈

尖鋒，有脊，兩邊開刃，中胡三穿。內微上翹，上有一橫穿，後段呈刀形，三邊開刃。

見。秦國果然免掉了樓緩，魏冉做了丞相。

起用白起

爲了重振秦軍的威名，魏冉非常注意培養年輕的將領。有一次，魏冉在秦軍的訓練場上巡視，發現有一支隊伍整齊劃一、行動猛烈、氣勢威猛，後來才知道這支隊伍的統領原來只是一個年輕人，這個年輕人就是秦國歷史上的一代名將白起，他年紀雖輕，但具有非凡的軍事才能。

秦昭襄王十三年（西元前二九四年），白起在新城之役中初露鋒芒，大敗韓軍，由左庶長越級晉陞爲左更。同一年秦軍正在向壽的率領下攻打韓、魏聯軍，眼看著秦國後方供給快要耗盡，還是沒有取勝，戰事陷入僵持階段。魏冉於是大膽起用白起，接替向壽，指揮秦軍。白起一到前線，立即廢棄向壽的均衡進攻戰術，撤出與韓國對峙的秦軍，轉而集中突擊韓、魏兩軍交接的區域，趁韓、魏聯軍還沒有反應過來，以迅雷不及掩耳之勢率軍從側翼衝開了一個口子，秦軍蜂擁而入，僅僅用了半天，就大敗韓、魏兩國，俘虜了魏將公孫喜。第二年，白起又攻取了宛、葉。

白起立了大功，身爲推薦人，魏冉自然也是居功至偉。此時魏冉卻選擇了急流勇退，稱病辭去秦國國相的職務，又推薦向壽做國相。向壽喜出望外，再也不把魏冉和白起當做敵人了。一年後，向壽被免職，魏冉又重新擔任秦相，並被封於陶，號稱穰侯。

遠交近攻

在對外關係上，魏冉最初推行遠交近攻，即聯合遠方的齊國，共同攻擊秦的鄰國三晉與楚國。齊國並不眞心與秦結盟，一面口頭上應承秦國，一面又暗中鼓動三晉與楚國合縱攻秦。秦昭襄王九年（西元前二九八年），齊、韓、魏三國合縱攻秦，一直打到了函谷關，後來宋國、中山兩國也參與攻秦，三年之後，五國攻秦聯盟終於攻進了函谷關，秦國只好將之前占領的魏國封陵還給了魏，又把武遂還給了韓。

秦昭襄王十六年（西元前二九一年），魏冉被封爲穰侯。他並沒有坐享其成，而是主動請纓統兵作戰。當

戰國齊國．「齊造邦長法化」背上六字刀一枚

「齊造邦長法化」俗稱「六字刀」，是田氏列為諸侯時的開國紀念幣。周安王十六年（西元前三八六年）田和承梁惠王求魏侯代請於周，周王立田和為齊侯，正式建立齊國，乃鑄造「邦刀」紀盛。所以其文字定為「齊造邦長法化」。

時齊國因爲蘇秦的慫恿，一直籌備攻宋，秦國也想繼續遠交近攻，秦齊兩國於是重新修好。秦國開始集中精力對付韓魏。魏昭王七年（西元前二八九年），魏冉率兵攻打魏國，奪取魏國四百里地、大小城池六十餘座。魏冉因爲這次軍功也得以恢復相國之位。

秦國連年戰勝，領土不斷擴張，國力更加強大，秦昭襄王並不滿足稱王，而想稱帝，但又忌憚齊國反對，就拉攏齊王一起稱帝。秦昭襄王十八年（西元前二八八年），秦昭襄王自稱「西帝」，又派魏冉到齊國，尊齊王爲「東帝」，秦齊聯盟夾擊三晉與楚。

遠攻近交

不久，齊王聽信蘇秦，私自放棄帝號，並且聯合韓趙魏楚進行五國合縱攻秦，威脅秦國取消帝號。秦國對齊國的再次叛變完全沒有預備，只好取消了帝號，再次割地求和。

齊國屢次失信於秦，使得魏冉認識到齊國實際上是秦國最大的威脅，幾乎每次合縱攻秦都是由齊國領導，所以魏冉開始調整秦國的對外戰略，決定從「遠交近攻」轉向「遠攻近交」，先對付頭號勁敵齊國。秦昭襄王二十二年（西元前二八五年），秦昭襄王與楚頃襄王在宛會盟，又與趙惠文王在中陽相會。第二年，秦又與魏國在宜陽會盟，與韓國在新城會盟，並且請趙惠文王聯絡燕昭王，五國攻齊的隊伍漸漸形成。

最終，秦、趙、韓、魏、燕五國聯軍由樂毅統領，向齊進攻。齊國被五國聯軍打敗，齊王逃離齊國，樂毅率大軍攻入齊國都城臨淄，秦取得了齊國的陶地。

這次五國攻齊爲秦國剷除了一個東方勁敵，齊國實力從此一落千丈，秦國也開始出現統一六國的趨勢，將東進的目標轉向了三晉與楚國。

秦昭襄王三十二年（西元前二七五年），魏冉作爲秦相，率秦軍攻打魏國，包圍了魏國大梁城。魏國大夫須賈被從城牆上縋下來，與魏冉談判。須賈說：「從前梁惠王出兵伐趙，佔據三梁，攻破邯鄲，但趙國雖敗卻不肯割地，最終趙還是收復了邯

戰國．雙劍及銅鞘

劍作鏤空有格無首有鞘式。劍身狹長，鋒尖，中脊隆起，兩側斜弧，雙刃近格處弧曲較大。柄部寬厚，剖面呈橢圓形，其上下端鏤空浮雕二獸首，中間飾以蟠龍紋，下端的獸首邊鬚延伸捲起成格部。銅鞘，呈扁長體。鋒作三角形，正面飾鏤空浮雕繩紋，蟠龍紋，背面則作「田」字形鏤空，兩側有方穿，下有一小方穿，作繫繩佩掛之用。

秦國宣太后

宣太后是秦昭襄王生母。楚國貴族，羋姓，惠王妃，稱羋八子（八子是妃的一個等級）。秦武王舉鼎折骨而死，無子，諸弟爭立。羋八子的異父長弟魏冉擁兵支持姐姐的兒子，也就是在燕國做人質的王子趙稷爲王，即秦昭襄王。昭王年十九即位，她掌權，號宣太后，以魏冉爲相，封穰侯（穰在今河南鄧縣），專朝政。封同父弟羋戎爲華陽君；封一子王子悝爲高陵君，後又封於鄧（今河南孟縣西）；另一個親兒子王子芾，封爲涇陽君，封地在今陝西涇陽，後來又換了一塊封地是宛（河南南陽）。此四人合稱「四貴」，富於王室。宣太后在位時，先與義渠戎王私通，設計在甘泉宮殺死了義渠戎王，趁著義渠內亂，秦軍迅速出擊，奪取了秦的北方要地隴西、北地和上郡。秦昭襄王四十一年（西元前二六六年）用范雎爲相，她失了勢，次年十月去世，埋葬在芷陽驪山。

鄲。齊國攻打衛國，攻破國都，殺死子良，衛國堅決不肯割地，最終也收復了失地。趙國、衛國之所以能夠保全自己領土完整、不被其他諸侯兼併，就是因為他們能夠忍受苦難，珍惜自己的領土。宋國與中山國被滅國，正是因為她們屢次割地求和。所以魏國有大臣勸魏王傚法趙、衛兩國，不要割地或者少割地。現在魏國已經調動三十萬大軍保衛大梁，秦軍不僅難以攻下大梁，就連陶邑也可能保不住。魏王正在猶豫要不要少割地來求和，您還不如趁機答應與魏議和，這樣您不用動兵，就能擴張土地。同時，楚、趙因為魏與秦講和必然也會懼怕秦國的威力，爭著討好秦國，到時合縱自然瓦解，秦就可以各個擊破其他國家了。所以希望您考慮不要攻打大梁。」魏冉覺得有理，就放棄攻打大梁。

第二年魏國卻背叛秦國，與齊國交好，結果惹惱了秦國。魏冉再次出兵魏國，斬首四萬人，奪取魏國三個縣。

此時的魏冉，已經具有極大的權勢與資產，他的田產遍佈秦國各地，居住的房子規模與秦王宮不相上下，他在秦國的地位已經到了無以復加的地步了。可是魏冉還想繼續攻打齊國，藉機擴大自己在陶的封地。這時，魏冉已經到達了他權力的頂峰。

戰國・鴛鴦形漆盒

形如一鴛鴦，頸下有一圓形榫頭，嵌入器身頸部的卯孔內，使頭可以自由旋轉。器身肥碩，由兩半膠合而成，內部挖空，背上有一長方形孔，承一長方形浮雕夔龍蓋。翅膀微上翹，尾部平伸，足作蜷曲狀。全身以黑漆為地，施以艷麗的鱗紋、鋸齒紋、菱格紋等。器腹右側繪擊鼓圖，器腹左側繪撞鐘圖。

名相范雎

范雎曾經在魏國受人妒忌，差點被陷害至死，死裡逃生之後，入秦輔佐秦昭襄王。他取代穰侯成為秦相，對外奉行「遠交近攻」的擴張策略，對內強化中央集權，為秦統一六國、成就帝業制定了藍圖。

范雎字叔，戰國時期魏國人。與其他出身貧寒但又滿腹才學的人一樣，他也四處奔走、遊說國君，期望能有用武之地，然而因爲家裡太窮，就算他很想輔佐魏王也沒有機會，只能先投奔中大夫須賈門下當了門客。

死裡逃生

秦昭襄王二十四年（西元前二八三年），燕、趙、韓、魏、楚五國聯軍在大將樂毅的率領下聯合攻齊，最終攻破了齊國都城臨淄，佔據齊國七十多座城，齊王在逃亡路上被殺，兒子齊襄王勉強在莒（今山東莒縣）即位。魏王恐怕齊國復興起來之後會尋機報復自己當年隨燕滅齊的仇，就派遣大夫須賈入齊議和。范雎是須賈的門客，也隨之往齊。

果然，齊襄王對須賈一行沒有什麼好臉色，埋怨魏國反覆無常害死了先王，齊王的抱怨令須賈非常尷尬。這時范雎爲了給須賈解圍，就挺身而出，說：「當初是因爲齊王自己驕奢無厭，惹得五國都非常不滿，怎麼能只怪罪魏國呢？現在大王您英武蓋世，應該好好思考怎樣重振齊桓公、齊威王時候的威風，而不是對齊王當時的恩怨斤斤計較。如果只知道責怪別人，不知道自省，恐怕您也會重蹈先王的覆轍了。」齊襄王聞言，不但不生氣，反而非常欣賞范雎的辯才。范雎並不知道自己的這番慷慨陳詞雖然替須賈解了圍，但「強出頭」也給自己招來了殺身之禍。

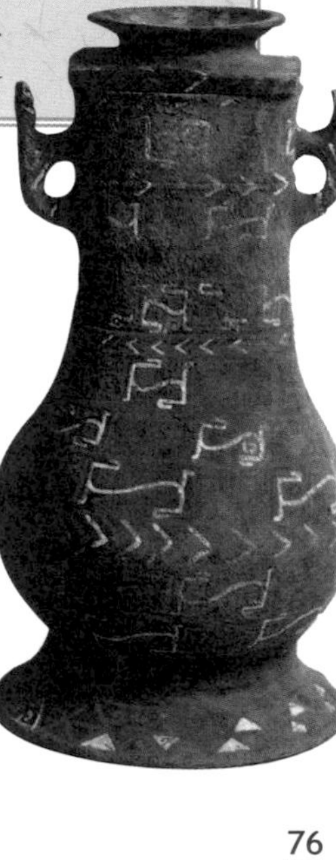

戰國・加彩陶壺

泥質灰陶。平蓋，提手呈淺盤狀，直頸較長，兩側設龍形耳，鼓腹，圈足外撇。自頸至腹裝飾圖案化的變形龍紋，以紅彩線條為主，勾勒以白彩，每個紋飾為長方形，並在整器上下飾以三圈燕尾紋作為間隔，圈足為三角雲紋。這件陶壺的形制模仿青銅禮器，但彩繪裝飾具有獨特的風格，造型頗顯古樸、端重、典雅，而紋飾精美，色彩鮮麗。

後來齊襄王派人賜給范雎十斤黃金與好肉好酒，勸范雎留在齊國輔佐自己，范雎沒有接受。這件事被須賈知道了，心裡更加對范雎不滿，他以爲是范雎將魏國的事情密報了齊國，齊王才厚賜禮物。

回到魏國後，須賈將齊王厚賜范雎酒肉黃金的事情報告魏國丞相魏齊。魏齊立即派人將范雎抓來嚴刑拷打，范雎被打得骨頭都斷了，躺在地上一動不動，魏齊以爲他已經死了，就命人把他用草蓆子捲起來扔到茅廁裡去，然後叫家中的賓客輪番向席中撒尿來侮辱他。等到夜色已深，范雎從蓆子中間探出頭，請求旁邊的守衛放他走，守衛可憐他，就向魏齊撒謊說：「蓆子裡的人已經死了，可以把他扔到外面去了吧？」魏齊當時已經喝醉了，就糊里糊塗地同意了。范雎得以逃脫，投奔朋友鄭安平，化名爲張祿。

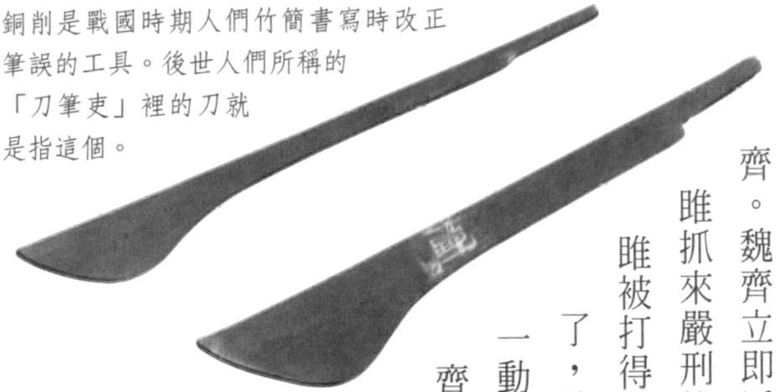

戰國．銅削

銅削是戰國時期人們竹簡書寫時改正筆誤的工具。後世人們所稱的「刀筆吏」裡的刀就是指這個。

范雎入秦

秦昭襄王三十六年（西元前二七一年），鄭安平得知秦昭襄王派大臣王稽出使魏國，就假裝成奴僕服侍王稽。有一次王稽問他：「你們魏國有沒有賢能之人願意隨我回秦國？」鄭安平趁機推薦范雎：「我知道有位張祿先生，他本來想拜訪您，但因爲這裡有仇家，就不敢白天過來。」王稽並不介意：「他可以晚上過來見我。」當夜范雎拜見王稽，兩人促膝暢談，王稽非常欣賞范雎的才學，就帶他和鄭安平一起回國。

王稽一行走到半路時，迎面來了支氣勢雄壯的車隊，原來是秦相穰侯的車騎。范雎聽說穰侯不喜歡外來的賓客，料到穰侯會來查看王稽的車騎，就央求王稽：「待會穰侯如果過來問您車裡有沒有帶魏國的賓客，請您不要說我在車裡。」果然，穰侯攔住王稽問：「你的車裡有沒有帶諸侯的賓客？這些人沒有什麼作用，只會給秦國添亂。」王稽連忙回答：「不敢。」穰侯就離開了。還沒等王稽讚歎范雎的神機妙算，范雎又說：「穰侯智慧過人，剛才其實他已經懷疑車裡有人，只是沒有查看，這下走了必然後悔，我還是下車走吧，他一定會回來再親自查看車廂的。」果然，王稽一行還沒走出十餘里，穰侯的車馬就追上來搜查車廂，並沒有搜到外人，才轉身離開了。范雎終於有驚無險地到了咸陽。

巧說秦王

范睢入秦之時，秦國正處於穰侯與宣太后專政時期，極爲排擠外來人才。范睢費盡心機，叫人到處宣傳：「魏國的張祿先生是天下辯士，智謀蓋世，他說：『秦國國勢危如累卵，若得張祿先生才會安穩，然而不能用書信轉達秦王，只能面陳。』」結果，昭王並不在意這段話，只當是傳言而已。范睢得不到賞識，只能繼續忍辱負重，住在下等客舍，吃粗茶淡飯熬了兩年。

後來范睢被召入宮，恰好碰到昭王迎面而來，旁邊的宦官呵斥范睢：「看見大王爲什麼不躲避？」范睢反唇相譏：「秦國哪裡還有大王，只有太后和穰侯。」眾人都變了臉色，唯有昭王聽懂了范睢的言外之意，不但不怒，反而恭敬地請范睢入密室詳談。

進入密室後，秦王再三問：「先生有什麼要教誨寡人的嗎？」范睢卻一再避實就虛，不願正面回答。最後秦王深施大禮，懇求道：「難道您眞的不願意賜教嗎？」范睢見昭王求教心切，才委婉地說：「不是臣不想說，當年呂尙知道自己與文王交情疏淺，所以先棲身爲漁父，等到見到文王，與文王同載而歸並被立爲太師之後，才肯與文王深談，輔助文王建立帝業。如果文王當時疏遠呂尙，不與他深談，就沒有後來的帝業了。現在臣只是外來臣子，與大王您交情疏淺，臣要談的都是匡君之事，事關緊要，若是不知道大王的眞心，臣不敢貿然回答。臣並不怕死，只是擔心一旦臣死了，天下人才看見臣因爲盡忠勸諫而死，就不肯上言了。大王您上受制於太后的威勢，下有奸臣當道，又長居深宮，若是一直被迷惑下去，後果很嚴重。如果臣一死可以挽救大秦，就很有價值了。」

戰國．青玉環

環狀，古雅瑩潤，器表雙面勾雲紋飾，起線流暢，挖壓平整，彌足珍奇。

這番慷慨陳詞正說中了秦王的心意，秦王連忙施禮說：「先生說的是什麼話啊，秦國僻遠，寡人愚拙，如今有幸見到先生，是上天對寡人的恩惠！從今以後，上到太后，下到大臣，事無大小，希望先生悉心教導寡人，不要疑慮！」這下范睢初步獲得了秦王的信任，才放下心來。

遠交近攻

范睢首先爲秦王分析了秦國的處境：「大王之國，四塞堅固、勇士百萬、戰車千乘，有利於攻守，這正是王者之地！民眾不私鬥而且勇於征戰，這是王者之民。以大秦將士之勇、車騎之眾，來治理諸侯，就如良犬搏兔一樣簡單，憑這兩點就可以成就帝業，諸侯沒有敢於對抗的。然而秦國從閉關十五年直到現在，不敢出兵與東方諸侯稱霸，就是因爲穰侯沒有爲大秦盡忠，大王的策略不恰當啊！」秦王大驚，立即懇請他施予良計。

范睢說：「穰侯越過韓、魏而攻打齊國並非好策略，他明知道不能完全信任別的國家，卻還是堅持越過韓、魏去攻打遠方國家，這可能嗎？當初齊王攻破楚國，連一寸土地都沒有得到，其他諸侯趁齊國兵疲馬乏、君臣不和時聯合攻打她，最終攻破齊國，爲什麼會這樣呢？就是因爲齊進攻遠方的楚，卻給了臨近的韓、魏強大起來的機會。但從前趙國獨吞臨近的中山國，名利雙收，天下人並沒有拿趙國怎樣。所以，大王實在不應該『遠攻近交』，而應該倣傚趙國，實施『遠交近攻』。現在韓、魏地處中原，是天下樞紐之地，大王要稱霸，必須首先佔據韓、魏兩國，以此威脅楚國和趙國。楚強大了，趙自然會依附秦，趙強大，則楚也會依附秦，若是楚、趙兩國都依附秦國，則齊國自然會害怕，一定會攜帶重禮討好秦國。」

秦王聽了連連點頭，接著問：「寡人也曾經想收服魏國，但魏國善變，不知道怎樣才好？」

范睢答道：「大王可以先用卑詞重禮討好魏，如果不行，就割地賄賂，實在不行，就出兵討伐。」秦王非常認同：「寡人一定聽先生的。」

於是，昭王興兵攻打魏國，范睢被拜爲客卿，爲秦伐魏出謀劃策。最終秦攻下魏國的懷，兩年後，又攻佔魏國的邢丘，魏國果然向秦國討和。

這時，范睢再向秦王建議趁機攻韓：「秦韓之間的地形，相互交錯如同錦繡。韓國對秦而言，就如木頭上的蠹、人的心腹之病。天下不變則已，一旦有變，韓就是秦最大的憂患了，所以，大王不如收服韓國。」昭王問：「寡人本來也想收服韓國，但韓不願意，該怎麼辦？」范睢回答：

戰國．嵌錯賞功宴樂銅壺

一九六五年四川成都百花潭出土。此壺以壺肩兩環耳為標誌分為兩面，兩面的圖像對稱。每面有三層圖畫，每層又分左右兩個圖景。第一層左圖是一幅競射圖，右圖是採桑圖；第二層左圖是一幅宴樂舞武圖像，右圖為弋射和習射圖；第三層左為攻防圖，右為水戰圖。在整個壺面上，刻畫了二百多人的形象，人人各有特色，表現了精湛的技巧。

戰國·鎏金鑲嵌琉璃珠龍形帶鉤

整體鎏金。鉤身為兩條蛟龍，呈相互糾結纏繞狀，形成鏤空透雕的鉤體，一龍首探出為鉤首。龍體上裝飾圓珠紋，並鑲嵌琉璃珠。鑲嵌琉璃為戰國時期青銅器鑄作新出現的工藝，除帶鉤以外，還常鑲嵌在銅鏡上，這種技法具有極強的裝飾效果。

「韓國怎麼會不聽？大王只要出兵攻打滎陽，切斷鞏、成皋之間的道路，向北切斷太行通道，攔截上黨的韓軍南下的道路，這樣秦就能一舉攻取滎陽，將韓國切成三段。韓國都快滅亡了，怎麼敢不聽？」昭襄王於是依計而行。秦昭襄王四十二年（西元前二六五年），秦軍攻取韓國少曲、高平、陘城、南陽、野王等地，將韓國攔腰切斷，孤立上黨地區，韓國節節敗退，不得不依附秦國。

快意恩仇

范睢擔任秦相之後，秦國人稱他爲張祿丞相，但是衛國並不知道張祿就是當年的范睢，他們以爲范睢已經死了很久了。當魏國聽說秦國要東向討伐韓國和魏國的時候，魏國便派遣須賈出使秦國。范睢知道須賈要來秦國，便微服私訪穿著破舊的衣服步行來到旅館拜見須賈。須賈見到范睢後大吃一驚，說道：「范叔原來還活著呀？！」范睢說：「是的。」須賈馬上換了一副笑臉，對范睢說：「范叔在秦國被重用了嗎？」范睢說：「哪裡的話。我過去得罪了魏相，險些被他打死，因此逃到秦國，哪裡敢說被秦國重用呢！」須賈又換了一張面孔，冷冷地說：「范叔現在幹什麼呢？」范睢說：「爲人家做傭工。」當時正是寒冬臘月，范睢在那裡凍得一個勁打冷戰，須賈動了惻隱之心，留下他一塊兒吃飯，說：「范叔竟然淪落到這種地步了！」吃完飯便將自己的一件絲綿袍子贈給了范睢。須賈接著問范睢：「秦國的張相爺你知道嗎，我聽說這位張相很受秦王的尊重，什麼事都由他決定。現在我何去何從全憑他一句話。你認識的人裡面有沒有和張相有關係的？」范睢說：「我的主人和他很熟，我也可以去拜見他，那我就幫你引見引見。」須賈馬上換上笑臉說：「這樣最好，可現在我的馬病了，車軸也折斷了。沒有大車駿馬我是出不去的。」范睢說：「那我就向我的主人借車來帶您去。」

范睢回到相府取來大車，親自爲

須賈駕車去相府。府裡面的人遠遠看見，知道這是相國，就躲到了一邊。須賈很是奇怪，不明白怎麼回事。到了相府門口，范雎對須賈說：「你在門口等一會兒，我進去通報一聲。」須賈就老老實實等著，可是左等不見人，右等不見人，就對門衛說：「范叔進去了這麼久還沒有出來，到底怎麼回事？」門衛說：「這裡哪有什麼范叔？」須賈說：「就是剛才和我一塊兒到這裡的那個人。」門衛說：「那是我們大相國張君。」須賈大受驚嚇，冷汗流到腳底下，趕緊讓門衛給自己通報，自己袒著身子進去謝罪。到了裡面之後，須賈只見范雎盛裝而坐，旁邊侍從很多。須賈說：「小的有眼無珠，沒有認出相國大人。須賈再也不敢誇口說自己看過多少書，見過大世面。我有死罪，還希望您老人家高抬貴手。」范雎說：「你有哪些罪呀？」須賈顫抖著說：「把我的頭髮拔光也數不完我的罪。」范雎說：「你有三大罪：你誣陷我私通齊國這是第一條；當魏齊在廁所裡侮辱我時你不勸阻，這是第二條；你喝醉了在我身上撒尿，你居心何忍，這是第三條。我之所以不殺你，是因爲你贈給我袍子尚且有老朋友的意思。」接下來，范雎向昭王進言打發須賈回國。

臨走之前，須賈向范雎辭行，范雎盛情款待各國使者，其他國家的使者都坐在堂上，只把須賈一個人放在堂下，並在他的面前放著馬料，兩邊各坐了一個囚犯，讓須賈像馬那樣吃料。最後，范雎對須賈呵斥道：「你回去給魏王說，趕緊把魏齊的腦袋拿來，不然的話，我就要血洗大梁城！」

須賈狼狽而回，把這些事告訴魏齊，魏齊只得連忙逃走。

除了對待須賈、魏齊以外，范雎還將曾經對自己有恩的王稽、鄭安平推薦給秦王，讓王稽擔任河東守，鄭安平擔任將軍。同時范雎將自己的家產拿出來，分給當年救過他的所有人。范雎的所作所爲，正所謂「一飯之德必償，睚眥之怨必報」。

東周・谷紋璧

青玉，有濃淡不一的黃赭斑。單面沿輪廓刻弦紋，內外緣各一圈，兩弦紋之間佈滿穀紋。

武安君白起

白起是戰國史上著名的戰神，軍事天賦卓越，馳騁沙場三十餘年，攻取七十餘城，殺敵百萬，攻無不克，戰無不勝，被司馬遷譽為「料敵合變，出奇無窮，聲震天下」，最終因為受人妒忌而被逼自殺。

回顧大秦帝國的歷史，不能不提一代戰神白起，正是由於他的不世戰功，改變了秦國對外征戰的被動劣勢，爲秦國之後兼併六國樹立了絕對的軍事優勢，他死後僅僅三十多年，秦國便一統天下。

初出茅廬

關於白起的出身與入伍之前的經歷，歷史並沒有記載，只知道他是郿縣（今陝西郿縣東北）人。與其他有志一展宏圖的人才一樣，他也效力於當時最具潛力的秦國。

秦國正值秦昭襄王在位，頻繁發動戰爭，白起憑著天生卓越的軍事才能，屢立戰功，從小小的左庶長逐步走上了統帥之位。秦昭襄王十三年（西元前二九四年），秦國趁三晉內亂起兵攻韓，白起因穰侯魏冉的提拔，獨立率軍攻打新城（今河南伊川西南）。這是史書開始記載白起的第一戰，他果然不負眾望，勢如破竹地攻下新城，自此聲名鵲起，爵位連升兩級。

白起像

白起（？至西元前二五八），也叫公孫起，戰國時期秦國郿縣（今陝西眉縣東北）人，秦國名將，受封武安君，中國歷史上偉大的軍事家、統帥。

新城之戰後，魏國急忙派公孫喜率軍八萬援助韓國，並組建了韓魏聯軍抵抗秦國。向壽指揮秦軍久戰不勝，白起再次被任命為秦軍統帥。當時據守韓國伊闕要塞的韓魏聯軍將近二十四萬，而白起手下兵力還不如聯軍一半多，又因爲遠道而來，兵乏馬困，如果韓魏聯軍全力迎戰或是靜待秦軍斷草斷糧，秦軍絕不可能取勝。白起憑藉極強的軍事天賦，利用韓魏聯軍貌合神離的缺點，以少量軍隊拖住主戰場上的韓軍，虛張聲勢，又派秦軍主力繞到聯軍後方，對魏軍發動猛烈襲擊，魏軍毫無防備，倉促應戰，數萬軍隊被全部殲滅。此時，主戰場上的韓軍得知魏軍大敗，軍心大亂。白起趁勢一舉全殲韓魏聯軍，俘虜了主將公孫喜，攻佔伊闕。

伊闕之戰是歷史上有名的以少勝多的戰役，這場戰爭完全代表了白起的戰鬥理念：集中兵力殲滅最後一個敵人。白起因此威震天下，不久就獲封國尉一職，連升三級爵位至大良造。一年後，白起再次攻魏，破城六十一座。

水淹鄢城

韓魏兩國在白起的連番攻伐下，已經徹底衰微。而趙國經過趙武靈王「胡服騎射」的改革，國力日漸強盛，一時之間很難被秦攻下。所以，秦國將對外擴張的重心轉到了楚國。當時的楚國雖然朝廷腐敗，不如當年強大，但畢竟是一方霸主，實力不可小覷，兵士是秦軍的十倍，況且若是攻楚，旁邊的韓趙魏等鄰國必然會相救。

秦昭襄王二十八年（西元前二七九），就是在這樣敵眾我寡、危機四伏的形勢下，白起再次擔起了伐楚的大任。這次他決定採用非常規戰術，出其不意地攻佔楚國的統治中心。白起率領秦軍沿漢水而下，迅速攻佔水陸交通要地鄧（今湖北襄樊），逼近楚國鄢城。楚軍雖然想抵抗，但無奈漢水流域河網密佈，無法進行大規模兵團作戰，始終不能逼退秦國，只能退守鄢城。

白起清楚，若是以秦軍區區數萬兵力硬拚攻城，只能是死路一條。仔細思量之後，他決定採用水攻戰術。他命人先在離鄢城約一百里處築壩攔河，再修了一條百里長渠，之後下令掘堤放水。洪水迅速淹沒了整個鄢城，白起趁機一舉攻取鄢城等楚國五座城池。幾月之後，白起又奪取了楚國國都郢城以及夷陵（今湖北宜昌），將夷陵整座城市付諸一炬，連同楚國的宗廟也被燒了，楚頃襄王被迫逃亡到陳。

正當白起想一鼓作氣攻滅楚國的

戰國．中山王嚳圓壺及拓片

中山王圓嚳壺為中山王的嗣王為先王嚳所作，除歌頌先王嚳的賢明外，還大加讚揚相邦馬賙的內外功勞。此壺及其銘文是研究中山國歷史的重要資料。圓壺為短頸鼓腹，兩側有二鋪首，圈足，有蓋，蓋飾三鈕，通高四四．五公分，腹徑三十二公分，腹與圈足皆有銘文，腹部銘文五十九行、一百八十二字，圈足上文字一行，計二十二字。

時候，秦國國內發生了戰略轉變。客卿范雎來到了秦國，說服秦昭襄王放棄遠攻近交的戰略，提倡遠交近攻的戰略，這樣秦國也就不應該和遠方的楚國爲敵，而應該拉攏楚國，對付臨近的諸侯國。白起於是被秦王從攻楚前線上召回，改攻臨近的趙國。

長平之戰

趙國自「胡服騎射」改革之後，國力日漸強盛，軍事上又有老將廉頗、李牧坐鎮，已經成爲秦國擴張的最大威脅，秦趙之戰已成必然，而導火線就是上黨之爭。

秦昭襄王四十五年（西元前二六二年），白起率軍攻下野王（今河南沁陽），切斷了韓國與上黨郡之間的聯繫，使上黨成爲一座孤城。上黨郡守馮亭爲求自保，決定歸附趙國，以促成韓趙聯盟，共同抗秦。趙王貪圖土地，就接受了馮亭的進獻，對秦國來說這無異於「虎口奪食」。秦王大怒，派王齕攻擊駐守長平的趙軍，長平之戰一觸即發。

趙國派往前線迎敵的是老將廉頗。經驗老到的廉頗採用拖延戰術，命令趙軍據守城池，任憑秦軍百般挑釁，都不得隨意應戰，想用「持久戰」逼退遠道而來的秦軍。果然秦軍久攻不勝，又被趙軍拖得日漸疲乏，秦昭襄王一籌莫展。此時，范雎獻上「反間計」，主張除去主將廉頗。接著，范雎先派自己的門客潛入趙國都城邯鄲，用千金賄賂趙王身邊的人，散播謠言說：「廉頗已經老了，屢戰屢敗，現在已經不敢出戰，馬上就要投降了，如果換年輕有爲的趙括做將領，秦國恐怕難以取勝。」趙王本來就對廉頗避而不戰的做法很不滿，這下聽到謠言，就更加認定廉頗無用，就解除了廉頗的軍權，改任紙上談兵的趙括統軍。

與此同時，白起祕密前往長平代替王齕指揮作戰。他針對趙括急於求成的心思，決定採用「誘敵深入、圍割斷殲」的戰術，首先派王齕率領小部分秦軍出擊趙軍，在「不敵」趙軍後佯裝敗退，引誘趙軍追擊。趙括一時意氣，貿然追擊，結果陷入秦軍重圍。此時司馬錯、司馬梗等率秦軍從兩面蜂擁而上，大將胡傷率軍從中間截斷趙軍，王翦、蒙驁領五千輕騎兵也包抄上來，一時間，趙軍完全陷入秦軍的層層包圍，趙括最終被亂箭射死，秦軍大勝。

長平獲勝後，白起以「趙國兵士反覆無常，如果不全部殺掉，日後恐怕爲再生禍亂」爲理由，將投降的四十萬趙軍幾乎全部坑殺，只剩下二百多個小兵送還趙國。

命喪杜郵

長平之戰後，白起本來想要乘勝

攻滅趙國，這令趙國大為驚恐。趙國派縱橫家蘇代攜重金遊說秦國。蘇代進入咸陽後，首先挑撥范睢與白起的關係。他對范睢說：「現在白起圍攻邯鄲，如果勝了就會官至三公，您甘心屈居白起之下嗎？您還不如允許韓、趙割地求和，這樣就能阻止白起再建功勳。」這番話正說出范睢的心事。白起屢立奇功，功勳已經高得無以復加，不僅是范睢，就連秦昭襄王也開始擔心白起功勞太大威脅到自己，所以當范睢勸說秦與韓、趙兩國休戰時，昭王並沒有異議。最後韓割垣雍（今河南原武西北）、趙割六城向秦議和，白起也被從前線召回，從此與范睢結怨。

沒想到同年九月，趙國竟然私自毀約，聯合韓、燕、齊、楚四國聯盟抗秦。秦王大怒，派大夫王陵攻打趙國邯鄲。但這次進攻並不順利，一直到次年二月秦還未攻下邯鄲，損失慘重。秦王想啟用白起接替王陵攻趙，沒想到白起不僅稱病不起，而且勸說秦王：「秦國雖然在長平之戰中重創趙軍，但也因此傷亡過半、國庫虛空，現在又要千里迢迢去爭奪別人的國都。趙都邯鄲本來就很難攻下，況且其他諸侯若是發兵援趙，一天就可以到達，如果趙國與諸侯國裡外接應，一定能破秦軍，所以最好不要攻趙。」

無奈之下，昭王又派王齕替王陵統軍攻城，但還是久攻不下。之後楚國派春申君、魏國派信陵君率兵救趙，秦軍慘敗而歸。白起知道後，諷刺說：「當初不聽我的，看現在怎麼辦？」這番話惹惱了昭王，一氣之下就免了白起的官職，命其立即離開秦都咸陽。

白起離開咸陽後到了杜郵（今陝西咸陽）。范睢又在秦王旁邊煽風點火：「白起被革職，肯定不服氣，到處亂說，若不根除，恐怕會留後患。」秦王一氣之下，就賜劍令白起自裁。臨死之前，白起很感慨：「我到底有什麼罪，到了這個地步？」想了很久，又說：「長平之戰，我坑殺趙軍投降的數十萬人，就憑這點，我就應該死。」於是自殺身死。

戰國．中山王嚳方壺銘文拓片

方體，小口，斜肩，腹兩側有一對環耳，這是戰國中晚期常見的方壺形式。它在造型上的突出特點是，使用了八條雕龍為裝飾。在壺蓋上有四個抽像的龍形鈕，在壺肩四稜上各雕塑有一條小龍，龍頭銜上，獨角大耳，頸背生鬃，長尾。這些龍裝飾的使用，為光素無花紋因而略顯呆板的壺體增加了活潑氣氛，而龍身無繁縟的花紋，與壺體協調相稱，共同構成一種素雅明快的美感。一九七八年於河北省平山縣戰國中山王嚳墓出土。

辯士蔡澤

蔡澤是戰國時燕國綱成（今河北張家口懷安）人。他自小聰慧好學，曾經周遊列國從師學習，並到處遊說謀求官職，但都沒有受到重用。與這個時代其他懷才不遇的青年人一樣，他也奔赴當時國力蒸蒸日上的秦國，希望能有用武之地。

蔡澤入秦

傳說蔡澤有一次請術士唐舉爲他相面，唐舉說：「您是朝天鼻，端肩膀，凸額頭，塌鼻樑，羅圈腿。我聽說聖人不在貌相，說的大概是您吧？您只有四十三歲壽命。」蔡澤聽了大笑，說：「我要是能端著米飯吃肉，坐著馬車奔馳，抱著黃金大印，腰繫紫色絲帶，享受榮華富貴，在君王面前備受尊重，那麼四十三年也夠了。」

當時秦相范雎正因爲好友鄭安平與王稽犯罪受到牽連，蔡澤看出范雎的困境，就先派人到范雎面前揚言：「燕國賓客蔡澤是見識超群、極富辯才的智謀之士，只要秦王一見他，就會威脅到您的相位。」蔡澤其實用的計策與范雎初入秦國一樣，先派人散佈謠言，危言聳聽，進而引起當權者的重視。范雎聽了不以爲然：「五帝三代，諸子百家，我沒有不知道的，他怎麼可能奪取我的權位呢？」雖然看不起蔡澤，但還是很好奇他爲什麼這麼說，就派人去召蔡澤來。

遊說范雎

蔡澤見到范雎，只簡單作了個揖。范雎問他：「你就是那個揚言說要取代我的人嗎？」蔡澤坦然應答：「是，一年之中春夏秋冬四季更替，如果完成使命了自然會退去。」范雎當然明白蔡澤的意思是說自己已經建功立業了，可以退位了，就反問他：「我要是自己不想退，誰能拿我怎麼樣呢？」蔡澤不慌不忙地回答：「人在年輕體壯、頭腦靈活的時候還可以透過努力建功立業，成爲受人仰慕的英雄豪傑。如果已經成就功業了，而自己又年老體衰了，最好還是安度晚年，保證自己的功勞與美名流傳後世，豈不更聰明？若是像秦國的商鞅、越國的文種，功成之後不肯身退，以致最終結局悲慘，難道您也羨慕他們嗎？」

這番話正說出范雎目前的擔憂，他雖然心裡認同蔡澤，但嘴上還不願承認：「商鞅變法使得秦國民富兵強，擴地千里，文種輔佐越王勾踐一雪前恥，併吞強大的吳國，使越國轉弱爲強，雖然他們二人最終遇害，但功在當代，名傳後世，怎麼會不令人羨慕呢？」

蔡澤聽了並不氣餒，追問范雎：「哪位賢良之臣不希望有聖明的君主？只有賢臣沒有明君的國家最終滅亡的例子自古以來都有。大丈夫在世若是身名俱全就算上等；名聲雖然留傳下來，但身已死，是次等；身體還在的時候名聲已經敗壞了，算下等。您要做哪種人呢？您說您羨慕商鞅、文種，那麼請問現在的昭襄王在信任忠臣、厚待故舊方面，比起當年的秦孝公如何？」范雎回答得很含糊：「不清楚。」蔡澤追問：「那麼您覺得自己的功績比起商鞅、文種如何？」范雎肯定地說：「自愧不如。」這下蔡澤才大膽地說：「其實昭王在親信功臣方面不會超過孝公，而您雖然俸祿比商鞅、文種高，但功績高不過商鞅、文種，連他們都不能免禍，更何況您呢？倒不如現在就交出相印，推薦一位有才智的人接替您的位子，這樣名義上讓賢，實際上自己也能卸去重擔、安度晚年，又免除了後患，豈不更好？」蔡澤這一番大膽言論說得范雎不得不服，於是走下座來請蔡澤上座，待之以貴賓之禮。

拜爲秦相

幾天之後，范雎上朝時就向昭王進言說：「有一位從山東過來的賓客叫蔡澤，其人極富辯才，足智多謀，對三皇五帝的業績以及世俗的變化沒有不熟悉的。臣見過那麼多人，還沒有人能趕上他，連臣都自愧不如，秦國大政完全可以交付於他啊！」昭王於是召見蔡澤，授予他客卿官職。范雎看到蔡澤已經得到了昭王的寵信，就趁機托病送回了相印，秦王當然一再挽留，范雎卻聰明地謝絕了，堅持辭掉了相國官職。蔡澤接替范雎被任命爲秦相，在蔡澤的輔佐下，昭王終於滅掉了東周，從此邁著大步走向併吞六國的道路。

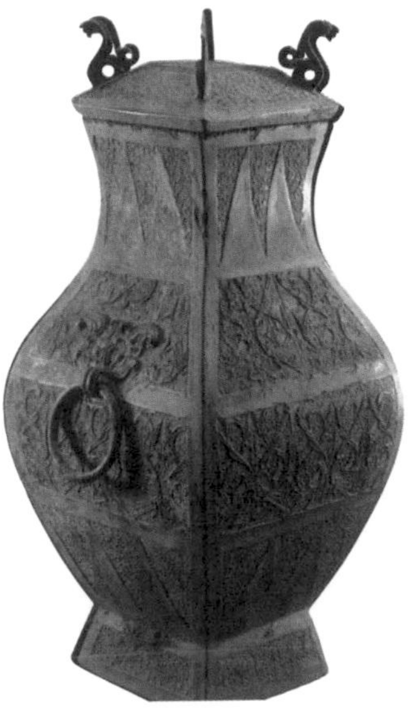

戰國．鳳鳥紋銅鈁

淺覆斗形蓋，四角各飾一立鳥，張口銜珠。肩部飾戰面銜環雙耳。器身紋路分成五層：頸部及下腹飾蟠螭紋間以大三角紋；圈足飾蟠螭紋；中部及上部以卷雲紋為地襯托對鳳尾紋。鳳鳥長尾與展開的雙翼相交。此鈁紋飾繁縟精麗，從鳳鳥的造型來看，與長沙楚墓出土的鳳鳥極為相似。一九五四年四川省成都市羊子山八十八號墓出土。

秦滅東周

東周自從周平王遷都雒邑（西元前七七〇年）開始，到被秦所滅（西元前二五六年），前後共傳二十五任國君，歷經五十五年，是中國歷史上分裂統一的大變革時代。

苟延殘喘

東周王室最後一位君主周赧王在位時，周已經分裂爲東周和西周。此時周王室地位已經完全徒有虛名，還要討好各大強國，甚至要向秦國繳稅以及提供兵源。其實，當時任何一國諸侯國都有滅周的絕對力量。就地理位置而言，韓國、魏國滅周最爲方便，但他們並沒有輕易向周發難，主要是畏懼滅周之舉招致「以下犯上」的罪名，成爲其他各國共同討伐的對象。環顧天下列國，有膽略和實力、敢冒天下之大不韙風險的可能只剩秦國了。尤其是自從長平一戰之後，東方六國已經完全不是秦國的對手，周王室旁邊的韓、趙、魏三國已經被秦國割佔了很多領土，秦滅周只是時間早晚的問題了。

債台高築

此時，在大國紛爭的夾縫中苟延殘喘的周赧王，只能躲在洛陽城內的宮中，爲秦國可能進攻王城而天天提心吊膽。秦昭襄王五十年（西元前二五七年），秦國攻打趙國吃了敗仗。消息傳到楚國後，楚王想趁此機會削弱秦國，就慫恿周赧王以天子名義號召各國聯合攻秦。周赧王聽了非常高興，以爲自己「翻身爲主」的機會終於到了，就不顧大臣的反對，立即召集軍隊，並向洛陽城內的富商籌錢購買武器糧餉，準備攻秦。第二年，周赧王派西周公率兵五千人到伊闕，等待其他六國派兵來一起開始攻秦，結果一直等了三個月，才等來楚國、燕國一些老弱殘兵，而其他四國則遲遲

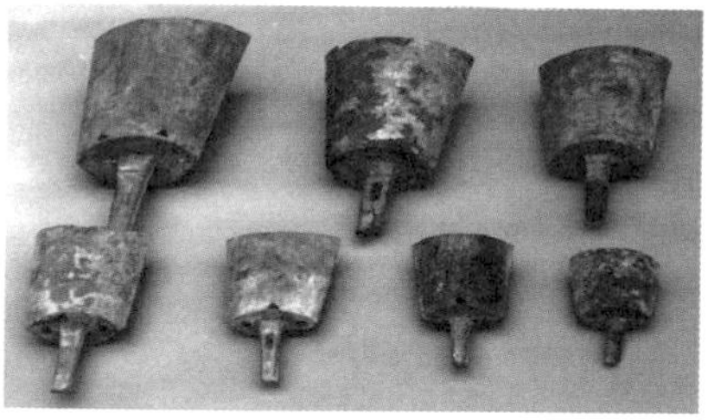

東周．青銅句鑃

一組七件，依大小排列。器壁較厚，口部微凹，頂有一長柄，全器素面無紋。青銅句為古代青銅打擊樂器，是用於宴饗和祭祀的打擊樂器。一九七五年在江蘇省高淳縣顧隴公社松溪大隊出土。

不來。臨時拼湊起來的只有區區三萬人馬，更何況這三萬人馬因爲等待消磨太長時間，早就不耐煩了，軍心不振，根本無法與幾十萬如狼似虎的秦軍對抗。西周公無奈之下只能帶著自己的人馬無功而返。

這下，周赧王不僅沒有攻下秦國，反而因爲之前籌借的軍費已經被吃得精光，變得負債纍纍。爲了躲避債主索債，赧王躲進了宮內的一座高台上，這就是「債台高築」典故的由來。

秦奪九鼎

聯合攻秦惹惱了秦國，秦昭襄王一怒之下派兵攻下周王城洛陽的外圍——韓國負黍（今登封西南），接著就直撲洛陽。周赧王嚇得趕緊逃跑，本來他打算逃奔韓、魏兩國，但有人勸說他：「秦吞併六國已是大勢所趨，韓、魏兩國也不會倖免，大王與其到那時被俘受辱，還不如趁早投降，結局或許能好些。」周赧王一想，看來只有投降一條路了，於是率領眾臣和宗室到祖廟哭拜了一番，三天後，親自帶著家眷和地圖投降秦國。秦昭襄王封他爲周公，命其居住在梁城（今陝西韓城南），並奪去了周的九鼎寶器。從此，東周成爲秦國的一個小封國。周赧王死後，西周公被遷於但狐聚（今河南臨汝西北）。秦莊襄王元年（西元前二四九年），派呂不韋率軍攻滅了東周七邑，將東周公遷到人聚（今河南臨汝西），剷除了東周王朝最後的殘餘力量。至此，周朝正式宣告滅亡。

龍門石窟

龍門位於洛陽市城南十三公里，這裡香山和龍門山兩山對峙，伊河水從中穿流而過，遠望猶如一座天然的門闕，所以古稱「伊闕」。周赧王糾集諸侯、高築債台、叩關攻秦的故事就發生在這裡。

仲父呂不韋

呂不韋不愧是千古第一商人，投資堂堂一個大國的君王，當上秦始皇的仲父，在秦始皇一統天下的大業中發揮了重要的作用。

如果說秦始皇是對中國歷史產生深遠影響的一個人，那麼呂不韋就是對秦始皇、對秦國歷史產生重要影響的一個人。談到秦國和秦始皇，就不能不提呂不韋。

奇貨可居

韓國陽翟（今河南禹州）的大商人，經常要去當時商業較為發達的趙國邯鄲城做生意。在一次偶然的機遇中，呂不韋認識了落魄的秦國公子異人。異人是秦昭襄王的孫子，太子安國君的庶子。秦趙兩國澠池（今河南澠池）相會後，雙方訂立和約，互換人質。異人的母親夏姬只是個不受寵的側妃，又死得早，所以異人一向不受重視，就被送到趙國當了人質。秦國壓根沒有把這個人質放在心上，不久就撕毀和約，攻打趙國，趙王一怒之下打算處死異人，多虧有人勸阻才得以活命，但從此之後趙王取消了他的公子待遇，異人生活愈發落魄，甚至流落街頭。

呂不韋憑藉商人敏銳的判斷力，立即判斷出異人是「奇貨可居」，正是自己的投資機會。然而這次是政治賭博，不同於商業投資，需要放長線，持續不斷地大量投資，風險又很大，搞不好會傾家蕩產，甚至招來滅門之災。於是他先回家與父親商議。

他問父親：「耕田能賺多少利呢？」父親回答：「大約十倍。」他又問：「販賣珠寶等買賣，可以獲得幾倍利益？」「大約一百倍。」「那麼，扶持一位君主上任，能獲得多少利益？」父親大驚：「那就是千萬倍了，不可勝數。」

呂不韋這才告訴父親自己打算扶持異人登上秦國王位的計劃，說：「現在就算辛苦種田，也不見得能夠

呂不韋塑像

河南禹州森林公園的呂不韋塑像。

吃飽穿暖，但如果能夠建國立君，一定會澤被後世。我決定走出這一步！」

接著，呂不韋回到邯鄲，開始頻繁接觸異人。身處異鄉的落魄公子異人此刻正巴不得有人能拯救自己，對呂不韋的話深信不疑。一天，兩人喝酒完後，呂不韋對異人說：「我聽說秦王現在年事已高，又有疾病纏身，恐怕沒有多少日子了，公子現在應該想辦法回國，否則錯失良機，就回不去了。」異人歎氣：「我現在還是質子，和秦國早就失了聯繫，怎麼才能回去呢？」呂不韋說：「我聽說令尊安國君當前正爲設立儲君的事情煩惱，因爲最寵愛的華陽夫人沒有兒子，令尊又不喜歡其他兒子。公子若是這時候回國，設法取得華陽夫人的歡心，成爲她的嗣子，就有可能被立爲儲君。」異人聞言，精神頓時抖擻起來：「我現在身陷牢籠之中，本來沒有什麼指望，不過呂兄一席話，眞是醍醐灌頂。只是不知道該怎樣做？」呂不韋這才說出自己的計劃：「我這些年經商積攢了一些錢財，願意爲公子到秦國遊說華陽夫人和安國君，救公子回國，謀求儲君之位。」異人大喜，連忙離席拜起呂不韋：「如果成功，他日我登基之後，必定與呂兄共享天下！」

呂不韋先給了異人五百金，囑咐他買通在周圍監視他的趙國官員，讓他們放鬆警惕，爲以後逃走做準備。接著，呂不韋攜帶重金，奔赴秦都咸陽，開始了遊說歷程。

遊說秦國

呂不韋在秦國並沒有什麼地位，要見到華陽夫人和安國君並非易事，但他有一項最好的利器——金錢。在趕赴咸陽的途中，凡是見到奇玩珍寶，呂不韋都會毫不猶豫地買下來帶在身邊，爲以後收買人心

呂不韋與莊襄王浮雕

此浮雕位於河南洛陽王城文化廣場，表現的是呂不韋輔佐莊襄王的情形。

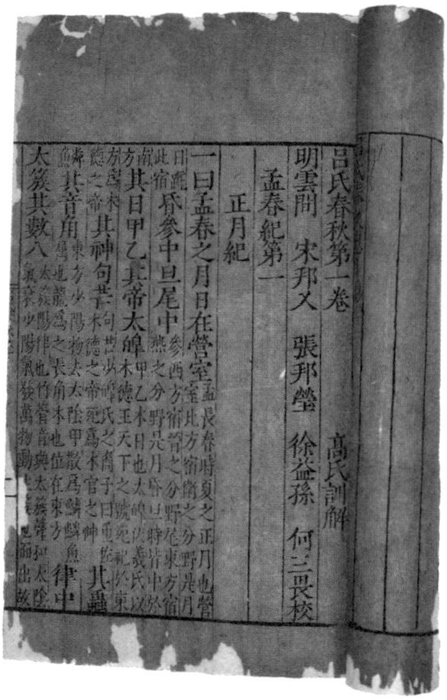

明刻本呂不韋纂《呂氏春秋》書影

做準備。

他先找到華陽夫人的姐姐，贈給她大量金銀珠寶，買通她替異人向華陽夫人求情：「夫人現在沒有兒子，應該從眾位公子中過繼一個，扶持他當上儲君，日後登基爲王，這樣才能保住自己的地位，不然等到色衰愛弛的時候就來不及了。聽說異人在趙國當人質，不分晝夜地痛哭流涕，思念太子和夫人您。如果夫人能救他回來，將他收爲自己的兒子，異人一定會對您感恩戴德，日後立爲儲君，也會永遠視您爲他的母親，這樣夫人的後半生也靠穩了。」華陽夫人聽了覺得很有道理，再加上有呂不韋送來的金銀珠寶的誘惑，就答應了姐姐的提議，並向太子安國君遊說。安國君也答應立異人爲嫡嗣。

呂不韋不僅打通了華陽夫人和安國君，而且以大量錢財買通了昭王王后之弟，透過說服王后來影響昭王。所以，安國君對父王稟報了立異人爲嫡嗣的事情後，昭王竟然也沒有表達反對意見。

異人歸秦

呂不韋成功遊說秦王之後，回到趙國，將好消息告訴了異人。異人驚喜萬分，恨不得馬上插翅飛回秦國。但因爲當時的外交慣例，做人質的異人沒有理由回國，他只好頂著嫡嗣的頭銜，與妻子趙姬和兒子嬴政繼續在趙國等待機會。

趙姬原本是呂不韋的小妾，但是又被異人看中，呂不韋便將她送給了異人，後來生下了嬴政。歷史對這一件事總是有很多猜測，比較離奇但廣泛的一種說法是，趙姬其實在嫁給異人之前就已經懷了呂不韋的骨肉，呂不韋故意將趙姬送給異人，爲的是使自己的後代成爲王位繼承人。所以人們由此推測秦始皇是呂不韋之子，而非莊襄王異人之子，這種說法爲千古大帝又增加了一層傳奇色彩，也成爲後來戲劇、影視大肆渲染的離奇故事。但傳說畢竟只是傳說，並沒有史實的證明。

秦昭襄王四十八年（趙孝成王七年，西元前二五九年），秦趙兩國再次發生大規模戰爭，秦軍圍攻趙都邯鄲，趙國人民對秦國非常仇恨，紛紛要求處死異人。在呂不韋的幫助下，異人終於得以逃離趙國回到秦國，但將妻子和兒子留在了趙國。華陽夫人是楚國人，爲了博取她的好感，呂不韋特意安排異人穿上楚服。異人一見華陽夫人，立刻跪倒在地，痛哭流涕地訴說離別之苦，華陽夫人異常感動，當即正式收他爲子，並賜名子楚。異人馬上跪拜只比自己大三歲的華陽夫人爲母，從此之後早晚請安獻殷勤。慢慢地，安國君和華陽夫人愈來愈喜歡子楚。呂不韋這時也沒有閒著，在朝臣中大把撒錢，爲子楚即位鋪路。

秦昭襄王五十六年（西元前二五一年），在位半個多世紀的秦昭襄王終於撒手西去，五十三歲的太子安國君即位，也就是秦孝文王，無奈剛剛即位三天，孝文王就猝然病死。後人對這件事也是衆多猜測，有人猜其實孝文王是被呂不韋和子楚合謀害死的，但還是無可查證。

孝文王死後，子楚即位，成爲秦莊襄王。按照當年與呂不韋的約定，莊襄王授呂不韋丞相之職，並封文信侯，賜給藍田十二個縣爲食邑。呂不韋長期投資終於開花結果，獲得的利益果然不可勝數。然而呂不韋並沒有沉溺於所得的利益，仍然竭力輔佐莊襄王。

在對外事務上，呂不韋親率秦軍吞併東周，策劃討伐韓國，攻佔韓國的成皋、鞏，取得上黨、榆次、新城、狼孟、太原等幾十座城池，設立了太原郡，攻佔魏國的高都、汲等地，取得了赫赫戰功。在對內事務上，他鼓勵農耕，發展經濟，招納天下賢才，如蔡澤、張唐、甘羅、李斯等，這些措施都爲秦國後來統一六國做了充分的準備。除此之外，呂不韋還非常關注文化和學術，編著成《呂氏春秋》。

呂不韋不僅是一位商人，更是一個出色的治國奇才。

秦王「仲父」

異人逃出趙國的時候，並沒有帶上趙姬和嬴政，等到八年之後，才從趙國接回了妻兒，並立嬴政爲太子。莊襄王在位三年後病死，十三歲的嬴政登上了王位。呂不韋因爲曾經輔佐先王，又與太后關係曖昧，理所當然地由他輔佐新王，連秦王嬴政也尊稱他爲仲父，一切朝政大事都要經過呂不韋之手。

從莊襄王去世到嬴政九年期間，是呂不韋權力的鼎盛期，年少的嬴政只能任由呂不韋爲所欲爲。隨著嬴政一天天長大，呂不韋唯恐自己與太后的事情洩露，就將一個假太監嫪毐送給太后。嫪毐深得太后喜歡，不久太后就懷孕在身，爲了能避人耳目，太后與嫪毐聽取呂不韋的建議，遷出

呂氏春秋

《呂氏春秋》是戰國末年秦國丞相呂不韋組織門客所編的雜家著作，又名《呂覽》，成書於秦王政八年（西元前二三九年）。該書分爲十二紀、八覽、六論，共二十六卷，一百六十篇，二十餘萬字，內容駁雜，有儒、道、墨、法、兵、農、縱橫、陰陽家等各家思想，是中國古代「雜」家的代表作。

十二紀是《呂氏春秋》的重要部分，十二紀象徵天。該書是以十二月令來作爲組合材料的線索：共分爲《春紀》、《夏紀》、《秋紀》、《冬紀》，每紀都是五篇，共六十篇。《春紀》主要討論養生之道，《夏紀》論述教學道理及音樂理論，《秋紀》主要討論軍事問題，《冬紀》主要討論人的品質問題。八覽，共六十四篇，內容從開天闢地一直講到務本之道、治國之道以及如何認識、分辨事物、如何用民、爲君等。六論，共三十六篇，雜論各家學說。

司馬遷認爲《呂氏春秋》「備天地萬物古今之事」，在《報任安書》中，將它與《周易》、《春秋》、《國語》、《離騷》等相提並論。

皇宮。到了僻靜無人的雍城大鄭宮後，二人更加肆無忌憚，竟然在那裡連生二子。太后還奏稱秦王說嫪毒服侍有功，應當封給他土地，於是秦王遵從太后之命，就封嫪毒爲長信侯，賜給他山陽的土地。嫪毒愈發得勢，連呂不韋也不放在眼裡，他開始廣招門客，擁有僕人上千，朝廷中也有不少人投靠他。秦王政九年（西元前二三八年），嫪毒率自己的親信與大鄭宮侍衛攻入秦王居住的秦宮，企圖政變弒君，結果很快就被秦王鎮壓了，史稱「嫪毒之亂」。呂不韋因爲送假太監進宮，犯下欺君之罪，本應連坐，但考慮他侍奉先王有功，秦王並沒有處死他，只是免去相國職銜，勒令其回河南封邑養老。

然而呂不韋的噩夢並沒有結束。年輕的秦王早就對呂不韋長期以來的專權獨斷非常擔憂，時時要提防權臣對帝王寶座的虎視眈眈，所以只有除掉自己執政路上的阻礙——呂不韋，才能眞正地執掌屬於自己的天下。雖然呂不韋已經賦閒在家，但他在朝廷和社會中的餘威還在，朝廷中還有不少大臣是他的心腹，國家的財經動脈還在他和他的利益集團手中掌握，爲他求情的人不僅有秦國人，還有其他國家的人，均不在少數。

呂不韋的勢力已遍佈秦國內外、社會的各個階層。自從呂不韋被趕出京城，咸陽城就幾乎變成了呂不韋城，從早到晚，無論是家庭富貴的，或是市井小販、王侯貴族，都在談論呂不韋。爲呂不韋設宴餞行、歌功頌德的人更比比皆是。呂不韋走的那天，爲他送行的車隊竟然長達十多里。回到河南的呂不韋同樣沒有歇著。

由於呂不韋在經濟、政治、外交與文化上的特殊地位，河南雒陽（今河南洛陽附近）食邑慢慢成爲秦國又一個政治中心。各國使節到咸陽之前都先要到呂不韋那裡討論一番，才會到咸陽。而在咸陽遇到重大問題的人，也會到呂不韋這裡尋求答案。文化方面，呂不韋開始召集門客整日論述著作，討論時事。

窮途末路

呂不韋只要還活著，他對秦國社會的影響就還在，秦王也就一天不能坐穩位子，除掉呂不韋已經成爲不可避免的事。反覆思量之後，秦王政寫信給賦閒在家的呂不韋，說：「你對秦國有什麼功勞呢，秦國要賜給你河南十萬戶作食邑？你和秦王有什麼血緣關係呢，卻號稱仲父？你和你家人全部搬到蜀地去住吧！」這封信徹底抹殺了呂不韋對秦國的貢獻，反而指出呂不韋從秦國撈到的好處。呂不韋接到這封信的時候，感慨萬千，他應該想到當年越王勾踐手下的謀臣范蠡。范蠡在建功立業之後及時抽身而退，泛舟西湖，避免了日後的兔死狗烹，而自己現在雖然還有些門客和金銀，但實際權力已經被剝奪，產業已經被充公，就算自己現在逃到其他國家也免不了一死。

最後，呂不韋選擇了自殺。一代投資家呂不韋就這樣淒淒然地在被貶路上結束了自己的生命。如何處理呂不韋遺留下來的黨羽？爲了不動搖國家根本的政治利益，秦王並沒有將其全部剷除，而是採用了懷柔政策。呂不韋死後第二天，秦王即頒布新令：「現在嫪毐已死，文信侯呂不韋怕受到株連也畏罪自殺，嫪毐一案至此結束。爲避免人心慌亂，彰顯寡人的寬容，特赦免先前不知情者，被流放的人准予回歸原籍。」如此，秦王終於不費一兵一卒，解除了對自己王權威脅最大的心頭大患，並使秦國上下對自己的「寬容之舉」大爲敬佩，樹立了自己的權威。

戰國晚期．八年呂不韋戈

此戈援部上揚，沒有中脊。內部平直，中有一穿。胡下部殘折，闌側僅存二穿。援、胡、內均有刃。戈身有綠斑銹痕。戈內正面刻「八年相邦呂不韋造詔事圖丞蕺工奭」十五字。背面鑄「詔事」二字，為橫書。又刻「屬邦」二字。

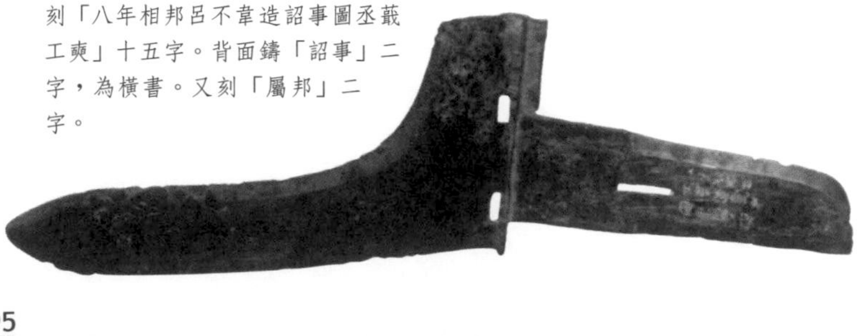

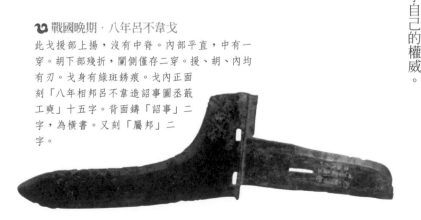

少年甘羅

甘羅是秦國下蔡人，祖父甘茂是秦國赫赫有名的丞相。所謂「將門出虎子」，甘羅小小年紀就聰明機智、能言善辯、滿腹韜略。祖父甘茂後來因為受人排擠離開了秦國，客死魏國。十二歲的甘羅就投入呂不韋門下作賓客，為呂不韋分憂解難。

戰國・銅車飾

遊說張唐

一日，甘羅看見呂不韋神色惱怒地坐在家裡，就上前問道：「丞相有什麼煩心事？」呂不韋一看是小甘羅，心裡更加煩躁，揮揮手要趕他走：「小孩子知道什麼？」甘羅理直氣壯地回道：「門客不就是爲丞相排憂解難的嗎？現在丞相有了心事，不告訴我，我就無法幫助您啊！」呂不韋這才說出：「我想派張唐到燕國做丞相，可他卻藉故推辭不去。」甘羅聽了，胸有成竹地說：「丞相何不讓我去勸勸他？」呂不韋覺得很好笑：「我自己請他，他都不去，何況你這樣一個小孩子去請他？」甘羅對呂不韋這番話並不認同，說：「項橐七歲的時候就成爲孔子的老師，我現在比他還大五歲，爲什麼您不讓我去試試呢？就算不成功，您那時候再責備我也不遲。」呂不韋一聽，覺得有道理，就叫甘羅去張唐家試試。

張唐見甘羅只不過是十多歲的小孩子，就輕蔑地問：「你來幹什麼？」甘羅並不畏懼：「我是來給你弔喪的。」張唐大怒：「小孩子胡說八道，我家沒死人，你來弔什麼喪？」甘羅反問：「請問你和武安君、白起相比，誰的功勞大？」張唐說「當然是武安君。」甘羅接著反問：「那麼，應侯范睢和文信侯相比，誰更專權獨斷？」文信侯就是呂不韋。張唐答：「文信侯。」甘羅問：「那你怎麼還敢推辭不去燕國呢？像武安君這樣功勞蓋世的人都不能被應侯所容忍，你覺得文信侯會容忍你嗎？」甘羅又說：「如果你願意去燕國，我願意代你先去趙國打通赴燕的道路。」張唐

甘羅像

甘羅，秦國下蔡（今穎上縣甘羅鄉）人，秦左丞相甘茂之孫。十二歲為秦相呂不韋家臣。聰明機智，能言善辯，封為上卿。

這下再也不敢小瞧甘羅，連忙拜謝。

出使趙國

甘羅回來稟告呂不韋自己遊說張唐的結果，呂不韋大爲驚訝，隨後帶甘羅一起去拜見秦王嬴政。秦王就賜給他十輛車、百餘名僕從，命他出使趙國。甘羅拜見趙王，趙王非常驚奇秦國派了一個小孩子過來，就問他：「秦國難道沒有人可派嗎？讓你一個小孩子過來。」甘羅不慌不忙地回答：「我們大王用人，都是根據個人才能給予不同責任，才能高的責任重大，才能小的責任小。我們大王認爲這次只是小事，就派我來了。」趙王更加驚奇甘羅竟能對答如流，就問他：「你來趙國有什麼事？」甘羅反問：「大王是否聽說過燕太子丹入秦爲質？」趙王點頭，甘羅又問：「那麼大王是否聽說張唐要去燕國爲相？」趙王又點頭。甘羅大聲說：「那大王還不著急嗎？燕國派太子入秦爲質，秦國派張唐到燕國爲相，秦燕和好，不就是爲了攻打趙國擴大地盤嗎？」趙王聞言，覺得有道理，忙問：「那您這次來有何指教？」甘羅說：「大王不如送給秦國五座城池，秦王一定很高興，您那時候再請求他斷絕秦燕之好，這樣就可以放心去攻打燕國了，還怕得不到五座城池嗎？」趙王很認同甘羅所講，就賞給他黃金百兩、白玉一雙，並且送給秦王五座城池的地圖。

甘羅帶著五座城池的地圖回到秦國，秦王誇獎他：「你的智慧眞是超出你的年紀啊！」就封他爲上卿，並且將甘羅祖父的田宅都賜給了他。而趙國也依照甘羅的話，等秦國與燕國絕交，就派兵攻打燕國，攻佔燕三十座城池，並將其中十一座給了秦國。

戰國．雲雷紋陽燧

圓形，環鈕，鈕外雙弦紋帶圓環，圓環外伸出六支雙弦紋帶，將燧背分為六區，區內為雲雷紋，素平緣，燧是凹面鏡，這面陽燧的凹面打磨非常光亮，是先人利用太陽能的實證。陽燧比較罕見。

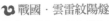

嬴政登基

他的出生似乎是一場「投機行為」的結果，他的童年是在顛沛流離與背叛孤獨中度過的，他從少年時期開始就要獨自面對複雜、紛亂與危機四伏的世界，他就是千古一帝——秦始皇嬴政。

人們通常從一個人的童年與少年經歷來解密他後來成長中的故事。爲什麼秦始皇一上台便大修陵墓？爲什麼他窮極一生在尋仙訪道？爲什麼他焚書坑儒？這些，都要從他曲折、傳奇的童年說起。

出生在趙國

秦昭襄王四十八年（西元前二五九年）正月，秦始皇嬴政在趙國的都城邯鄲靜悄悄地出生。與一般的王室子弟相比，嬴政的誕生與任何一個普通孩子一樣，並沒有眾人矚目的光環，沒有榮耀熱鬧的慶祝，更沒有人想到他未來竟然會成爲吞併六國、一統天下的始皇帝。這一切都是因爲他的父親異人，只是秦國交換到趙國的質子，而他的母親也只是普通的趙國女子趙姬。

嬴政的父親異人是秦國赫赫有名的昭襄王的孫子。雖然異人身爲秦國王子，卻因爲母親只是一個不受寵的側妃，所以他被送到趙國充當質子。但秦國並不把質子的安全放在心上，不久就撕毀和約攻打趙國。趙王非常憤怒，要處死異人，幸虧有大臣勸阻，異人才撿了一條命回來，但從此被取消王子待遇，過著落魄的生活，安全回國對他來說，愈發可望而不可及。

就在這種淒涼的日子裡，異人遇到了改變他一生命運的人——呂不韋。呂不韋是一個成功的大商人，具有精明的頭腦與過人的膽識。呂不韋認爲異人的潛力不可限量，如果能扶持異人成爲秦國君主，那所獲之利就非金錢所能衡量的了。對於異人而言，呂不韋是自己黯淡無望的日子裡

秦始皇塑像

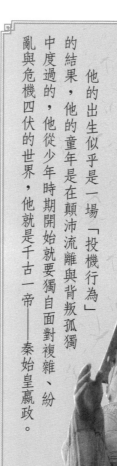

唯一的救命稻草，所以當呂不韋告訴他可以幫助他回國並當上儲君時，異人驚喜若狂。果然，呂不韋憑藉雄厚的經濟實力、聰明過人的頭腦，迅速聯絡上安國君的寵妃華陽夫人與昭襄王本人，説服他們接受異人做華陽夫人的嗣子，並賜名子楚。

嬴政的母親趙姬只是趙國邯鄲城裡一個善於歌舞的美貌女子，並沒有顯赫的出身，被呂不韋收爲小妾。有一次，異人與呂不韋在一起喝酒，趙姬出來敬酒，結果被異人看中了，呂不韋隨後就將趙姬送給異人。

一年之後，嬴政出生了。歷代以來對嬴政生父的爭論一直沒有停止，很多人相信嬴政是呂不韋的孩子，趙姬是先懷有身孕後嫁與異人。但反對的人提出疑問：如果先懷有身孕，那麼不可能十二個月才生下來。初來人世的嬴政並不知道那些與他息息相關的大人們怎樣的各懷心思、相互利用，也不知道自己是一場投機行爲的結果，更不知道這個充滿陰謀、利益的生存環境會給他的人生帶來何等的影響。

灰色的童年

秦昭襄王四十九年（西元前二五八年），秦國再次大規模攻趙，二十萬秦軍圍攻邯鄲。身處趙國的異人也就是子楚一家生命岌岌可危，呂不韋買通看管子楚的官兵，救出了子楚，但將趙姬母子留在了趙國。兩人混進邯鄲城外的秦軍軍營，見到秦軍統帥，説明子楚的身分之後，秦將立即派人將子楚和呂不韋送回秦國。子楚回到秦國以後，整天忙碌於巴結華陽夫人與安國君，而呂不韋也忙著在朝廷中大把撒錢，爲子楚未來的仕途鋪路，兩人似乎都將趙姬母子拋到了腦後。

趙姬帶著嬴政在呂不韋朋友的幫助下逃到了一個偏僻的小村子苦熬度日，等待夫君來救自己。沒有父親陪伴的嬴政成爲大家嘲笑的對象，村子裡的人稱他爲「棄兒」，意思就

戰國・錯銀變形鳥紋鐓
整體有三道凸箍，將紋飾分為四部分，上、下兩端為幾何紋，中間飾變形鳥紋。紋飾均錯銀而成，裝飾精良考究。

戰國·鑲嵌蟠蛇紋扁壺

小口短頸，扁圓形寬腹，長方圈足，肩兩側以獸首啣環為耳。腹部有四道橫欄和交錯的直條欄組成的長方格，每格皆飾以極細的蟠蛇紋，有層疊的羽翅突起。頸部的三角形內、腹部隔欄均鑲嵌以紅銅。紋飾的製作也採用了印模的技術，因而紋飾精細而製作又比較便捷。

是「被拋棄的孩子」。父親的離棄，周圍人的鄙夷，這對小小的嬴政來說似乎太殘酷了。

兩年後，趙姬母子得以搬回邯鄲城。趙國是當時實力最強大、最有希望與秦國一爭天下的國家，其都城邯鄲的經濟、文化都非常發達。生活在這樣的城市中，童年的嬴政見識到了一個豐富多彩的世界。與秦國宮殿裡的王孫們相比，嬴政更真實、深切地感受著「天下」的一切，過著更加自由的生活，也具備了開闊的眼界和敏銳的觀察力。傳說嬴政五歲的時候，趙姬懇求一位知識淵博的隱士——子隱老人，教授嬴政學問與治世之道。在子隱老人嚴格的教育下，嬴政學習到了許多在王室中無法學到的爲君之術，這種特殊的教育是嬴政一生的財富。

慢慢地，嬴政從一個懵懂無知的嬰兒，長成爲對世界、對天下有初步認知能力的少年。經歷了太多顛沛流離、孤獨背叛之後的嬴政也變得多疑、敏感和總是有強烈的不安全感。

此時他的父親子楚也戲劇性地登上了秦國的王位。這時子楚才派人到趙國接回了嬴政和母親，十歲的嬴政終於回到了自己的國家。

少年帝王

對嬴政來說，父愛是短暫而奢侈的，因爲父親在他回國四年後就因病猝死了。歷史同樣對子楚之死有很多猜測，懷疑是呂不韋爲了謀取更多權力才下毒害死子楚。雖然這個猜測並沒有得到證實，但關於陰謀的流言蜚語卻伴隨著這個年僅十三歲就倉促登基的少年。因爲年紀尚小，母親趙姬無力處理國家大事，執政大權實際上掌握在呂不韋手上，嬴政稱呂不韋爲「仲父」。

不能主持朝政的少年帝王開始進行一項令人匪夷所思的工程——爲自己修建陵墓。其實生前修建陵墓不是嬴政的首創，戰國時期諸侯國主生前造陵已經蔚然成風，但嬴政才剛剛十三歲就開始爲自己的死做準備，

傳國玉璽

秦王政十九年（西元前二二八年），秦滅趙，和氏璧最終還是落入秦國手中，不幸的是，和氏璧從此自歷史記載中消失了。傳說中秦始皇統一六國後，將和氏璧製成了傳國玉璽。姑且不論傳國玉璽是否是用和氏璧琢製的，秦始皇統一中國後，確實曾令玉工雕琢過一枚皇帝玉璽，稱之爲「天子璽」。

據史書記載，此璽用陝西藍田白玉雕琢而成，螭虎鈕，一說龍魚鳳鳥鈕玉璽上刻文是丞相李斯以大篆書寫的「受命於天，既壽永昌」八字。傳國璽自問世後，就開始了富有傳奇色彩的經歷。傳說秦始皇二十八年（西元前二一九年），秦始皇南巡行至洞庭湖時風浪驟起，所乘之舟行將覆沒。始皇拋傳國玉璽於湖中，祀神鎮浪，方得平安過湖。八年後，當他出行至華陰平舒道時，有人持玉璽站在道中，對始皇侍從說：「請將此璽還給祖龍（秦始皇代稱）。」言畢不見蹤影。傳國玉璽復歸於秦。秦滅亡以後，傳國玉璽落到了劉邦的手中，經過西漢東漢三國魏晉南北朝隋唐，傳國玉璽在政權的更替中早已沾滿了血跡。這個皇權的象徵在五代的時候終於不見蹤影，成爲後世追尋的神祕寶物。

確實令人無法理解。有人認爲，小嬴政當年被父親拋棄在趙國之時，見到了皇宮內院裡所不能見的世態民生，見到了戰爭對生命的無情摧殘，更見到了生老病死的殘酷輪迴，所以，嬴政比其他王宮子弟更早明白死亡的可怕。當自己登上最高的地位能夠俯瞰眾生、擁有無限權力的時候，大概只有一件事是自己無法決定的，那就是——死亡。父親剛剛即位三年就匆匆離去，死時僅僅三十六歲，還沒有來得及爲自己修建歸宿之地。自己的大伯也是在當太子的時候就猝然而逝，根本連權力頂峰都還沒到達。少年嬴政不願意這樣匆匆地面對死亡，所以一即位便開始在驪山爲自己修建陵墓。自此，後世皇帝紛紛傚仿嬴政，自登基開始就修建陵墓。

戰國趙國 · 三孔布幣

三孔圓足布幣俗稱三竅布，是戰國後期流通於趙國及原中山國地區的貨幣。此布幣面上下有三孔，其形制具圓足布特徵，故李佐賢《古泉匯》把它歸為圓足布類。但由於鑄行數量少，流通區域小，故極難見到實物。

嫪毐之亂

嫪毐本是咸陽城內一個地痞，以「大陰」著稱。為什麼一個街頭小混混能夠獲得秦國大丞相呂不韋的青睞呢？這需要從嬴政歸秦說起。

太后專寵

莊襄王去世，太后新寡，年紀還不到三十歲，不久就與呂不韋舊情復燃了。國家大事完全掌握在呂不韋手中，連秦王都要叫他「仲父」。隨著嬴政一天天長大，呂不韋恐怕自己與太后繼續曖昧，被秦王發現會惹禍上身，所以必須馬上和太后脫開關係，但又得找一個人代替自己滿足太后。於是呂不韋就在民間打聽有沒有合適的人可以擔負這個任務。嫪毐就是在這種情況下被發掘出來。呂不韋將嫪毐從監牢中保釋出來，派人拔光他的鬍子眉毛，假裝對其進行了「宮刑」，再悄悄送到後宮。

太后一見嫪毐，果然非常喜歡，很快兩人便如膠似漆，年紀已經不小的太后竟然懷上了身孕。兩人非常驚慌，因爲一國太后做出如此醜事，要是傳出去豈不笑話？這時候，呂不韋作爲知情人，成爲兩位當事人的救命稻草。呂不韋出了主意，叫太后謊稱有病，再讓嫪毐賄賂卜者，故意說太后宮中有鬼，必須遠避二百里之外。這樣兩人就可以繼續遷到外面逍遙快活。

嬴政可能已經知道呂不韋與母親之間的關係，但無奈自己年紀太小，不可能整治呂不韋，只希望母親能遠離這個人。這次母親主動提出要搬離王宮，嬴政自然也很贊同。很快太后帶著自己的男寵嫪毐遷往雍城（今陝西鳳翔）大鄭宮，這裡僻靜無人，兩

戰國中晚期．秦國鑄兩甾一枚

人更加肆無忌憚。這樣一個市井小混混竟然將太后迷得神魂顛倒，太后竟然兩年之內為他連生兩個兒子，還把他們養在密室中。

平定叛亂

為了幫自己的兩個兒子鋪平道路，嫪毐竟然與太后商量：「秦王嬴政死後，就讓咱們的兒子繼位。」而此時嬴政剛剛二十二歲，舉行冠禮之後開始親政。這時嫪毐與太后私通的事情也暴露了，執掌大權的丞相呂不韋也牽涉其中，秦王大怒，這不僅是一場保衛皇家尊嚴的家庭鬥爭，更是一場奪回政權、樹立威信的鬥爭。

嫪毐得知秦王已經調兵要對付自己，立刻與太后商議，決定先發制人殺死秦王。太后這時已經方寸大亂，糊里糊塗地跟著嫪毐反叛自己的兒子。嫪毐首先用太后玉璽假傳聖旨，揚言有人要謀殺秦王，調集大鄭宮內的士兵、禁衛軍、宮中馬隊以及自己的門客家僮包圍了蘄年宮，準備殺入宮中，趁亂殺死秦王。不明就裡的士兵們跟著嫪毐殺進宮，與秦王的侍衛隊殺成一片。秦王見情勢危急，就登上蘄年宮高台，對廝殺中的官兵揭穿了嫪毐的陰謀：「宮中無賊，長信侯就是逆賊！活捉嫪毐的人，賜錢百萬；殺了他並且把他的腦袋呈獻上來的，賜錢五十萬！」此令一下，嫪毐手下的兵士幾乎全部倒戈，嫪毐被生擒，暴亂平息。

平定暴亂之後，秦王親自帶人去大鄭宮搜查，在密室中搜到太后與嫪毐所生的兩個兒子，命人將其裝入布袋用亂棍打死，隨後收回太后玉璽，將其軟禁在咸陽宮，嫪毐則以車裂之刑處死，滅門三族，與嫪毐關係緊密的大臣全部斬首示眾，其他人流放蜀地。呂不韋因為送嫪毐進宮，也被革職，貶至蜀地流放，在途中呂不韋就引鴆自殺了。

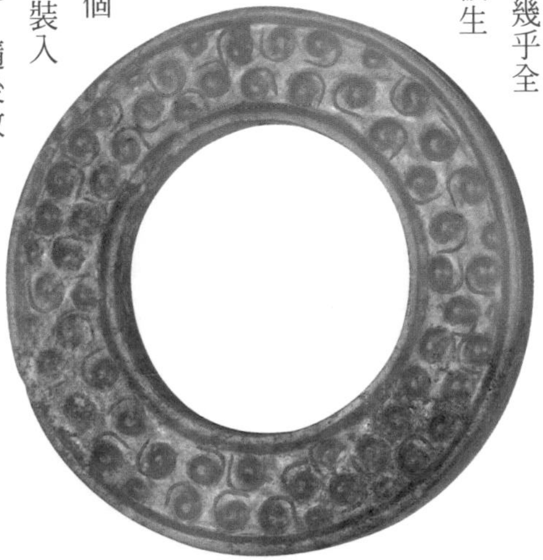

戰國・黃玉谷紋環

黃玉，色若熟栗，種質罕見。環內外圈起陽線，中減地施以谷紋。穀紋，戰國時典型紋飾，其形如發芽之穀粒，故名。又似螺尾，民間亦呼之蝌蚪紋。該環做工極繁雜：先起陽成乳丁，丁上順壓渦痕，尾線外沿圓丁一半再勾陰線。此作穀紋粒粒飽滿，壓轍順暢，勾線精細，堪稱時代精工。

李冰治蜀

在萬里長城建成之前，中國另外一項福澤萬代的大工程已經誕生了——都江堰。正是由於李冰所建的都江堰，四川平原從旱澇無常的災區變成了司馬遷筆下的「水旱從人，不知饑饉，時無荒年」的「天府之國」，也為秦國進行兼併戰爭提供了糧食保障。

李冰生平

李冰是戰國時期秦國人，約在秦昭襄王五十一年至五十六年間被任命爲蜀郡守。關於李冰的籍貫，長期以來學術界一直沒有定論。直到二十世紀末，山西運城的李氏後裔李保生將自家族譜中「始祖李冰赴蜀治水」的記載寫信告訴了都江堰市政府官員，學術界才確定李冰是山西運城人。

關於李冰在任命爲蜀郡守之前的事情並沒有歷史記載。唯一可以知道的是，他能知天文地理，是一位水利專家，但到底是因爲他本身就是水利專家，才修建成都江堰等大型水利工程，還是因爲他被蜀地旱澇災害的形勢所逼，不得不以「治水」爲使命，鑽研水利知識，才最終得以成爲水利專家？歷史並沒有記載李冰修建都江堰之前的水利工程，很可能他也只是一位精通天文地理的官員而已。與其他大部分精通詩書禮樂的官僚相比，他更是一位實踐科學家，面對旱澇無常的災禍，身爲蜀地郡守的他，就算當初沒有水利工程的經驗，也要開始學習如何治水了。

古代的蜀地被稱爲「澤國」或「赤盆」，因爲它非澇即旱，蜀地百姓世代都要與洪水鬥爭。當秦惠文王

李冰父子雕像

李冰，今山西運城人，是戰國時期的水利家，對天文地理也有研究。秦昭襄王末年（約西元前二五六至西元前二五一）為蜀郡守，在今四川省都江堰市（原灌縣）岷江出山口處主持興建了中國早期的灌溉工程都江堰。

更元九年（西元前三一六年）時，秦國吞併蜀國。爲了將蜀國作爲自己的重要基地，秦王派李冰擔任蜀郡守，以求徹底治理岷江水患。李冰剛剛上任蜀郡守，就親眼察看了當地嚴重的旱澇災情。成都平原北部的岷江沿岸山高谷深，水流湍急，一到地勢平緩的灌縣附近，往往衝破堤岸，氾濫成災。而灌縣城西南面的玉壘山，又阻礙江水東流，所以每年到夏秋洪水季節，四川盆地常常是東旱西澇。

二王廟「深淘灘低作堰」刻石

李冰和兒子對岷江的水情、地勢詳細考察之後，制定了治理岷江的方案，設計和修建了都江堰。都江堰兼具防洪、灌溉和航行三大作用，兩千多年來，一直發揮著巨大的排灌作用，確保蜀地的農業生產。李冰總結出了治水三字經「深淘灘，低作堰」、八字眞言「遇彎截角，逢正抽心」，這幾句話直到現在仍是修建水利工程的指導方針。

除了水利工程外，李冰還對蜀郡的經濟建設做出貢獻。他廣修橋樑，在成都的大幹渠上就修了七座橋：「直西門郫江中沖治橋；西南石牛門日市橋；城南日江橋；南渡流日萬里橋；西上日夷裡橋，上（亦）日笮橋；從沖治橋而西出折日長升橋；郫江上西有永平橋。」此外，李冰是中國歷史上記載的最早採用鑿井煮鹽法的人。之前川鹽開採多依賴於天然鹹泉、鹹石，李冰創造了鑿井煮鹽的方法，結束了蜀地鹽業生產的原始狀況，大大促進了蜀地的鹽產業。

修建都江堰

都江堰工程主要由分水堰、飛沙堰和寶瓶口三個主要工程組成。

首先，爲了確保岷江的水能夠東流，李冰先將玉壘山鑿開一個二十公尺寬的口，稱爲「寶瓶口」。被分開的玉壘山形狀如大石堆，因此被後人稱作「離堆」。

其次，在岷江中心修建分水堰。李冰命人編成長三丈、寬二尺的大竹籠，裝滿鵝卵石，再將其一個一個沉入江底，築成分水大堤。大堤前段形如魚頭，所以被稱爲「魚嘴」，它迎向岷江上游，將洶湧而來的江水分成東西兩股。西股是岷江的正流，稱爲外江；東股是灌溉渠系的總幹渠，被稱爲內江。內江的水流進「寶瓶口」之後，被分割成許多大小溝渠河道，進而組成一個縱橫交錯的扇形水網，灌溉成都平原的千里農田。分水堰兩側壘砌大卵石護堤，此堤也被稱爲「金堤」。

之後，爲了進一步控制寶瓶口的進水量，李冰又在魚嘴分水堤的尾部修建了分洪用的平水槽和「飛沙堰」溢洪道。與分水堰一樣，飛沙堰也是用竹籠裝卵石堆築而成。當內江水位過高時，洪水就經過平水槽，漫過飛沙堰，流入外江，這樣就保障了內江灌區不會被水淹。魚嘴的分水量在不同季節不同，春耕季節，內江水量約佔六成，外江水量佔四成；而在洪水季節，內江多餘的水會由飛沙堰自動溢出。寶瓶口是控制江水量的閘口。

爲了測量內江的水位，李冰製作了三個石人立於江中，作爲觀測水位的標尺，令「水竭不至足，盛不沒肩」，這是歷史上記載最早的測水準則。

除此之外，爲了淘挖淤積在江底和灌溉渠道的泥沙，李冰製作石犀埋在內江中，作爲歲修時淘挖泥沙的深度標準。歲修的原則是「深淘灘，低作堰」。「深淘灘」是指深挖河底的泥沙；「低作堰」是指飛沙堰的堰頂不可太高，以免洪水季節阻礙洩洪。

都江堰的建成徹底解決了岷江氾濫成災的問題，使得岷江江水被合理利用，進而灌溉成都平原三百多萬畝土地。自此，蜀地成爲沃野千里的富庶之地，也成爲中國歷代以來糧食的儲備地區。在三國時期，諸葛亮建議劉備占領此地作爲自己的基地，抗戰時期四川也成爲中國的大後方。

除都江堰以外，李冰還在蜀郡興建了其他水利工程，如：李冰組織百姓開鑿發源於蒙山的青衣水河中心的山巖，整理河道，使之便利航行；也曾經對管江、汶井江、洛水進行過疏導。

軼事傳說

四川人對李冰非常崇敬，尊稱爲他爲「川祖」，「川祖廟」幾乎遍及四川。傳說李冰的兒子李二郎協助父親治水有功，父子二人被稱爲「二王」，人們在都江堰左岸山上修建了二王廟，紀念他們爲蜀地發展做出的不朽貢獻。關於李二郎的歷史記載非常少，有人認爲這個人是子虛烏有。但北宋以後，李二郎協助李冰治水的故事廣爲流傳，宋眞宗時候曾專門命人製作「御制李二郎神碑」。李冰甚至成爲都江堰灌區老百姓所崇拜的神靈，每年清明時節，蜀地的居民都會在二王廟舉行祭祀活動與開水典禮。

關於李冰治水，還有一個非常有意思的傳說，就是蜀民爲頌揚李冰的偉大功績而廣爲傳頌的「李冰鬥牛」的故事。故事說的是李冰修建完都江堰，完成岷江兩江（內江、外江）的水利工程後，兩江的江神每年都向百姓索取兩名美貌少女作爲妻子。如果沒有少女送來，江神就發動洪水摧毀農田。爲了拯救百姓，李冰先讓自己的女兒扮作新娘，親自送到江神祠，並邀請江神一起喝酒，在酒席上，李冰怒斥江神的害民之舉。突然李冰和江神都消失了，人們發現只有兩頭壯碩的公牛在江邊廝鬥，過了很久，李冰才汗水淋漓地出現，他對百姓說：「我變作公牛與江神決鬥，需要你們助我一臂之力，待會等我化成公牛再與他相鬥時，請你們出手幫我制服江神。那頭腰上有白色條紋的牛就是我變的。」說完話，李冰又變成公牛，繼續與江神鬥成一團。旁邊的人趁機拔劍刺向江神所化的牛，李冰險勝。自此，蜀地江河不澇，百姓安康。蜀地百姓因爲這件事，非常崇敬李冰的氣魄與果斷，以後稱讚體格健壯的年輕人爲「冰兒」。李冰也成爲中國民俗鬥牛活動的鼻祖，後人爲了紀念李冰，逐漸形成鬥牛的民間習俗。

二王廟

二王廟原名「崇德祠」，寓意李冰治水有功，人們推崇他的恩德。原本僅塑李冰石像一尊。宋開寶五年（西元九七二年），增塑李二郎石像一尊。宋、元兩代，李冰父子先後被敕封為王，故將崇德祠改為二王廟。

李斯諫逐客

秦王嬴政因為韓國派間諜入秦，下令將六國客卿驅逐出秦國。身為外來客卿的李斯以其過人的智慧與文采，寫成了千古流傳的名篇〈諫逐客書〉，勸阻秦王嬴政收回成命，最終感動了秦王嬴政，逐客令也被廢除。

秦王「逐客」

平定嫪毐政變、逼死仲父呂不韋之後，秦王嬴政並沒有因此安心。嫪毒發動門客叛亂，呂不韋死後眾多門客前去送葬的事實，使嬴政不得不思考門客的問題。戰國時期，貴族大臣招攬門客在各國蔚然成風。這些門客，一般只知主人，不知君主，是貴族大臣之間爭權奪勢的工具。門客中也包括刺客，一旦有非常情況，主人就會將他們當做殺手鐧拋出。

秦王嬴政本來就對這些外來門客非常擔憂。這時又發生了一件事，韓國派了一位手無寸鐵的水利工程師鄭國，去秦國以興修水利爲名做間諜。當時各國並沒有常備軍隊，而是全民皆兵，一旦修建鄭國渠這樣大的水利工程，必然要動用大量青壯年勞力，消耗大量財力與物力。韓國本想這樣就可以拖延秦國吞併韓國的進程，獲得短暫安寧，沒想到在鄭國渠即將完工的時候，這個陰謀暴露了。

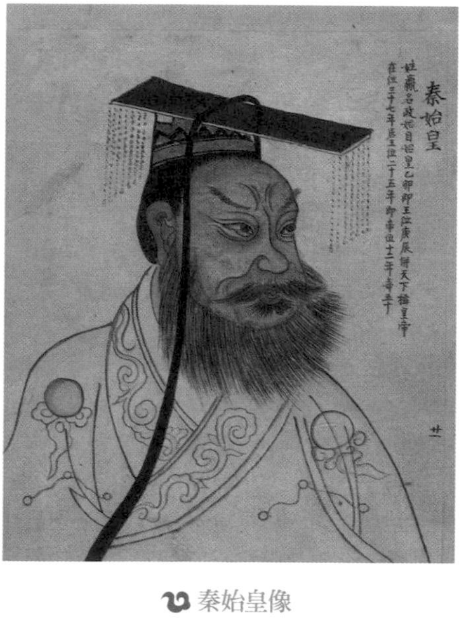

秦始皇像

秦王爲了徹底解決門客與間諜問題，頒發逐客令：首先，下令立即停止修建鄭國渠，而將主力放在兼併其他國家之上，這樣就會有用之不盡的人力；其次，三天之內驅逐所有外籍客卿，他們的產業收歸國有；第三，爲呂不韋安葬和送葬的人，凡是外國人，都立刻驅逐出境。

此令一出，全國震驚。因爲那時

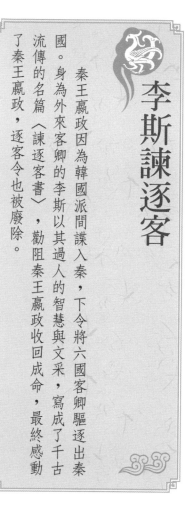

來秦國謀取功名利祿的外國人非常多，這下都要急急忙忙地拖家帶口逃命。其中，有一個人雖在被逐之列，但並不甘心就此離開，他就是後來輔佐秦始皇統一天下的丞相李斯。然而此刻的李斯，不但連普通的官都做不了，而且還將被秦王嬴政轟出秦國。

李斯勸諫

李斯本來是楚國上蔡（今河南上蔡西南）人，出身平民家庭。與當時其他胸懷大志、期望建功立業的人才一樣，他在跟隨儒家大師荀子學習完「帝王之術」後離開本國，奔赴當時最爲強盛的秦國。起初他先投奔權傾朝野的呂不韋，在獲得呂不韋賞識後，升任秦王嬴政的侍衛——郎。利用職務之便，李斯向秦王上書〈論統一書〉，勸說秦王現在應該抓緊「萬世之一時」的機會消滅諸侯，實現天下一統，成就帝業。這封書信得到了年輕君王的讚賞，很快，李斯就從郎升任長史，後來又被拜爲客卿，專門制定併吞六國、統一天下的策略與部署。然而就在自己平步青雲、前途一片光明的時候，「逐客令」頒發了，李斯當然很不甘心就這樣放棄自己的政治抱負。

在離開咸陽的前夜，李斯奮筆疾書，將一腔悲憤化爲後世廣爲傳頌的〈諫逐客書〉，奏請秦王之後，收拾行李，準備踏上離開秦國的路途。

在〈諫逐客書〉中，李斯說：「臣以爲驅逐客卿是錯誤的。從前秦穆公招賢納士，從西方的戎請來由余，從東方的宛接來百里奚，從宋國請來蹇叔，從晉國招徠丕豹、公孫枝。穆公正是因爲任用這五位外國來的先生，才兼併了二十個小國，最終稱霸西戎。秦孝公任用同樣是外來人才的商鞅，實行新法，最終實現政治安定，國力強盛。秦惠文王正是採用外來人才張儀的計策，才得以攻佔三川，西並巴蜀，北收上郡，南取漢中，囊括九夷，控制鄢、郢，東據成皋之險，佔據別國的沃土，拆散六國的合縱聯盟。秦昭襄王正是因爲得到范睢，才得以廢穰侯，驅逐華陽君，加強王權，遏制貴族勢力，一步步吞食其他各國，成就了秦國的帝業。這四位君王，都是依靠客卿才建立了功業。那麼，這樣看來，客卿有什麼地方對不起秦國呢？如果當初這四位君王沒有接納客卿，疏遠賢能之士，那麼秦國也就不可能有現在的雄厚實力和強大威名了。

現在，大王擁有昆山美玉、隨侯珠、和氏璧，懸掛明月珠，佩帶太阿劍，乘騎纖離馬，豎立翠鳳旗，陳設靈鼉鼓，這幾樣寶物，哪一件是出於秦國呢？大王卻還喜愛他們，這是爲什麼呢？如果您只用秦國生產的東西，那麼您的朝廷就不可能用夜光之

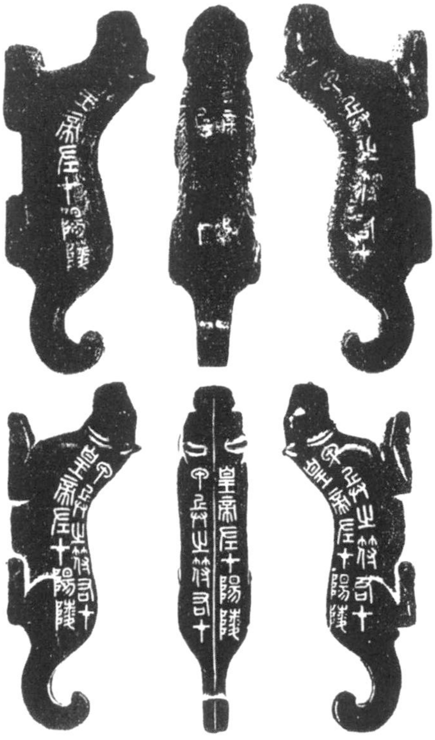

秦・陽陵虎符拓片

虎頸至胯間左右各有錯金篆書銘文兩行十二字，書曰：「甲兵之符，右才（在）皇帝，左才（在）陽陵。」陽陵為秦之郡名，即今陝西高陵縣。此件銅質，為秦始皇授予駐守陽陵將領之虎符。此件因年代已久，對合處生銹，現左右不能分開。該件整體形成一藝術品，伏虎臥地，昂首前視曲尾上翹。虎符字體謹嚴渾厚，風格端莊，筆法圓轉，具有很高的藝術性。

璧裝飾，您也不能把玩犀角象牙製成的器物，也不可能享有來自鄭、衛的美女，不會有北方來的駿馬、江南造的金錫、巴蜀的顏料。如果大王只聽秦國自己的音樂，那就只能敲甕擊缶，彈箏拍腿，嗚嗚呀呀地唱歌，但現在爲什麼放棄敲甕擊缶而聽鄭、衛之音，停止彈箏拍腿而取《韶虞》之樂？還不是爲了愉悅自己？

但是，大王卻不是這樣用人的。無論行或不行，有理或是無理，大王都一概責令所有外來客卿離開，這只能說明您輕視人才，卻重視女色、音樂、珠寶和美玉。如此，怎麼能統一天下、制服諸侯？泰山高大是因爲不捨棄任何土壤；河海深廣是因爲不排斥任何細流，帝王恩德是因爲不拒絕任何臣民。五帝三王之所以天下無敵，正是因爲不捨棄東南西北的土地、不拒絕其他國家的民眾，四季都很美好，鬼神都來降福。大王現在拋棄外來的人才，不就是幫助敵國，增加他們的實力嗎？大王排斥客卿，使天下人才不敢入秦，不是成就其他諸侯國嗎？這正是『送敵人武器，供強盜糧食』。東西雖然不是秦國出產的，但珍貴的有很多；賢能之士雖然不是秦國人，但願意效忠的不在少數。現在大王驅逐客卿以幫助敵國，損害百姓而有利於敵人，對內削弱自己，對外結怨諸侯，要是還想國家安穩，實在是不可能！」

說服秦王

秦王讀罷李斯的〈諫逐客書〉，深受感動，也許是「投鼠忌器」，擔心逐客導致大批人才流失而爲敵國所用，也許是因爲李斯言辭懇切、感情眞誠，終於打動了秦王。秦王立即下令，不惜一切手段，將李斯追回來，同時取消逐客令。

李斯的命運從此翻轉。再度見面的秦王嬴政與李斯，正如當年的秦孝公與商鞅一樣促膝長談。李斯如商鞅一樣，爲秦王分析了天下大勢，說明了其他諸侯的強勢與弱勢，認爲：「秦國多年來的離間與挑撥分化，已經瓦解了諸侯國的合縱聯盟，諸侯現在基本上是內部互相爭鬥，秦國現在應該趁他們兵禍不斷、民生凋敝的機會，迅速消滅他們，一統天下。」這一番話正說出了秦王嬴政的野心，他鼓勵李斯繼續說下去。

李斯又說：「要消滅六國，先要消滅韓國。因爲韓國地少民弱，容易征服。消滅韓國一方面可以先聲奪人，使天下震恐，另一方面可以增強秦國兵士的信心。這就是『先弱而後強』。」講完之後，李斯拿出了地圖，跟秦王細細討論具體的軍事策略。

對於秦國內政，李斯認爲：「秦國本來民風純樸，沒有私鬥，崇敬爲國捐軀，看重法律，不敢徇私枉法，這是自從孝公變法之後遺留下來的好風氣。但自從呂不韋主持朝政開始，秦國本來的好風氣受到了商人唯利是圖的影響，逐漸敗壞，經常發生官商勾結之事。百姓漸漸變得自私、唯利是圖起來，進而不顧國家大事，用不了多少時間，就會經濟衰敗，國家混亂。」所以，李斯提出，應該再重施商鞅之法，重農抑商，發展國家經濟，節制私人資本，積累國家財富。

李斯的分析與建議令年輕的秦王熱血沸騰，這些正是嬴政日思夜想的：「如何繼承祖宗的光輝業績，並開拓出新的天地。」隨後君臣二人商量秦國下一步的發展方向：如何整理內政和呑併韓國。

自從李斯上書之後，秦王嬴政取消了逐客令，開始重新招攬和重用外來客卿，如尉繚、王齕、茅焦、王翦、王賁、李信、王離、蒙恬等對秦國發展做出重大貢獻的文武賢才。

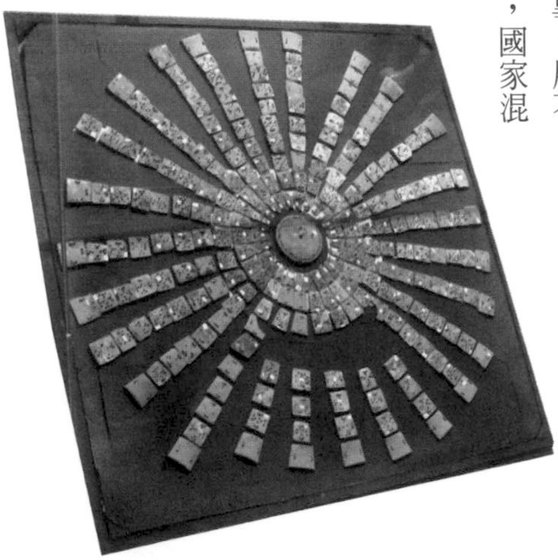

秦・石製甲冑殘片

此甲冑殘片為石製，出土於陝西臨潼，是研究秦代甲冑形制的重要資料。

秦國的兵器

秦代的兵器主要以青銅為原料，秦國正是憑藉這些青銅鑄就的金戈銅劍、強弩利矛兼併六國，統一天下。

秦國的青銅兵器製作工藝相當精湛，種類繁多，堪稱中國青銅兵器的巔峰。秦始皇統一六國後，繳獲了關東大量鐵兵器，接收學習中原先進的冶鐵技術，加速了秦國從青銅武器向鐵兵器的過渡。

青銅長劍

青銅劍是春秋戰國時期的主要近身進攻兵器。秦代的青銅劍主要特徵有：鑄造技術先進、鋒利、劍身長。爲了保證青銅劍不易折斷，鑄劍師在冶煉時向銅裡加入錫。加錫需要很高的技術，因爲錫加少了，劍太軟；錫加多了，劍硬，容易折斷。秦代顯然已經具備了青銅劍的最高鑄造工藝，劍中的銅錫配比恰到好處，促使青銅劍硬度和韌性的完美結合，也大大增加了劍的攻擊性能。

秦青銅劍非常鋒利。在兵馬俑坑中發現的一種劍歷經兩千年，至今毫無銹蝕，光潔如新，鋒刃銳利，能一次劃透二十張紙。這種劍是銅錫合金，且含有十多種其他稀有金屬，表面採用過鉻鹽氧化技術處理，覆蓋了一層十至十五公分厚的含鉻化合物氧化層。一般認爲鍍鉻技術是二十世紀三十年代由德國人發明的，但中國早在兩千年以前就已經使用鍍鉻技術，令人驚歎。

青銅鈹

鈹最早被稱爲「夷矛」，起源於殷周之際，盛行於戰國秦漢。鈹的外形類似短劍，所以過去一度被人錯認爲是短劍，其實它是起源於短劍的長柄兵器，是古代著名長兵器之一。鈹與短劍具有相同的鋒利程度，平脊兩刃，長度約爲三十到三十五公分左

秦．青銅鈹

鈹是古代著名長兵器之一，它是一種起源於短劍的長柄兵器，過去很多出土的鈹兵曾被誤作短劍。秦俑坑出土的青銅鈹，鈹首長度多為三十五公分左右，莖長十二公分左右，鈹之木柄多已腐爛殘損，鈹身刻有「十五年寺工工」之類銘文，莖上刻有「十六」等字。「十五年」為秦始皇紀年，「寺工」是中央主造兵器的官署機構，鈹上最後還刻有實際生產的工匠名字。

右，後部是扁形或矩形的莖，用來裝在三至三十五公尺長的竹柄或木柄上，是一種極其銳利的刺殺兵器。

長矛利戟

秦兵馬俑坑還出土了保存完好的青銅戈、青銅矛和戈矛組合而成的青銅戟等兵器。這些兵器依然保持著青銅的金黃本色，刃口鋒利無比、寒氣逼人。器身上刻有「四年相邦呂不韋造，寺工、丞我、工可」、「戟」、「寺工」以及「文」等銘文。

戟是另外一種長柄刺殺武器，長度約二．八公尺，實際上是在戈的前緣加裝了矛頭，可以直刺，也可以鉤砍。與長矛不同，戟一般是用以單兵格鬥。對持戟的士兵而言，掌握自由格鬥的技巧和個人技能是最關鍵的。鈹是長度介於戟和長矛之間的一種長柄武器。長矛、鈹和戟之間互相配合，互相保護。

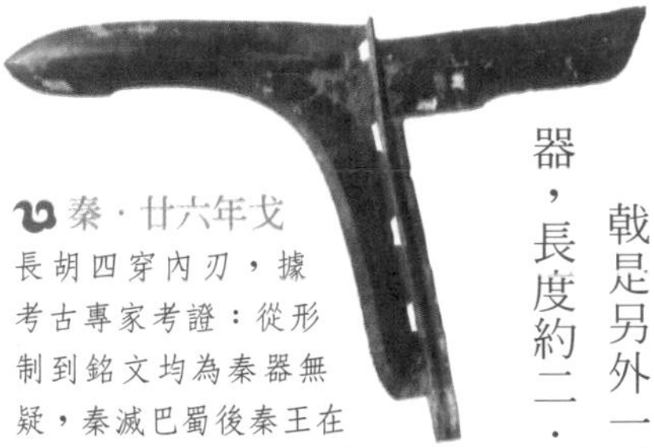

秦．廿六年戈

長胡四穿內刃，據考古專家考證：從形制到銘文均為秦器無疑，秦滅巴蜀後秦王在位過二十六年的只有惠、昭與始皇帝三人，前兩王時蜀守為張若，並不名「武」，此戈只可能是秦始皇廿六年戈。此戈出土於四川涪陵小田溪。

強弓勁弩

弓、弩、箭是秦軍最主要的遠射武器。秦兵馬俑出土的步兵、騎兵或車兵，一般都裝備有大量的弓、弩、箭。

弓可分為大小兩種，大的射程可達九百公尺，比戰國最著名的韓弩射程更遠，小的為一百五十公尺。大弓的弓幹長一百七十六．一公分，逕四．五公分，弦長一百四十公分，比戰國時期楚弓的弓幹還要長。

弩是秦國非常著名的兵器，由弩機和弩臂兩部分組成，其中弩機是安裝於弩臂後端的機械裝置，有瞄準與發射雙重功用，由望山、懸刀、牙、栓塞等部件組成。雖然現在出土的弩的木製部分已經朽爛，但仍可以根據遺跡復原當初的秦弩。弩擁有著驚人的力量，射程約三百公尺，有效殺傷距離為一百五十公尺。殺傷力遠遠高於當時任何一種弓。與弓不同，弩必須用腳蹬、借助全身的力量才能上弦。秦軍使用的弩機，由於是標準化製作，部件應該可以互換，所以，在戰場上，秦軍士兵可以把損壞的弩機中仍舊完好的部件重新拼裝使用。

秦．箭簇

鏃身短小，僅三公分左右，而銅鋌長十五公分左右。秦鏃拋棄了戰國時流行的長刃三翼或三楞鏃的形制，是從生產方便角度出發，短小的三楞磨製方便，只要三面研磨即可，生產更為快速。

蒙氏家族

蒙氏三代——祖父蒙驁，父親蒙武，兒子蒙恬、蒙毅，爲秦統一中國的大業立下了汗馬功勞，司馬遷曾經讚歎「蒙氏秦將，內史忠賢。長城首築，萬里安邊」。然而，蒙恬、蒙毅在秦始皇死後被佞臣趙高陷害致死。

驍將蒙驁

蒙驁本來是齊國人，在秦昭襄王時由齊入秦，是除白起之外的秦國名將。他一生侍奉過四代秦國國君：秦昭襄王、秦孝文王、秦莊襄王、秦王嬴政。

秦莊襄王即位（西元前二四九年），蒙驁奉命進攻韓國，攻佔了韓國軍事重鎮成皋、滎陽，秦國因此在此建立了三川郡，秦疆界擴張到魏國的都城大梁。次年，蒙驁率兵進攻趙國，平定太原。同一年，蒙驁帶兵攻打魏國，攻佔高都和汲。秦莊襄王三年，蒙驁再次進攻趙國，攻佔榆次、新城、狼孟等地，取三十七城；又攻佔趙重鎮晉陽，合置太原郡。

秦王嬴政即位（西元前二四六年），當時秦國最重要的三大將領爲蒙驁與王齕、麃公。當年發生晉陽反叛，蒙驁率軍平定。秦王嬴政三年，蒙驁領兵攻韓，佔取韓國十三城。兩年後，魏國公子信陵君死，秦國趁機派蒙驁攻打魏國，取得二十城，並建立東郡，使得秦國疆土擴張到齊國邊界，對韓國、魏國形成了三面包圍之勢。

蒙驁屢立戰功，在史書記載的九年裡幾乎每年都作爲主將帶兵出征，總共攻克七十餘城，官至上卿。秦王政七年（西元前二四〇年），蒙驁去世。

蒙武南征

秦王政二十二年（楚王負芻三年，西元前二二五年），嬴政開啓兼

秦・碣石宮夔紋瓦當

泥質青灰色陶，模製，形制規整。當面作大半圓形，邊輪出平沿，面上飾簡化夔紋，蜷曲盤繞，兩相對稱。當背連接筒瓦，瓦筒瓦面飾拍印的淺細繩紋，內面無紋飾。此與陝西臨潼秦始皇陵出土的瓦當相似。

秦代隸書

秦朝政府公佈的公文、法令、詔書等均用小篆。但結構複雜，筆畫多弧形，速寫不易，民間多用一種較篆而草的、能急就而成的字體，筆畫由圓變爲方折，把篆書多弧形變爲多直形。這是隸書興起的原因。書法上稱秦隸爲「古隸」，漢隸爲「今隸」。

一九七五年十二月在湖北雲夢睡虎地秦墓中出土了竹簡千餘枚，上爲墨書秦隸。從考古發掘出來的材料來看，戰國和秦代一些木牌和竹簡上的文字，已有簡化篆體，減少筆畫，字形轉爲方扁，用筆有波勢的傾向。這是隸書的萌芽。

併楚國的戰爭，他派李信、蒙武攻打楚國，李信攻打平輿（今河南平輿北），蒙武進攻寢丘（今安徽臨泉），二人大敗楚軍。李信在攻破鄢（今河南鄢陵）之後，與蒙武在城父邑（今河南寶豐東）會師，結果被楚軍打敗。第二年，秦王改用老將王翦起兵伐楚，蒙武還是做副將，二人在蘄擊敗楚軍，次年再次擊破楚軍，俘虜楚王負芻，楚國滅亡，秦國在楚國的地方設置了三個郡。楚將項燕擁立楚國王族昌平君爲新的楚王，在淮南重新復國，打算起兵反秦。王翦與蒙武再次出兵，擊敗項燕，逼死昌平君，楚國自此徹底滅亡。

秦王政二十五年（西元前二二二年），秦王派蒙武領兵攻打百越（今天今浙、閩、粵一帶），降服越王，秦國在此設置會稽郡。

蒙武的兩個兒子蒙恬和蒙毅，也是秦國鼎鼎有名的人才。蒙恬曾經學習獄法，擔任獄官，負責掌管有關文件和獄訟檔案，後來因爲破齊有功，被拜爲內史。蒙恬的弟弟蒙毅，本人也帶兵，但主要是協助秦王嬴政處理內政，官至上卿。蒙恬負責外事，蒙毅是內謀，兄弟二人深得秦始皇的信任，當時有「忠信爲國」的美名。蒙毅經常陪同秦始皇出巡，與始皇同乘一輛車。

秦．三角雲紋壺

傘形蓋，口微侈，曲頸圓肩，直壁高圈足外侈，壺蓋上有三個雲形鈕，肩有啣環鋪首。蓋面以弦紋為界飾三種凹線雲紋。頸飾三角紋，壺身由弦紋、索面帶、雲紋組成幾層，圈足飾三角雲紋。

鄭國渠

戰國末期韓國為了延遲秦國吞併自己的步伐，派間諜鄭國入秦修建鄭國渠，陰謀敗露後，引起秦國的「逐客風波」，並下令停止修渠。最終在李斯的勸諫下，秦王決定繼續修建鄭國渠，使得關中成為繼四川平原之後的「天下糧倉」。

中國是一個具有悠久歷史的農業大國，古往今來人們修建了眾多水利工程，大大促進國家農業生產的發展。其中，以秦國的三個水利工程最爲有名，這三個水利工程分別是都江堰、靈渠、鄭國渠。鄭國渠是戰國末期在秦國的關中地區修建的大型水利工程，由韓國水工鄭國花費十六年修建而成。

疲秦之計

從表面上看，鄭國渠只是一項偉大的水利工程，但它背後所隱藏的卻是一個牽涉各方利益的政治陰謀。

戰國末年，周王室衰微，各個諸侯國之間不斷征戰，都想擴大自己的勢力範圍，爭取統一全國，而其中最爲強盛、最有潛力統一天下的就是秦國。隨著秦昭襄王在位半個多世紀的南征北戰、內修政事，秦國國力迅速提升，對東方六國形成極大的威脅。

韓國是秦國的東鄰，歷來都是秦國對外擴張的第一站。早在秦武王時，秦軍就已經攻下了函谷關，

鄭國渠大壩遺址

大壩西自涇河西岸禮泉縣界，東至王橋街西，全長二千六百五十公尺，涇河東岸現存長一千八百公尺。壩北地勢低窪，為蓄水庫，蓄水約一千五百萬立方。現存的鄭國渠攔河壩及蓄水庫遺址是中國最早、世界上規模最大的攔水、蓄水工程。鄭國渠開引涇灌溉之先河，其工程之浩大、設計之合理、技術之先進、效益之顯著在世界水利史上發揮深遠的影響。

將矛頭直指韓國。雖然當時齊相蘇秦設法聯合六國合縱攻秦，無奈六國各懷鬼胎，並未眞心對抗秦國，只是表面上抵抗而已，結果不但不能戰勝秦國，反而惹惱了秦國，秦國更加瘋狂地報復六國，韓國就成爲這種局面的最大受害者。雖然韓國屢次遷都，百般討好，還是沒有改變慢慢被秦國蠶食的命運，喪失了大片領土。

秦王嬴政的登基與親政（西元前二四六年）後，秦國吞併六國的野心昭然。爲了能夠拖延時間，換取短短的喘息機會，韓王竟然想出了一個「疲秦之計」。他派出一個手無寸鐵的水工鄭國，說服秦國在涇水和洛水之間穿鑿一條大型灌溉渠道。在韓國看來，秦國如果答應修建這一工程，就必須投入大量的勞力與資財，這樣在一段時間以內可能就沒有力量攻擊其他國家了，韓國也就可以繼續安穩幾年了。

鄭國入秦的時候正值少年嬴政剛剛登基，秦國國政由呂不韋掌握。韓國要爲秦國修建鄭國渠的建議獲得了呂不韋的認可：一方面，呂不韋一直希望做幾件大事顯示自己的治國才能，鞏固自己的政治地位，鄭國渠的修建正好能夠顯示自己的政績；另一方面，秦國未來進行兼併戰爭必須要有一個糧食儲備地，雖然都江堰的建成使得四川盆地成爲「天府之國」，但秦國的主戰場都在

張家山鄭國渠遺址

張家山位於陝西涇陽縣城西北二十五千公尺，是九山與北仲山交匯處，涇河由此出谷，中國古代三大水利工程之首的戰國秦修鄭國渠遺址就坐落在此。

北邊，從蜀地運糧非常困難，所以秦國急需要發展關中成爲自己的「天下糧倉」，爲以後的兼併戰爭做好準備。

陰謀敗露

秦王嬴政親政之後，秦國發生了嫪毐之亂，雖然最終叛亂得以鎮壓，但嫪毐鼓動自己的門客圍攻王宮，還是使秦王爲之震撼，他愈發意識到這些門客只知主人不知國君的危險性。緊接著呂不韋引鴆自殺之後，有大批門客紛紛來送葬，聲勢浩大，秦王對門客這群人更加反感。這時，韓國「水工疲秦」的陰謀也敗露了，秦王大怒，迅速下達了逐客的命令。

首先，下令立即停止修建鄭國渠，而要將主力放在兼併其他國家之上，這樣就會有用之不盡的人力；其次，三天之內驅逐所有外籍客卿，他們的產業收歸國有；第三，爲呂不韋安葬和送葬的人，凡是外國人，都立刻驅逐出境。

逐客令頒布之後，咸陽城裡亂成一團，那些來秦國謀取功名利祿的外國人紛紛攜家逃命。鄭國渠也被下令停工，鄭國本人則待著被殺頭。

後來，秦王政接納了李斯建議，以大局爲重，繼續修完鄭國渠。而且即將被殺的鄭國也勸說秦王：「韓國當初雖然想透過讓秦國大修水利以消耗秦內力，但其實鄭國渠修好之後對秦國是大有益處的。興修水利只能叫韓國再維持幾年，但卻爲秦國建成了萬代之功。」秦王權衡利弊，最後得出結論：鄭國渠的修建對開發關中農業、促進秦國發展的積極意義，遠遠超過它對國力的消耗。所以，秦王決定命鄭國繼續領導修完水渠。

秦王政十六年（西元前二三一年），修建長達十六年的鄭國渠終於完工。該渠灌溉關中四萬頃（合今二百十六萬畝）農田，供給秦國六十萬大軍的軍糧，關中成爲天下糧倉。鄭國渠與都江堰南北遙相呼應，爲秦國下一步的統一大業奠定了堅實的基礎。

而韓國，因爲間諜事件得罪了秦國，反而加速了被秦滅國的速度。

工程概況

遠古時候，涇河與渭河經常氾濫，爲關中地區帶來大量肥沃的淤泥，但因爲關中平原時常大旱，所以這些肥沃的土地並不能充分開發。鄭國渠的功能就是引涇河水澆灌關中，它位於涇河北岸，西引涇河水，東往洛水，長達三百餘里，灌溉關中四萬頃農田。

鄭國渠充分利用了關中平原西北高、東南低的地勢特點，在禮泉縣東北谷口修建干渠，干渠沿北邊山腳一直向東延伸，使得渠水能夠由高向低自流灌溉，這樣，就能夠有效控制灌溉面積。根據古書記載和今人實地考查發現，鄭國渠由西向東開鑿，沿線與冶峪、清峪、濁峪、沮漆（今石川河）等河流相交。這種設計非常合理，也代表當時的測量水準已經很高了。

除此之外，鄭國渠採用獨特的「橫絕」技術來保證灌溉用水量，即透過攔堵沿途的清峪河、濁峪河等河水，使其流入鄭國渠。

不過由於涇河是著名的多沙河流，古人說：「涇水一石，其泥數鬥。」所以，鄭國以多沙的涇河爲源頭，就會經常有泥沙淤積、渠道堵塞的問題。長期以來在谷口地方不斷改變河水入渠處，但谷口以下的干渠渠道始終未變。

歷史意義

鄭國渠建成後，發揮了重大的經濟、政治意義。司馬遷曾經讚歎：「鄭國渠修成，灌溉四萬餘頃，每畝能產六石四斗，於是關中成爲沃野，再沒有凶年，秦國所以能富強，兼併諸侯。」

鄭國首開引涇灌溉的先河，後世歷代都倣傚它，繼續興修與完善引涇灌溉工程，如漢代的白公渠、唐代的三白渠、宋代的豐利渠、元代的王御史渠、明代的廣惠渠和通濟渠、清代的龍洞渠等歷代渠道。一九二九年陝西關中地區遭遇三年大旱，穀物不收，餓殍遍地，於是，近代著名水利專家李儀祉開始在鄭國渠遺址上修建涇惠渠，兩年之後修成，能夠灌溉六十萬畝土地。

鄭國渠自從建成以來，經過歷代以來的不斷完善與新建，造福無數百姓。

鄭國渠渠首

番吾之戰

此戰是秦開始吞併六國的戰爭之一。趙國名將李牧率軍在番吾（今河北平山南）擊敗秦軍，為趙國贏得了短暫的安穩，但李牧被反間計陷害冤死，趙國最終未能逃脫被吞滅的命運。

秦國背約

秦國在呂不韋爲相時，本來奉行的是「聯燕抗趙」的政策：當時秦燕聯盟，燕太子丹入秦爲質，而秦國則派張唐入燕爲相。因爲張唐不願意去，呂不韋無奈之下派十二歲的小神童甘羅去說服他。甘羅最後不僅成功地說服張唐，而且還以「秦不干涉趙侵燕」爲條件，說服趙王送給秦國許多土地。這下，秦國改變了「聯燕抗趙」的策略，趙國則更加放心地侵占燕國土地。呂不韋死後，燕國派使者入秦遊說秦王，同時李斯也建議秦國應該首先攻打強大的趙國，消耗其實力，爲秦滅韓做準備。秦王終於醒悟，立即背棄與趙的合約，轉而攻打趙國。

秦王政十一年（趙悼襄王九年，西元前二三六年），秦國趁趙將龐煖攻打燕國之際，派王翦和桓齮分別率領大軍從東、西兩個方向攻打趙國。當龐煖從燕國回師南下救援時，秦國已經攻破了趙國南部的漳河流域、西部的太行山要塞、東部的河間各城。趙悼襄王被秦國背信棄義的行爲氣得吐血身亡。第二年，趙王遷即位。

河北趙縣古城牆遺址園李牧塑像

李牧（？至西元前二二九年），戰國時期趙國人，官至趙國相，大將軍銜，受封武安君。李牧的生平活動大致可劃分為兩個階段，前一段是在趙國北部邊境，抗擊匈奴；後一段是在朝中參與政治軍事活動，以抵禦秦國為主。

番吾之戰

秦王政二十三年（西元前二二四年），秦軍在桓齮的帶領下再次攻打趙國的平陽、武城（今河南鄴城），殺死趙將扈輒，斬首十萬。次年，又乘勝出兵，越過太行山深入趙國後方，攻佔了赤麗、宜安（今河北葶城西南），直逼趙國邯鄲。趙王遷急忙將在北部邊疆防範匈奴的戰國四大名將之一的李牧調回邯鄲，對抗來勢洶洶的秦軍。

李牧率兵在宜安駐紮，打算採用

老將廉頗的持久戰築壘固守、避免決戰，拖垮接連獲勝、士氣高昂的秦軍，然後伺機反攻。桓齮看出李牧的戰術，他率秦軍主力進攻肥下（今河北晉縣），以誘使李牧出擊。沒想到李牧更高明，看破了桓齮之計，並沒有出兵援救肥下，反而趁桓齮主力已走、大本營兵力衰弱之時，集中趙軍主力，連夜偷襲秦軍營壘。李牧料到桓齮得知大本營被偷襲之後必將撤兵返回營救，所以他就在秦軍返回的路上部署趙軍兵力，打算夾攻秦軍。果然，當桓齮率軍急急忙忙地班師回援時，趙軍從周圍馬上殺出來，十萬秦軍盡被殲俘於宜安附近。桓齮拚死才逃出來，因爲怕受秦王責罰就逃奔燕國了。

戰國趙國・「藺」字圜錢

「藺」為戰國晚期趙國的邊邑，地望在今山西省離石縣西。趙武靈王九年（秦惠文王改元後十年，西元前三七一年）「秦拔我藺、離石」，趙地「藺」邑被秦占領。

秦王嬴政並不甘心就此罷休。秦王政十五年（趙景湣王十二年，西元前二三二年），秦將王翦領命率兵再次攻趙。王翦改變策略，命一路軍兵從鄴北上，準備度過漳水，進逼邯鄲；另外一路從太原，經過太行山，進攻邯鄲城背面。趙王遷再一次派出了李牧。

邯鄲城南邊因爲有漳水和長城阻攔，秦軍一時難以突破，趙軍不足爲懼。所以李牧決定採取集中兵力各個擊破的方針，先集中兵力攻退北面來犯的秦軍，取勝後再攻南面之敵。他派副將司馬尚在邯鄲南面據守長城一線，同時自己親自率軍北上，迎戰北面來犯的秦軍。兩軍在番吾展開激戰。李牧憑藉自己出色的指揮才能，以及趙軍在長期抗擊匈奴的戰鬥中練就的實力，一舉擊退遠道而來的秦軍，秦軍見敵不過趙軍的攻勢，只能撤退。李牧見好就收，接著就回師邯鄲，與司馬尚合力攻打南邊的秦軍。此時的南路秦軍已經得知北路軍潰敗的消息，軍心大亂，稍微抵抗了一陣趙軍，就立即撤退了。

李牧又一次創造了以少勝多的戰績，擊退了秦軍的猛攻，也爲趙國贏得了喘息的機會。但兩國交戰，最終還是以國力爲依托。趙國經過連番戰爭，國力受到很大的打擊，所以只能擊潰卻不能殲滅秦軍。

戰國後期・錯銀立鳥壺

壺身有三個鳥形足支撐，肩有兩環形耳，蓋邊立三耳。蓋心有洞，另有浮蓋蓋其上，浮蓋中心有一五瓣花形鈕，鈕上立一展翅欲飛的鳥。通體飾繁複的花紋，錯銀並鑲嵌綠松石，顯得穩重大氣。

大將王翦

王翦是白起之後秦國傑出的大將之一，與白起、廉頗、李牧並稱「戰國四大名將」。他一生征戰無數，與其子王賁共同輔佐秦始皇兼併六國，統一天下。除了韓國，其餘五國都為王翦父子所滅。

王翦，戰國時期頻陽東鄉（今陝西富平東北）人，從小喜歡兵法，青年時就加入秦軍，是秦國歷史上繼白起之後的著名將領，也是輔佐秦始皇嬴政完成統一大業的功臣。

滅趙逼燕

秦王政十三年（趙王遷二年，西元前二三四年），秦王嬴政按照與李斯所定的兼併六國方針，先將矛頭對準趙國，以期消耗趙國的實力，爲秦國滅韓掃清障礙。秦將桓齮奉命攻趙，結果被趙國名將李牧所敗，桓齮怕秦王懲罰，就逃亡燕國。秦王大怒，任命王翦爲將率軍繼續攻趙。秦王政十三年（西元前二三二年），王翦率兩路兵馬攻趙，一路從鄴北上，準備度過漳水，進逼邯鄲；另外一路從太原，經過太行山，進攻邯鄲城背面。趙王遷再一次派出了李牧。秦趙這一次交鋒，仍然以李牧取勝告終。

王翦心中明白，只有將李牧除掉，才能攻下趙國，於是想到用反間計。他以重金賄賂趙王寵臣郭開，令郭開向趙王進讒言說李牧與副將司馬尚謀反。趙王遷昏庸無能，竟然相信李牧謀反的謠言，就設計殺害了李牧，改派趙蔥與顏聚率軍抗秦。失去了李牧的趙軍再也不是秦軍的對手。王翦立即下令，全力進攻邯鄲城。趙軍潰不成軍，無能的趙蔥死於亂軍之中，顏聚也棄國而逃。秦王政十九年（西元前二二八年），秦國攻克邯鄲。趙王遷被俘，趙國徹底滅亡。趙公子嘉逃到代地爲王，建國爲趙，但後世一般不將其稱爲趙，而稱之爲代國。

王翦大軍滅趙之後兵臨易水（今

秦・兵馬俑跪射俑

河北易縣南）。趙國旁邊的燕國聽聞秦軍兵臨易水，嚇得驚慌失措，以為秦國接下來要攻打自己。燕太子丹鋌而走險，派遊俠荊軻赴秦刺殺秦王，結果功虧一簣。秦王嬴政大為惱怒，立即下令王翦在易水待命，另外派秦將辛勝趕到易水，兩軍聯合一起攻滅燕國。燕王無奈之下緊急約會齊國與代國，希望三國聯軍共同抗秦，代國當然願意借燕國之力復仇，但齊國卻考慮自己的利益不願意參與。

秦王政二十年（西元前二二七）秋，秦軍在易水旁大敗燕、代聯軍，圍攻薊城。王翦大軍大破燕代聯軍的消息令秦王十分興奮，他立即下令年輕將領李信率兵增援。在秦軍的重重包圍重壓之下，燕太子丹無奈自殺，燕王也逃走。王翦與李信攜帶燕太子丹的首級回到了秦國。秦王大仇得報，十分高興。

秦始皇兵馬俑．立俑局部特寫

王翦請田

逼走燕王之後，秦國繼續按照原定計劃攻滅魏國，至此三晉都被兼併，秦國已經掃清了東進路途上的干擾，橫掃楚國也成為下一個目標了。

秦王政二十二年（西元前二二五年），李信與蒙武率軍二十萬開赴楚國戰場。果然，如王翦所言，楚國並非李信所想的那麼容易征服。楚國雖然實力不比從前，但名將如雲，楚人抗秦士氣高漲。楚將項燕（即後世西楚霸王項羽的祖父）謀略過人，出其不意地夜襲秦軍，大敗李信與蒙武。

面對兵敗歸來的李信，秦王一面非常惱怒，一面後悔沒有聽從王翦之言，於是連夜離開咸陽，趕往王翦的老家。此時王翦早已聽說秦軍大敗於楚的消息，料到秦王會來，就早早換好了朝服在家等候。秦王見到王翦，立刻向他道歉：「寡人不用將軍之計，誤用李信，才使秦軍受辱。現在聽說楚國要全力向西進兵，將軍雖然有病，難道要眼睜睜地置國家危亡不顧，看寡人憂心不管嗎？」王翦只是一味推辭：「老臣實在老病不堪，整天昏昏沉沉，還是請大王另選良將

戰國秦・瓦當

吧！」說完叩頭謝罪，秦王扶起他，說：「將軍不必以老病做藉口了，前次是寡人不對，過去的事就不要在意了。」王翦這才提出自己的條件：「大王實在要用老臣，老臣就勉效犬馬之勞，不過，臣仍要六十萬兵力不可。」秦王大喜：「好，寡人聽將軍的。」爲了籠絡王翦，秦王將宗室華陽公主也許配給了他。

秦王政二十四年（西元前二二三年），王翦出征之日，秦王親自在灞上（今陝西西安南）設宴爲他餞行。喝完壯行酒，王翦突然拿出了一張單子，呈給秦王，秦王以爲是什麼作戰計劃，但拿過來一看，不禁啞然失笑，原來單子上寫的是咸陽附近幾處上等的美宅良田。秦王當然爽快地答應了。王翦這才率領六十萬大軍浩浩蕩蕩地出發了。

沒想到王翦率軍剛出武關，還未與楚軍交手，就已經派人五次傳信給秦王，催問上次所求的田產之事。秦王看到信，暗自發笑：「這位老將軍也太小氣了吧。」於是，就命人買下田產通知王翦：「事情已經辦妥，將軍就安心打仗吧！」。王翦聽到消息才放下心來，不再送信給秦王了。

身邊的人對王翦一再請求要田的事情大爲不解：「將軍屢次向大王求田宅，未免太過分了吧？」王翦搖搖頭，微笑著說出自己的初衷：「大王疑心頗重，現在將傾國之師交付與我，難免對我不放心。如果此時有人挑撥離間，大王必然懷疑我，此次攻楚也難以成功。我一再向大王求田產，正是要大王相信我只是個貪圖產業、胸無大志的人，大王才會放心用我，爲我免去後顧之憂。」

攻滅楚國

楚王得知王翦率領六十萬大軍攻楚，大驚失色，立即也命項燕傾全國之師五十萬抵禦強敵。

王翦到楚之後，兵分兩路：自己率領四十萬軍隊趕赴楚國方城，另外命蒙武率領二十萬大軍奔赴楚東。王翦大軍還未抵達方城時，就得知楚國大軍已經列陣等候決戰了。王翦並不著急決戰，反而命令全軍不得應戰，只要加強防禦工事就好。這樣，方城出現了前所未有的奇觀：五十萬楚軍不分晝夜在秦軍營前挑釁大罵，以求決戰，四十萬秦軍卻整天在堡壘裡飽食嬉戲，絕不出戰。

秦國朝內得知王翦據守不出的消

息後，紛紛上書彈劾說：「王翦出師以來不思進取，徒耗糧草，望大王懲治！」但秦王不爲所動，仍然堅信王翦，還加派糧草支援他。一連幾個月下來，秦軍士卒飽食終日，實在無聊，就玩起摔跤、擲石子的遊戲了。王翦知道後，不僅不生氣，反而說：「士氣可用了。」

此時，蒙武率領二十萬大軍已經抵達安陽，即將向新郢出發，王翦得知後才告訴眾將：「此次我不應戰，而讓蒙武乘虛攻入楚東，楚人必然以爲我軍主力在楚東，就會引兵向東攻擊蒙武，這時就是我軍出擊的好機會。」

果然，沒過多久，楚軍就收拾行裝，慢慢撤退。王翦這才命令大軍追擊，同時在楚東的蒙武大軍也從前面殺過來，對楚軍形成前後夾擊之勢，楚軍大敗。三個月後，新郢城破，王翦生俘楚王負芻，楚國滅亡。楚將項燕保護楚國昌平君逃往淮南地區，在那裡稱王，準備反抗秦國。這一戰是「以逸待勞」的典型戰役，也是王翦畢生的代表性戰役。

秦王政二十四年（西元前二二三年），王翦與蒙武再次率領四十萬大軍與項燕的二十萬楚軍在淮水兩岸對峙。王翦再次使出「調虎離山」之計，令蒙武率領一部分軍隊在昌平左方十里強行渡河，吸引楚軍注意，同時自己親率二十五萬主力連夜在石磯（今安徽樅陽石磯鎮）悄悄渡河。當項燕大軍忙於抵抗蒙武軍的時候，王翦已經攻破昌平城了。昌平王自盡，項燕也悲壯自刎。至此，楚國徹底滅亡。

第二年，王翦趁戰勝楚國的餘威，迅速平定了江南各地，並且降服越君。秦在江南各地及越地合置會稽郡，將嶺南正式納入中國的版圖。

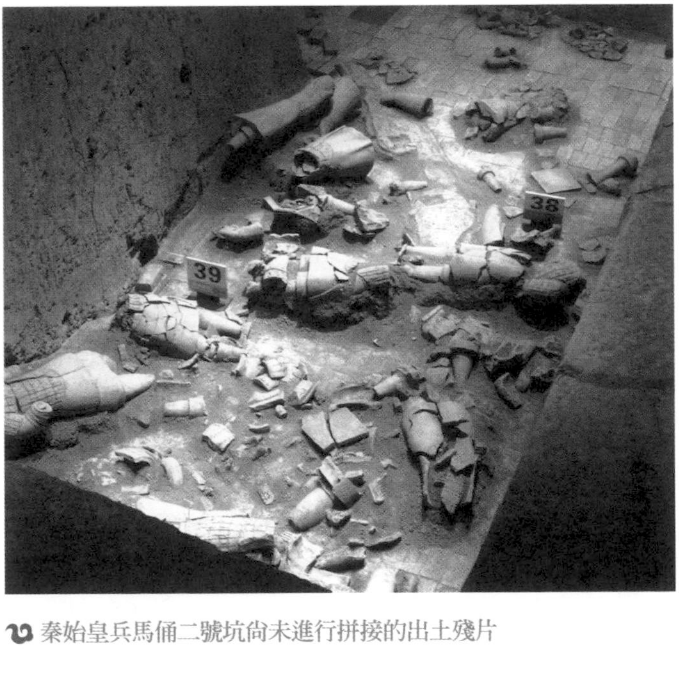

秦始皇兵馬俑二號坑尚未進行拼接的出土殘片

韓非子入秦

韓非子是戰國時期法家思想的集大成者，與秦相李斯同是荀子的學生。韓非博學多才、才能品德均在李斯之上，連秦始皇都非常仰慕他。可惜他最終被李斯陷害死於秦國。

曠世奇才

韓非生於周赧王三十五年（西元前二八〇年），是韓國的公子。他曾經與李斯一起師從戰國時期儒家大師荀子。韓非雖然是荀子的弟子，但思想主張與荀子截然不同。他沒有承襲老師的儒家思想，卻愛好「刑名法術之學」，發展了法家思想，成爲法家之集大成者。林語堂曾經評論：「半部韓非治天下。」後世也有人認爲：中國古代其實只有兩位聖人，孔子和韓非。雖然歷代君王都十分推崇且大肆宣揚孔子的儒家仁政學說，但在治國實踐中卻基本採用的是韓非的君主專制統治思想。

韓非子天生口吃，不善言談，但寫得一手好文章，文采飛揚、氣勢逼人、邏輯縝密，連李斯都自歎不如。

韓非還沒有來得及完成學業，就匆匆回國了，因爲自己的祖國此時面臨被秦國吞併的危機。身爲韓國公子的韓非，決定回到危難中的韓國，輔佐韓王變法圖強，哪知韓王並不注重自己的變法主張。悲憤失望的韓非將自己的全部才學化作著作，寫下了《孤憤》、《五蠹》、《內外儲》、《說林》、《說難》等十餘萬言的著作，有系統地闡述了他的法治思想。

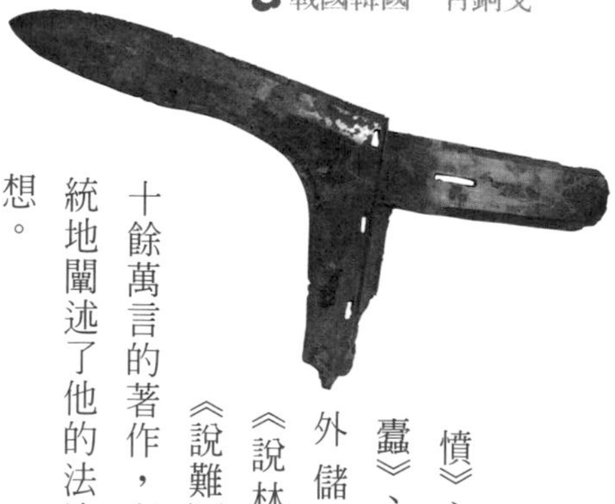

戰國韓國・青銅戈

韓非子入秦

韓非的著作在本國默默無聞，卻傳到了秦國，被秦王看到。秦王嬴政讀了《孤憤》、《五蠹》之後，對韓非的才學大加讚賞，發出如此的感慨：「寡人要是能見到這個人，與他同游，就死而無憾啊！」《五蠹》主要論述了五種對國家和法制危害的勢力：儒者、遊俠、縱橫家、患御者（也就是逃避服兵役的人）和工商業者。韓非主張對這五種勢力予以

法家名著《韓非子》

韓非的主要著作《韓非子》是先秦法家學說集大成者的著作。這部書現存五十五篇，約十餘萬言，大部分爲韓非自己的作品。當時，在中國思想界以儒家、墨家爲顯學，崇尚「法先王」和「復古」，韓非于的觀點是反對復古，主張因時制宜。韓非子根據當時的形勢情況，主張法治，提出重賞、重罰、重農、重戰四個政策。韓非子提倡君權神授，自秦以後，中國歷代王朝的治國理念都頗受韓非子學說的影響。

清除。文章還分析了古今社會變遷的規律，認爲「世異則事異，事異則備變」。

秦王並不知道這兩篇文章是誰所著，於是詢問李斯。李斯對韓非的論點和文風都相當熟悉，一看就知道是韓非的著作。秦王非常急切地想要見到韓非，就命李斯去韓國請韓非。李斯明白，韓非是不會輕易背叛韓國、輔佐秦王的，但還是硬著頭皮去了韓國。果不其然，李斯在韓國碰了釘子，並沒有請回韓非。秦王知道之後大怒，當時就要起兵攻韓。秦王政十三年（西元前二三四年），秦王命大將桓齮率軍攻打趙國，攻破了趙國的平陽、武城之後，率軍繼續向西挺進，直逼韓國的東北邊關城下，向韓王要韓非。

韓王安本來就並不在意韓非，這次秦國索要韓非，他當然雙手送上。韓非見到秦王后，勸說他先不要攻打韓國，應該先攻打趙國，秦王卻並不信任和重用他。之前，李斯就對韓非的才學極爲嫉妒，現在看到秦王並未重用韓非，就趕緊聯合佞臣姚賈，在秦王面前詆毀韓非：「韓非是韓國的公子，現在大王要兼併諸侯，韓非必然會爲韓國而不是秦國考慮，這也是人之常情。大王把他留在秦國，會給自己留下後患，既然這種人不能爲大王所用，不如殺掉。」喜怒無常、疑心頗重的秦王嬴政同意了他們的看法，將韓非囚入獄中。韓非還想向秦王表明心跡，但這時候已經不可能了。韓非一入獄，秦王就後悔了，便令人赦免韓非，但爲時已晚，李斯已經派人爲韓非送去毒酒，令其自殺。曠世奇才韓非就此命喪異國。

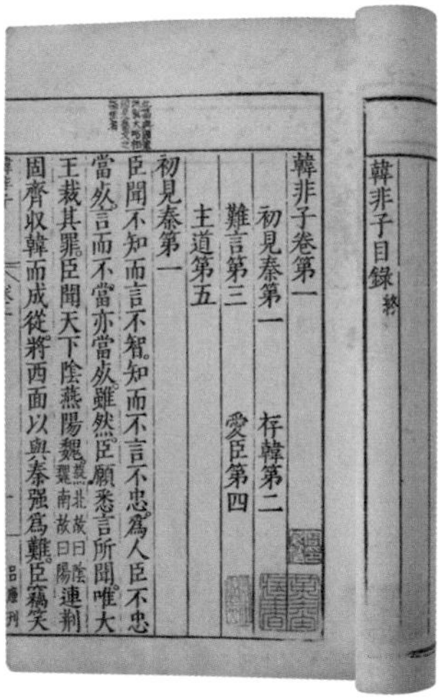

《韓非子》書影

《韓非子》一書重點宣揚了韓非法、術、勢相結合的法治理論，達到了先秦法家理論的最高峰。

秦滅韓國

韓國是戰國七雄中最弱小的一個，又是秦國向東擴張面臨的第一個障礙，所以滅韓也就成為秦國統一全國的第一步。

兵家必爭之地

韓國建國於三家分晉時期（周威烈王二十三年，西元前四〇三年），開國君主是晉國大夫韓武子的後代，都城爲陽翟（今河南禹縣）。韓哀侯二年（西元前三七五年），哀侯攻滅鄭國，遂遷都新鄭。韓國是戰國七雄之一，但實力卻一直是七雄中間最弱的。自建國開始，韓國就無法與其他六國相比。這個弱小的國家卻佔據了重要的地理位置，處在北去趙國、東往魏齊、南下楚國的交通樞紐地位上，佔據此地，就可以水陸並進、運糧調兵、來去自由，可以說這塊地方是兵家必爭之地。韓國靠近秦國，是秦國東進路途上的首要障礙。秦國歷代以來不斷地侵佔韓國領土，但因爲有鄰國魏、趙、楚相救，所以才沒有完全吞滅韓國。

戰國末年，面對強秦的威脅，韓國竟然想出了「水工疲秦」的計策，派水工鄭國到秦國修建鄭國渠，藉此來消耗秦國的人力物力，以拖延秦國攻韓的時間。然而此舉不但沒有達成目的，反而給了秦國攻打自己的理由。鄭國渠還未修完時，韓國的「妙計」就暴露了，秦王嬴政一怒之下頒布了「逐客令」，下令驅逐外國客卿，停止修建鄭國渠。後來在李斯的勸諫下，秦王意識到客卿和鄭國渠對秦國的價值，就收回了成命。鄭國渠修建成功後，大大提升了關中平原的農業水平，爲秦國未來兼併六國預備了「天下糧倉」。「水工疲秦」之計本質上更加速了秦國的強大與韓國的滅亡。

秦始皇兵馬俑裡的陶馬

陶馬的身體比例十分勻稱，全身輪廓優美，肌肉富於彈性，骨骼和肌膚都有非常細膩的起伏變化。其中馬的頭部是藝術家們著力表現之處。牠表情豐富，耳、鼻、口、目都刻劃得十分深入。戰馬的頭部是向上抬起的，雙目圓睜，鼻孔翕張，微微張開的嘴似乎正在發出嘶鳴。

攻趙滅韓

秦王政十年（西元前二三七年），秦王嬴政與李斯制定統一中國的戰略方針，決定先攻打最爲弱小、地位卻相當關鍵的韓國。李斯建議：「秦國應該先攻打趙國，消耗趙國的實力，使其不能干擾秦國滅韓，就可以先拿下韓國了。」第二年，秦國趁趙國攻打燕國之際出兵攻趙，趙國無力抵抗，被奪去了漳河流域、西部的太行山要塞、東部的河間各城。次年，秦將桓齮率軍再次攻打趙國的平陽、武城，殺死趙將扈輒，斬首十萬。第三年，又乘勝出兵，越過太行山深入趙國後方，攻佔了赤麗、宜安，直逼趙國邯鄲。趙王遷急忙將在北部邊疆防範匈奴的戰國四大名將之一的李牧調回邯鄲，對抗來勢洶洶的秦軍。

兩軍在宜安對峙。李牧採取築壘固守、避免決戰的持久戰術，桓齮想要引誘其出兵，就率領秦軍主力離開營地攻打肥下。李牧趁此機會連夜偷襲秦軍大本營，又提前在桓齮大軍返回的路上設下埋伏，等到桓齮回師來救時果然中了趙軍的埋伏，秦軍慘敗，十萬秦軍盡被殲俘於宜安附近。這是秦趙對抗中趙國的首次勝利。秦王政十五年（西元前二三二年），不肯罷休的秦軍在大將王翦的率領下再次攻趙，兩軍在番吾展開激戰。李牧憑藉出色的指揮才能，以及李牧軍隊在長期抗擊匈奴的戰鬥中練就的實力，擊退遠道而來的秦軍。

秦國雖然沒有攻下趙國，但已經達到了消耗趙國實力的目的，於是按照原定的由近及遠逐個殲滅的方針，集中精力攻打韓國。如果說秦國攻打趙國是費盡力氣，那麼攻滅韓國簡直不費吹灰之力。

第二年，秦國故意挑釁，強行索要韓國地盤。由於趙國實力已經被秦國消耗大半，無力相救，魏國又是自身難保，更不會來救。軟弱的韓王安只能被迫獻出南陽地（今河南境太行山南、黃河以北地區）。九月，秦王任命內史騰去韓國接手南陽，並以該地作爲攻打韓國的基地。第二年，內史騰突然率領秦軍南下，一舉攻破韓國都城鄭（今河南新鄭），俘虜韓王安，緊接著占領了韓國全境。

韓國徹底滅亡，秦國在韓國原來的地方設置潁川郡。

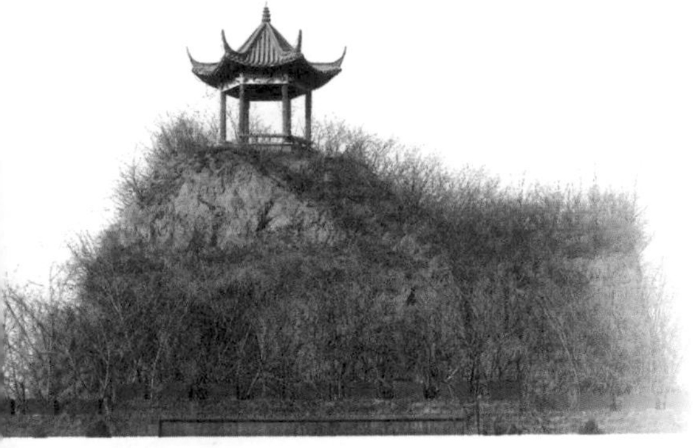

鄭韓故城

鄭韓故城位於今河南新鄭周圍，雙洎河（古洧水）與黃水河（古溱水）交匯處，平面呈不規則三角形。

趙國滅亡

秦王嬴政吞滅韓國之後，將進攻的目標轉向趙國。因為趙將李牧的頑強抵抗，秦軍久戰無功，最後王翦採用反間計害死李牧，次年秦國就攻滅了趙國。

往日輝煌

趙國自從韓、趙、魏三家分晉建國開始，東邊有強齊、南邊有悍魏、西邊有虎狼之國秦，北邊有胡林、匈奴與樓煩等遊牧民族，時常要四面受敵。趙武靈王改革之前，趙國的疆土、人口與國力都不強大，所以一直處於被動挨打的局面，不得不向秦國和魏國割地求和，還要忍受匈奴的騷擾。

周顯王四十四年（西元前三二五年），天資卓越、膽識過人的趙武靈王即位。為了抵禦外敵、壯大趙國，趙武靈王開始在全國推行「胡服騎射」的改革，下令全國放棄漢人所穿的寬衣大帶和戰車戰術，換以短衣緊袖、皮帶束身、腳穿皮靴的胡服和單人騎兵戰術。同時，趙武靈王趁中原各國互相攻戰之時出兵攻滅中山國，積極向北方擴展領土，擊退了胡林與樓煩，並在北部新開闢的地區設置雲中郡、雁門郡、代郡，修建了從今天河北張家口到內蒙古巴彥淖爾盟五原縣的趙國長城。趙武靈王的改革大大提升了趙國的實力。周赧王三十一年

趙王陵

遠眺河北省邯鄲市趙王陵二號陵墓。趙王陵景區位於邯鄲市區西北十五公里處，在綿延的群山間共有五座大墓，墓塚殘高六至十五公尺。

（西元前二八四年），五國聯合攻齊，大挫齊國，趙國也因此獨霸於東方六國，趙武靈王甚至一度想要吞併秦國。

實力的轉折

趙國與韓國一樣，都是秦國東進路上的障礙，自然就成爲秦國的眼中釘。長平之戰是秦趙力量對比的轉折點。

長平之戰後，趙國派出同爲戰國四大名將之一的李牧，從北邊抵抗匈奴揮師南下，阻擋白起的攻勢。李牧具有極高的軍事才能，一到前線立即採取堅守不出、養兵疲敵的戰略。這時白起因爲連番告病、不肯出戰得罪了秦王，秦軍一時也就沒有再攻打趙國，趙軍因此得以喘息。

戰國・趙國「甘丹」、「白人」直刀各一枚

秦昭襄王四十九年（趙孝成王八年，西元前二五八年），秦國允許趙國割六城以求和，並於正月退兵，秦公子異人入趙爲質子。當年九月，秦撕毀和約，派五大夫王陵率軍攻趙，第二年正月開始圍攻邯鄲，結果久攻不下。

輪番攻趙

秦莊襄王子楚去世後，秦王嬴政即位。在李斯的建議下，秦王決定先攻打趙國，消耗其實力，爲後來秦國滅韓掃清障礙。秦王政十一年（西元前二三六年），秦國派王翦和桓齮分別率領大軍從東、西兩個方向攻打趙國南部的漳河流域、西部的太行山要塞、東部的河間各城。趙悼襄王被秦國背信棄義的行爲氣得吐血身亡。

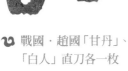

第二年，趙王遷即位。趙王遷癡迷音樂，但對處理國家大事卻昏庸無能。此時的趙國已經不復當年廉頗、藺相如、趙奢等人才濟濟的盛況了。趙奢、藺相如已死，廉頗不受趙悼襄王的重視，也悲憤地離趙奔魏了，只剩下在北部保衛邊疆的李牧這一位能征善戰的大將了。

第三年，秦將桓齮率軍再次攻打趙國的平陽、武城（漳河流域，鄴城地區），殺死趙將扈輒，斬首十萬，次年，又乘勝出兵，越過太行山深入趙國後方，攻佔了赤麗、宜安（今河北亭城西南），直逼趙國邯鄲。趙王遷急忙將在北部邊疆防範匈奴的戰國

邯鄲叢台

位於邯鄲市市區的叢台亦名「武靈叢台」，相傳建於趙國武靈王時期（西元前三二五至西元二九九年），已有二千多年的歷史。

四大名將之一的李牧調回邯鄲，對抗來勢洶洶的秦軍。

次年，李牧率領自己北抗匈奴的二十萬大軍南下抗秦。秦趙雙方在宜安相遇。李牧仍然採用築壘固守、避免決戰的持久戰策略，打算拖垮士氣高昂的秦軍，然後伺機反攻。桓齮看出李牧的戰術，就率秦軍主力進攻肥下（今河北晉縣），企圖誘使李牧派兵九原，進而在正面戰場上擊敗李牧。沒想到李牧更高明，看破了桓齮的策略，並沒有出兵援肥。當夜，趁秦軍主力已經離開大本營趕赴肥下的機會，李牧率軍偷襲秦軍營壘，一舉拿下秦大本營。接著李牧又設伏將回援的桓齮殺敗。宜安一戰，大大打擊了秦國的氣焰，李牧也因此被趙王遷稱爲「趙國的白起」，也被封爲武安君。

雖然幾次與趙國交手並未取勝，但秦國已經達到了消耗趙國的目的。接著秦國便集中精力消滅韓國。秦王政十六年（西元前二三一年），秦國攻佔韓國南陽。次年，秦內史滕俘虜韓王安，滅了韓國，將所有領土收爲穎川郡。

自毀長城

滅掉韓國之後，秦國自然將目光轉向趙國。番吾之戰的第二年，趙國發生了大地震，次年又遭遇大旱，全國大饑。秦王趁此機會，在秦王政十八年（趙王遷七年，西元前二二九年），派王翦率領上黨兵卒直下井陘（今河北井陘縣），同時派另一員秦將楊端和率領河間兵卒進攻趙都邯鄲。趙國再一次派李牧與司馬尚迎戰。李牧不愧是戰國四大名將之一，硬是以疲弱的趙軍成功抵抗住如狼似虎的秦軍。王翦久攻不下，令秦王嬴政非常惱怒。

一籌莫展的王翦認識到，只有將李牧除掉，才能攻下趙國。於是王翦以重金賄賂趙王寵臣郭開，令他向趙王遷進讒言，污蔑李牧與司馬尚謀反。其實李牧與王室之間早有積怨，李牧曾經勸諫趙悼襄王不要迷戀一位名聲不好的歌妓，這位歌妓就是趙王遷的母親。郭開因爲善於逢迎，深得趙王寵信。此前趙國名將廉頗正是因爲郭開對趙王進讒言，所以被逼離趙國。這次輪到了李牧被讒毀，趙王一樣對郭開的讒言深信不疑，立即就撤銷李牧與司馬尚的兵權，以趙蔥和顏聚代替。李牧深知趙蔥與顏聚是無能之輩，若是將本來就衰弱的趙軍交給他們，趙國必敗，所以拒不服從趙王命令。這樣，反而叫趙王更加相信李牧有反叛之心，就派人將其抓回邯鄲。

趙王故意在宮內設宴，向李牧賜酒，同時命一個叫韓倉的奸臣在旁邊數落李牧：「大王向你敬酒，你卻雙手緊握匕首，其罪當誅！」李牧急忙分辯：「臣的胳膊有殘疾，本來就伸不直，身材又高大，所以跪拜的時候夠不到地。因爲怕對大王不敬，臣就叫木工做了一截假肢接在手上，哪裡有什麼匕首啊？」說完就將袖子裡的木頭假肢拿出來給趙王看，趙王卻不理睬。韓倉在旁邊添油加醋：「你不用解釋了，大王已經賜你死，絕沒有寬恕的餘地了。」無奈之下，李牧只能拔劍自刎了。

李牧之死對秦國卻是再好不過的消息。王翦立即下令全力進攻邯鄲城。失去李牧的趙軍潰不成軍，無能的趙蔥死於亂軍之中，顏聚也棄國而逃。秦王政十九年（西元前二二八年）十月，秦國攻克邯鄲，趙王遷被俘，趙國徹底滅亡。

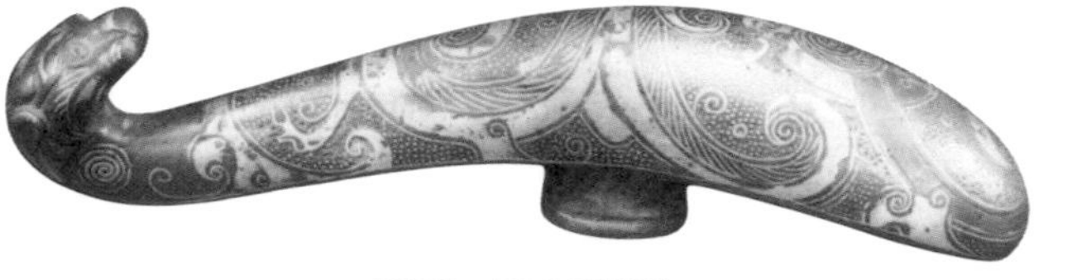

戰國・錯金銀帶鉤

荊軻刺秦

秦滅趙之後，燕國岌岌可危。燕太子丹鋌而走險，派荊軻刺秦王，結果計謀破滅，為後人留下了慷慨激昂的一曲壯士悲歌：「風蕭蕭兮易水寒，壯士一去兮不復還！」

燕丹復仇

秦王政十九年（西元前二二八年），當王翦大軍滅趙之後兵臨易水（今河北易縣南）時，趙國旁邊的燕國驚慌失措，以爲秦軍兵臨易水必然是要攻打自己。燕國朝野一片混亂，七嘴八舌地討論該如何抗秦，太子丹的老師鞠武主張：「燕國應該西與代國聯合，南與齊國及楚國聯合，北與匈奴和好，聯軍抗秦。」太子丹卻以自己曾經在秦做人質的經驗反駁老師，認爲就算聯合幾國力量也難以對抗強大的秦軍，只能拖延亡國時間而已。太子丹提出：「擒賊先擒王，只要秦王死了，秦國必然受創，燕國才有機會聯合其他國家抗秦成功。」但到底如何才能「擒到王」，太子丹決定倣傚古人使用刺客。

在老師鞠武的介紹下，太子丹認識了當時在燕國有名的大俠田光。田光得知太子的意思，就將遊俠荊軻介紹給他。田光與太子丹交談完後，找到荊軻說明了一切，隨後說：「太子送我出門時說：『我所講的是國家大事，希望先生不要洩露。』你這次見到太子，就說我已經死了，機密不會再從

清．吳歷．易水送別圖

此圖見於吳歷所繪《史記人物故事圖冊》。這幅作品是根據《史記．刺客列傳》所繪。此圖融山水、人物、車馬、儀仗為一體，內容豐富，構圖富於變化，用筆細秀，設色協調，艷麗處不失清逸淡雅。

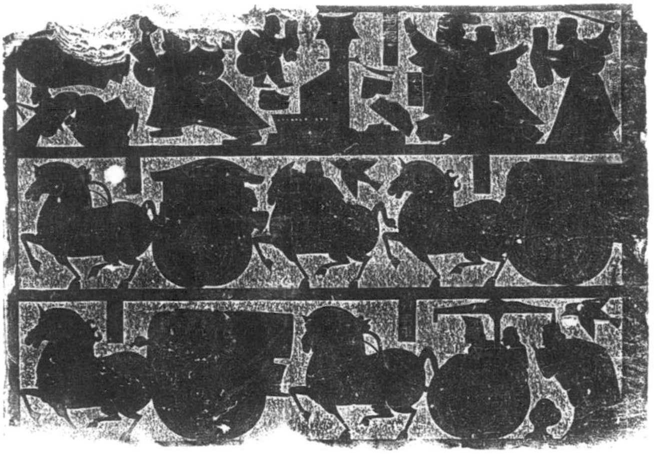

東漢．「荊軻刺秦王」石畫像

畫面第一層，荊軻刺秦王的畫面中荊軻右手揚起，一人正面攔抱其腰，匕首刺於柱上，秦王被扯斷的一截袖子猶飄懸於柱旁。秦舞陽則害怕得匍匐在地，樊於期的頭盛在匣子裡，匣蓋已打開，頭露了出來，秦王手執一璧，倉皇失措地跑抵柱的另一側。榜題是：「荊軻」、「秦武（舞）陽」、「（秦王）也」。

我這裡洩露出去了。」說完，就拔劍自刎了。

樊於期贈首

荊軻遵照田光的囑託，立即進宮面見太子。太子丹對荊軻一拜再拜，說：「田先生引薦您給我，眞是上天哀憐我們燕國啊！如今秦王貪心不足，已經佔據了趙國全部領土。王翦大軍兵臨易水，燕國將要大難臨頭啊！如果能有一位勇士，到秦國以重利引誘秦王，貪心的秦王一定能滿足我們的願望；如果能進一步劫持他，威脅他歸還秦國侵佔的土地，就更好了；實在不行，就把他殺了。秦王若死，國內必亂，東方六國趁此機會聯合起來，一定會打敗秦國。」荊軻沉默半天，才說：「這是關係國家存亡的大事，我無德無能，恐怕難負重任。」太子丹又不停地跪拜荊軻，一再請求他答應此事，荊軻這才勉強答應。太子丹大喜，立即命人以美酒珍寶伺候荊軻。

過了很長時間，太子丹見荊軻沒有出發的意思，就不斷催促他，荊軻說：「現在到秦國，如果沒有讓秦王信任我的東西，就不可能見到秦王。」太子丹立即允諾：「先生無論要什麼，我一定奉上！」荊軻這才說：「我聽說秦國叛將樊於期在燕國，秦王現在懸賞捉拿他，如果這次我能將樊於期的腦袋和燕國督亢的地圖呈獻給秦王，他一定會高興地接見我，到時，我就有機會了。」太子丹聽了猶豫不決，不太情願殺死樊於期。荊軻只好自己去見樊於期，他開門見山地問：「秦國對您無情無義，聽說現在還在懸賞捉拿您，您有什麼打算？」樊於期歎氣說：「雖然悲痛，但沒有辦法啊！」荊軻說：「現在我有一計，能夠爲先生雪恥！」樊於期問道：「什麼妙計？」荊軻胸有

荊軻塔

在河北易縣城西南二・五公里的荊軻山上。塔為八角十三層，高二十四公尺，磚石結構，造型典雅，每層八角各懸風鈴。塔原為聖塔院寺內之建築，寺建於遼代，不久寺與塔俱毀。明萬曆六年（一五七八年）重建，清代又加修葺，現僅存此塔及清《重修聖塔院記》石碑等。因此山有明代「古義士荊軻里」碑碣，舊傳有荊軻衣冠塚和荊軻館，因此得名。

成竹地說：「如果先生肯奉獻自己的首級，由我將先生的首級獻給秦王，他一定會高興地召見我，到時候我趁機刺死他，不僅能爲先生報仇，而且還能解除燕國的危機。您以爲如何？」樊於期信任荊軻所言，就拔出寶劍自刎身亡。

易水送別

太子丹又將燕國地圖交給荊軻，並爲他從趙國徐夫人那裡尋得一把天下最鋒利的匕首。太子丹將這把匕首浸滿毒藥，用這把匕首殺人，見傷即死，同時讓燕人秦舞陽做他的副手。秦舞陽十三歲殺人，名滿燕都。但對於荊軻來說，這些並不能滿足自己的需要，他還在等一個自己認爲可以依靠的人。然而，太子丹卻懷疑荊軻別有所圖，便生氣地對荊軻說：「時間不多了，荊卿是不是還有別的想法？如果這樣的話，那我先派遣秦舞陽入秦。」荊軻聽了這話很是生氣，對太子丹說：「太子說的這是什麼話？往而不返，只不過是一個豎子。何況拿著一把匕首深入強秦，我之所以遲遲不走，是想和我的朋友一塊兒去。現在太子懷疑我，那我現在就向您辭行。」說罷，荊軻便和秦舞陽整裝出發。

知道這件事的人和太子丹在易水岸邊爲荊軻送行，眾人都穿著白色喪服，因爲知道荊軻肯定一去不返。荊軻的知己高漸離擊筑，荊軻高歌：「風蕭蕭兮易水寒，壯士一去兮不復還。」歌聲悲壯，眾人深受感染。荊軻等上車之後頭也不回，飄然而去。

圖窮匕見

荊軻到達秦國之後，先用重金賄賂秦王的寵臣蒙嘉。在蒙嘉的推薦下，荊軻終於得以拜見秦王。荊軻拿著裝有樊於期首級的盒子，秦舞陽捧著地圖，二人魚貫而進。到了大殿的台階下，秦舞陽看到秦宮戒備森嚴，不由得驚慌失措。見此情景，秦國的大臣們產生懷疑。這時，荊軻不慌不忙地笑著說：「燕國小地方來的人，哪裡見過這樣大的世面，見到天子已經嚇壞了，還希望大王能原諒他，讓他完成這次任務。」見荊軻如此說，秦王也就不再懷疑了。

接著，荊軻先將首級匣獻給秦王，秦王大喜，然後對荊軻說：「把地圖呈上來！」荊軻不慌不忙地拿起地圖，獻到秦王面前，慢慢將地圖展開，同時給秦王介紹督亢的情況。秦王看得非常仔細，沒有提防荊軻。沒想到當地圖快要展開到盡頭的時候，一把匕首亮了出來，荊軻左手抓住秦王的袖子，右手拿著匕首直刺過來。眼看著荊軻就要刺到自己，秦王奮力跳起，扯斷衣袖，才免遭被刺。荊軻窮追不捨，朝廷上的百官當時都沒有反應過來，秦王則急急忙忙地繞柱逃跑，這時醫官夏無且忙將藥箱砸向荊軻，秦王才有了喘息的機會。秦王想要拔出自己的佩劍，但是因爲劍太長，接連拔了三次都沒有拔出來，最後在左右官員的指點下，秦王終於拔出劍來，揮劍刺傷了荊軻的左腿。受傷後的荊軻知道計畫失敗，便把匕首擲向秦王，可惜匕首碰在了銅柱上。秦王乘機走向前上來，刺傷荊軻。荊軻身受重傷，靠著柱子放聲大笑：「之所以沒辦成這件事，實在是想生擒秦王，回報太子。」說罷，秦王左右的人一擁而上，將荊軻亂劍砍死。

荊軻墓

荊軻墓在山東菏澤鄄城縣吉山鎮李胡同村西南不遠處。荊軻刺殺秦王未遂而被殺，後葬於此。

燕國滅亡

荊軻刺秦的失敗，使得秦王政勃然大怒，王翦、李信先後入燕，以迅雷不及掩耳之勢直逼燕都。燕太子丹計無所出，隻身逃亡。最後在秦軍的猛烈進攻下，燕國宣告滅亡。

易水之戰

燕太子丹的刺秦大計不僅沒有成功，反而爲燕國惹禍上身。憤怒的秦王立即下令攻打燕國，命王翦在易水按兵不動，等另一位秦將辛勝率軍與他會合，之後兩軍合力攻燕。

面對來勢洶洶的秦軍，燕王嚇得手足無措，只能採用燕太子丹老師鞠武的計謀，聯合齊國、代國共抗秦軍。代國當然答應得很痛快，因爲可以借助燕國的力量向秦國報仇，但齊國卻不願意。齊襄王法章元年（西元前二八三年），燕國曾在濟西之戰中重創齊國，齊國對燕還懷恨在心，自然不願意幫助燕國。而且，秦國早就採取遠交近攻的策略，賄賂齊國保持中立。爲了暫時保住自己，齊國一直以秦國盟友的身分坐視身邊的諸侯國一個一個被吞併而不理。所以這次齊王不僅不幫助燕國，反而寫信給秦將王翦，說明自己的立場：隨便秦國怎麼對付燕，齊絕不會插手！

有了齊國的承諾，王翦就沒有什麼顧慮了。秦王政二十年（燕王喜二十八年，西元前二二七年），王翦率軍與燕、代聯軍決戰於易水。交戰之初，燕、代聯軍在國家危亡的壓力下奮勇殺敵，士氣高漲，與秦軍連戰三天兩夜，秦軍始終沒有佔到便宜。王翦對此一籌莫展，正在這時，聯軍內部傳來消息說，燕王和太子丹看取勝無望，已經逃到遼東（今遼寧遼陽）了。這下聯軍內部軍心大亂。王翦聽到此消息，大喜，立即命令秦軍趁此機會猛攻，已經喪失鬥志的燕、代聯軍根本無心戀戰，很快就被秦軍控制了局面。王翦乘勝渡河追擊，圍攻薊城。

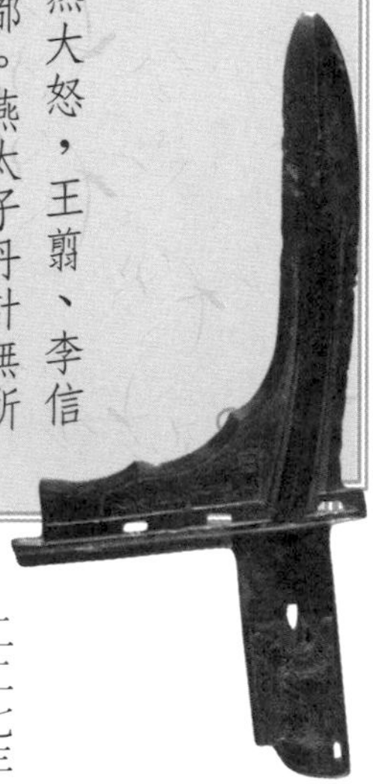

戰國後期．燕王職戈

形體較長，中脊略隆起，兩旁有溝，胡刃有弧曲三。闌內三穿，直內一空，內隅一穿，內上有弧形紋，銘文在胡上，共七字。

王翦滅燕

大破聯軍的消息傳到秦國，秦王

當然十分興奮，接著下令增加兵力，命年輕將領李信率軍增援王翦。第二年，李信大軍抵達薊城，看到薊城指日可破，就沒有在此耗費兵力，而是直奔遼東追擊燕王。不到一個月，秦軍攻破薊城，王翦率軍占領薊城，燕國被滅。

李信大軍追到衍水（今遼寧渾河）時，與燕太子丹所率的燕軍相遇。太子丹自然不是李信的對手，很快就被打敗，自己僥倖才逃回遼東城內。李信深知，燕國大勢已去，殘兵敗將在遼東這個天寒地凍、物產匱乏的地方，根本無力東山再起，並不需要耗費秦國軍力去收拾，只要擒住燕王，殺掉派遣荊軻刺秦的燕太子丹，爲秦王報仇就可以了。所以，李信首先派人給代王嘉寫信，說服他立即解散與燕國的聯盟，否則秦國將對代國不客氣。代王收到信後，派人去見王翦，說：「如果代國與燕國解除聯盟，秦國必須保證不再攻代。」王翦當然先應承下來。

取得王翦承諾的代王又寫信給燕王，說：「秦國之所以攻打燕國，只是因爲燕太子丹曾經派荊軻刺殺秦王，如果大王能夠將太子獻給秦王，秦國一定會收回軍隊，不再攻燕。這是燕國現在唯一的出路了！」燕王看到信，眞是百感交集，一面心裡痛罵代王自私，一面不得不考慮：「難道眞的只剩下捨棄自己的兒子這一條路了嗎？」想了半天，燕王竟然認同代王的提議，眞要將自己兒子的腦袋割下來送給秦王了。他忍痛寫信給兒子說：「你派荊軻刺殺秦王，我並不知曉，現在秦王因爲要找你報仇，才對燕國這樣步步相逼。你看怎麼辦呢？」太子丹看到父親的信後悲痛異常，但又有什麼辦法呢，只能拔劍自刎了。

李信帶著燕太子丹的首級回到了秦國，秦王看見非常滿意，但並沒有完全依照與燕、代兩國的約定退出薊城，而是令秦將辛勝代替王翦駐守薊城。

燕王北逃，代王龜縮，這兩個苟延殘喘的國家根本用不著秦王操心。按照原定計劃，秦國開始集中精力攻打魏國了。等到魏國和楚國已滅，秦王政二十五年（西元前二二二年），秦王命王翦之子王賁率領秦軍直逼遼東，俘虜龜縮於此的燕王喜，回來的路上又順路攻滅代國，還俘虜了代王嘉。至此，燕國徹底滅亡。

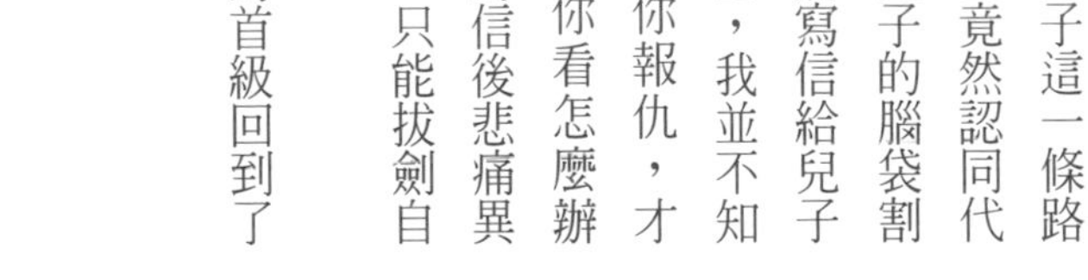

戰國．青銅箭鏃

隨著生產力的提高，戰國時期殺傷力更大、穿甲能力更強的三翼鏃終於登上了歷史的舞台，成為主流。三翼鏃包括三稜鏃有長短鏃身之分，但是無論長短，其重量都要大於春秋時期的雙翼鏃。對目標的殺傷力和穿透力取決於箭的重量、硬度、銳利度、器型和速度。

秦攻大梁

秦滅韓、滅燕之後，就按原定計劃進軍魏國，圍攻魏都大梁。因為大梁城防禦工事堅固，秦軍強攻無效，於是決定水淹大梁城。魏死守三個月，最終投降，魏國滅亡。

戰國魏．鎏金嵌玉鑲琉璃銀帶鉤

這件帶鉤質地為白銀，通體鎏金，鉤身鑄浮雕式的獸首和長尾鳥，長尾鳥居鉤左右兩側，盤曲逶迤。鉤身正面嵌飾白玉玦三枚，其中心又各鑲一粒半球形琉璃彩珠。鉤首為白玉琢成的大雁頭形的彎鉤。帶鉤的製造工藝十分精湛，採用鎏金、鑲嵌、鏨刻等多種方法，將不同質地、不同色澤的材料巧妙地配合使用，產生絢麗的裝飾效果。

王賁攻魏

秦國攻滅韓國之後，本來要按計劃接著進攻魏國，沒想到燕國派刺客入秦刺殺秦王，秦王一怒之下將主攻方向改爲燕國。秦王政二十一年（西元前二二六年），王翦攻佔燕都薊城，燕王喜退守遼東，殺太子丹以求和。秦國在北方取得了基本的勝利，接著按照原定計劃進軍魏國。此次率軍攻魏的統帥是王翦之子王賁。

秦國處於魏國與楚國之間，如果貿然進攻魏國，楚國很可能乘虛攻秦。爲了防止南北兩線作戰、集中兵力攻打魏國，王賁並沒有立即攻打魏國，而是先對楚國進行一系列的侵擾。他首先突襲楚國北部地區，毫無準備的楚國根本敵不過準備充足、強悍勇猛的秦軍，不久，楚國十幾座城就納入秦國的版圖。經過這一次的打擊，楚國暫時不敢再動兵，而是閉門休養，這樣也就消除了秦國滅魏的後顧之憂。接著，王賁就立即率軍北上，打算閃電攻擊魏國。

第二年，王賁大軍抵達魏都大梁城下，將大梁城團團圍住，但魏國歷代以來修建了較爲堅實的防禦工事，大梁城又三面環水，有天險阻隔，易守難攻，所以，任憑王賁大軍如何強攻，仍是不能踏入大梁城半步。如果再攻不下大梁城，就會耽擱秦國攻楚的計劃。

水淹大梁

一籌莫展的年輕將領絞盡腦汁，也不知該如何攻破魏都。有一天夜裡王賁在大梁城周圍巡視時，看到城周圍的河水因爲冰雪消融漲高了一些，頓時心生一計。大梁城雖然防禦工事堅固，但有一個致命的缺陷，就是地勢低窪，被黃河、鴻溝所環繞。大梁本身地處黃河之濱，地勢比黃河的河床還低，從大梁城看黃河，眞是「黃河之水天上來」。歷代魏國君王都將治理黃河、鴻溝當做頭等國家大事來做，每年爲修黃河與鴻溝堤岸要投入大量的人力物力。王賁所想的計策正是「掘開黃河、鴻溝堤岸，水淹大梁城！」此計難免陰狠，但爲了統一大業，王賁也顧不得那麼多了。

第二天，王賁便命秦軍放棄攻城，而扛起鋤頭、銅鍬之類的工具直奔黃河、鴻溝，開始掘堤。這時正值初春，正在春汛時期，大雨狂下不止，王賁親自監督秦軍冒雨挖掘。得知王賁動向的魏王坐立不安，召集大臣商議如何應對，魏王想與其要等到水淹大梁城，還不如現在就舉手投降。大臣們卻反對，他們還寄希望於楚國來救，認爲只要再拖幾日，等楚國派兵來救時兩軍裡應外合。魏王無奈之下只能聽從大臣們的建議。

不久，河堤就被秦軍挖通了，滾滾河水從三面湧向城內，大梁城一下子變成了「澤國」。無數生命、糧食都埋葬於水底，雨又下個不停，大梁城內很快水深逾丈。大水整整灌了三個月，魏國一直死撐著，等待楚國來救。令魏國沒有想到的是，早就等得不耐煩的秦王已經派李信率領二十萬大軍攻打楚國了，楚國自顧不暇，哪裡還有精力去管別人？

大勢已去，魏王只能命令宮人們將自己捆起來，帶著眾大臣與王室子孫一起出城宣布投降，魏國滅亡

魏節乳母

城破之後，秦軍俘虜了魏王與王室子弟，但唯獨沒有找到魏王幼子，於是王賁命令：「如果有人找到魏公子，賜金千斤；如果有藏匿之人，罪至十族。」原來公子被乳母藏起來了，有人勸說乳母：「交出公子可以得金千斤，你應該知道公子在哪裡。」乳母毅然回絕：「我不知道他在哪裡，就算知道，我寧願死都不會說。我為大王撫養公子，如果不能保護公子，反而告密，就是叛上怕死。我絕不會為自己活命而害死公子。」於是，乳母偷偷帶著公子逃到了沼澤中，卻被秦軍發現了。秦軍立即將其圍住，紛紛發箭。乳母知道已經無路可逃了，就用自己的身體為小公子擋箭，身中十二箭，還不忘將小公子壓在身下，免得他被射傷。後來秦王嬴政知道此事，不僅免了乳母的罪，還封她的兄弟為大夫。

戰國魏長城遺址

滅楚之役

當秦國攻下韓、趙、魏、燕等中原各國之後，就將統一的矛頭瞄準了南方的強敵楚國。秦王嬴政不顧老將王翦的建議，堅持派年輕將領李信攻楚，李信年少輕敵，致使秦軍慘敗。之後，秦王重新啓用老將王翦，才大敗楚軍，滅掉楚國。

楚國內訌

楚國自懷王受辱於秦之後，一直在秦的打擊下處於被動地位，原本雄踞南方的泱泱大國早已失去了昔日的輝煌，僅能苟延殘喘。但是，在楚考烈王的時候，黃歇擔任楚相，楚國似乎有了一線生機。然而考烈王的去世，使得楚國再次處於動盪之中。

黃歇任宰相的第二十二年，各國諸侯擔憂秦國的攻戰征伐無止無休不能遏制，就互相盟約聯合起來向西討伐秦國，而楚國國君擔任六國盟約之長，由黃歇當權主事。六國聯軍到達函谷關後，秦軍出關應戰，六國聯軍戰敗而逃。楚考烈王把作戰失利歸罪於黃歇，黃歇因此漸漸被疏遠了。

黃歇任宰相的第二十五年，楚考烈王病重。黃歇的門客朱英對黃歇說：「世上有不期而至的福，又有不期而至的禍。如今您處在生死無常的世上，奉事喜怒無常的君主，又怎麼能會沒有不期而至的人呢？」黃歇問道：「什麼叫不期而至的福？」朱英回答說：「您任楚國宰相二十多年了，雖然名義上是宰相，實際上就是楚王。現在楚王病重，死在旦夕，您輔佐年幼的國君，因而代他掌握國政，如同伊尹、周公一樣，等君王長大再把大權交給他，不就是您南面稱王而據有楚國？這就是所說的不期而至的福。」黃歇又問道：「什麼叫不期而至的禍？」朱英回答道：「李園不執掌國政便是您的仇人，他不管兵事卻豢養刺客爲時已久了，楚王一去世，李園必定搶先入宮奪權並要殺掉您滅口。這就是所說的不期而至的

戰國楚國．郢爰金版

郢爰，其形為扁平的版塊，一般平面呈長方形，也有的四角上翹呈不規則的方形曲版狀者，面上打有「郢爰」二字小方形印記。「郢爰」之「郢」是楚國國都，小方印根據金版的形狀而排列，形成大致平行但不規則的橫或豎行，方形曲版狀的金版上成排的印記一般分成上下兩組，印文相顛倒。

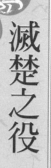

禍。」黃歇接著問道：「什麼叫不期而至的人？」朱英回答說：「您安排我做郎中，楚王一下世，李園必定搶先入宮，我替您殺掉李園。這就是所說的不期而至的人。」黃歇聽了後說：「您要放棄這種打算。李園是個軟弱的人，我對他很友好，況且又怎麼能到這種地步！」朱英知道自己的進言不被採用，恐怕禍患殃及自身，就逃離了。

此後十七天，楚考烈王去世，李園果然搶先入宮，並在棘門埋伏下刺客。黃歇進入棘門，李園豢養的刺客從兩側夾住刺殺了黃歇，斬下他的頭，扔到棘門外邊。同時又派官吏把黃歇家滿門抄斬。李園立妹妹生的兒子爲楚王，這就是楚幽王。幽王在位十年，幽王去世後他的弟弟熊猶即位，這就是楚哀王。哀王即位不到兩個月，就被他同父異母的哥哥負芻殺死了，負芻順利即位。

戰國後期．王命傳龍節

戰國時楚國的信節。青銅製，長條形，首端刻鑄龍形紋飾。正背兩面分鐫「王命、命傳、賃一棓、飲之」，共九字。此種銅節已發現多枚，凡因公事往來持之可以宿止驛傳並得飲食。

李信攻楚

滅燕之後，秦王召集群臣商議：「滅楚需要多少兵力？」老將王翦說：「楚國本來就民風彪悍，再加上當年楚懷王客死秦地，讓楚人對秦非常痛恨，所以要征服楚人、攻取楚國，至少需要六十萬大軍。」年輕將軍李信卻對老將的話不以爲然，而是相當輕鬆地告訴秦王：「大王只需給臣二十萬軍隊，臣定將楚國全部城池獻給大王！」李信剛剛在滅燕一戰中立下戰功，又因爲年輕，深受同樣年輕的秦王嬴政的欣賞。秦王認爲王翦已經年老，太過保守膽怯了，不如李信有進取心。王翦看出秦王的喜好，淡淡地說：「自古英雄出少年，臣老了，自愧不如。」秦王並不反駁，王翦接著說：「請大王准許老臣回頻陽老家養老！」秦王雖然很驚訝王翦怎麼突然要回家養老，但並沒有挽留。

秦王政二十二年（楚王負芻三年，西元前二二五年），李信與蒙武率軍二十萬開赴楚國戰場。起初，秦軍連戰連捷，李信先攻下平輿（今河北平輿北），蒙武也攻取寢丘（今河南臨泉）。李信又乘勝攻佔鄢、郢，接著按照原定計劃揮師向西，與蒙武揮師於城父（今河南平頂山市北），打算一起攻打新郢滅掉楚國。沒想到楚國恰如王翦所說，並非那麼容易就能到手。楚將項燕在抵禦秦軍時並沒有使出全部的楚軍力量，而是隱藏了

戰國楚國．鄂君啓節

戰國中期楚國器，青銅製成，形似剖開的竹節，是當時楚懷王發給受封在湖北鄂城的鄂君啓的水、陸通行符節。節上刻文圓潤秀勁，莊嚴肅穆，是錯金銘文中的精品。一九五〇年出土於安徽省壽縣。

楚軍主力，只利用少量楚軍對抗秦軍。李信在輕而易舉取得一系列勝利之後開始自傲起來，對楚軍也放鬆了警惕，卻沒有料到項燕親自率領五萬楚軍，悄悄尾隨李信大軍三日三夜，而李信卻毫無察覺。城父（今河南寶豐東）會師後，秦軍就地休整，準備等力量儲備充足就一鼓作氣拿下壽春（今安徽壽縣）。

項燕等秦軍入睡之後，率趙軍突襲秦營。還沒完全睡醒的秦軍倉促應戰，卻抵不過準備充足的楚軍，遂潰不成軍，紛紛逃散。李信本來寄希望於城外的蒙武來援救自己，沒想到蒙武大軍也在趕往城父的路上遭遇埋伏。蒙武好不容易才衝出重圍，殺到城父與李信匯合，但已經晚了，兩軍合起來才不過七萬人，十名都尉死了七個，兵力大損，根本無力「滅楚擒王」。

李信爲自己的年少輕狂付出了慘重的代價。無奈之下，秦王只得起用王翦，率軍六十萬，前往滅楚。

楚國之亡

楚王得知王翦率領六十萬大軍攻楚，大驚失色，立即命項燕率領全國幾乎所有的兵力五十萬抵禦強敵。王翦到楚之後，立即兵分兩路：自己率領四十萬軍隊趕赴楚國方城，另外命蒙武率領二十萬秦軍奔赴楚東。當王翦大軍還未抵達方城時，就得知楚國大軍已經列好陣等候決戰了。項燕知道王翦不同於年少輕敵的李信，所以不敢掉以輕心，五十萬大軍全副武裝嚴陣以待，只等與秦軍在正面戰場上一決死戰，他沒有料到王翦是兵分兩路早有安排。

到達方城（今河南方城）之後，王翦下令全軍要加強防禦工事，不得出去應戰。這下，方城出現了前所未有的奇觀：五十萬楚軍不分晝夜在秦軍營前挑釁大罵，四十萬秦軍卻絲毫不爲所動，整天在堡壘裡飽食嬉戲。王翦整天也只是和下屬下棋、喝酒、聊天打發時間。一連幾個月下來，秦軍士卒飽食終日，實在無聊，就玩起摔跤、擲石了的遊戲了。王翦知道後，不僅不生氣，反而說：「士氣可用了。」這時，蒙武二十萬大軍已經抵達安陽，即將向新郢出發，王翦得到消息後，才告訴眾將：「此次我不應戰，是爲了讓蒙武乘虛攻入楚東，楚人必然以爲我軍主力在楚東，就會引兵向東攻擊蒙武，這時就是我軍出擊的好機會。」

果然，沒過多久，楚軍就收拾行裝準備撤退。秦軍將領紛紛請王翦下令出戰，但王翦卻堅決反對。當夜，楚軍開始徐徐向安陽進發。王翦這時才命令大軍從後面追擊。與此同時，楚東的蒙武大軍也從前面殺過來，與王翦大軍前後夾擊楚軍。經過多日激戰，楚軍大敗。三個月後，新郢城破，楚王負芻被生俘，楚國滅亡。

追剿項燕

新郢城破之後，楚將項燕保護楚國昌平君逃往淮南地區，在那裡稱王，準備反抗秦國。秦王政二十年（西元前二二三年），王翦與蒙武再次率領四十萬大軍開往淮水，與項燕的二十萬殘餘楚軍進行決戰。王翦先派蒙武率領一部分軍隊在昌平左方十里強行渡河，吸引楚軍注意。項燕果然中計，以爲那裡是秦軍的主攻點，就立即率軍抵抗蒙武大軍。這時，王翦親自率領秦軍主力趁著夜色在石磯（今安徽樅陽縣石磯鎮）悄悄渡河，打算攻城。正當項燕奮力抵抗蒙武軍隊的進攻時，身後的昌平城火光沖天，這時他才明白：「這是調虎離山！」於是立即回師救援，但是已經晚了，城上已經飄起了秦國的旌旗，昌平城已經淪陷了，昌平君也服毒自盡了。絕望的項燕將滿腔悲憤化作長嘯：「楚雖三戶，亡秦必楚！」隨後拔劍自刎。至此，楚國徹底滅亡。

戰國楚墓

齊國滅亡

齊國，這個曾經叱吒風雲幾乎能夠一統天下的大國，最後卻眼睜睜地看著身邊的諸侯國一個一個被秦國吞併而無動於衷，直到秦國將統一天下的矛頭指向自己時才幡然醒悟，但為時已晚。

昔日的強國

齊國是周初最大的封國之一。齊國經過姜太公的開發、管仲的經營，逐漸從濱海的不毛之地發展成爲東方最強大的豐饒之地。她曾經在齊桓公時期九合諸侯，一匡天下，成爲春秋五霸之首。田氏代姜之後，經過齊威王、齊宣王的勵精圖治，齊國在戰國七雄中首屈一指。齊宣王對內擴大了稷下學宮，招賢納士，使之成爲天下人才之中心；對外大破燕國，合縱抗秦，聯合韓、魏攻楚，不斷擴大齊國的版圖。齊宣王死後，齊王即位，他繼承祖輩的遺志，以強大齊國爲己任，扶韓制楚，攻燕滅宋，合縱抗秦，使得秦國多年不敢「窺兵於山東」。秦昭襄王十九年（齊湣王十三年，西元前二八八年），秦國派魏冉來齊，尊齊王爲「東帝」，秦昭襄王稱「西帝」，一時間齊國實力已經達到頂峰。

然而好景不長，齊王晚年驕奢好色，窮兵黷武，在縱

臨淄齊國故城

故城位於山東臨淄辛店鎮北七公里齊都鎮。地上地下文物遺存豐富，擁有城垣、城門、墓葬、台基、宮殿及冶鐵、煉銅、鑄錢、製骨作坊遺跡多處。故城現有東周墓殉馬坑、齊國地下排水道口、孔子聞韶處、齊國秘史官、西天寺大石佛與石刻館、文物陳列館、晏嬰墓、三士家、桓公台等。

橫家蘇代的陰謀離間下，不僅不對抗強敵秦國，反而經常攻打周邊的諸侯國，招致其他國家的怨恨，也導致齊國兵力疲憊，百姓生活日益窮困。終於在齊湣王十七年（西元前二八四年），燕將樂毅率領燕、趙、秦、魏、韓五國聯軍攻齊，在濟西之戰中大敗齊國，侵佔齊七十餘座城，殺死齊王，齊國因此差點滅國，後來雖然勉強復國，齊王的兒子即位爲齊襄王，但齊國再也回不到齊王早年的昌盛狀況了。齊襄王死後，兒子田建即位（西元前二六五年）。

齊秦「交好」

齊王建是一個胸無大志、懦弱無能之人，一切國家大事都聽太后的話，太后謹愼小心地維持著齊國的殘局，不願再參與戰爭。當秦國採取遠交近攻的策略時，齊國認爲與秦交好至少可以暫時保證齊國的安寧，所以也樂得被秦國拉攏。當周邊三晉、燕、楚等五國接連陷入戰亂並被秦國一一吞併時，齊國卻一連四十年不曾受兵燹之災。太后死後，齊王建凡事聽從丞相後勝。後勝是太后的弟弟，齊王對他簡直是言聽計從。秦國於是用重金收買了後勝，叫後勝天天在齊王面前大唱秦國的讚歌，透過後勝控制齊王。

當秦國派大將王賁攻魏時，魏王曾派人來齊國求救，後勝勸說齊王建：「不要管魏國的事情，免得惹惱了秦國，反而惹火燒身。」膽小怕事的齊王建果然聽從後勝的話，拒絕援救魏國，魏國很快就被吞併了。就這樣，任憑秦國一個接一個地吞併自己周邊的諸侯國，齊國都無動於衷，不僅不援助，反而派使臣赴秦道賀。

齊王建二十八年（秦王政十年，西元前二三七年），齊王建要入秦朝拜，一些明智的大臣極力勸阻。雍門司馬問齊王：「做君主的，是爲了國家還是爲了他本人？」齊王回答：「爲國家。」司馬反問：「那既然是爲國家才立君主，爲什麼君主反而拋棄自己的國家去朝拜秦王呢？」齊王建無以應。即墨大夫也勸阻說：「齊國地方數千里，將士數百萬。三晉雖然被秦所吞，但三晉的官員多不願降秦，他們聚集在阿、鄄之間，大王可以招收他們並給他們配以百萬之眾，使之收回三晉故地，那麼就可以收復

戰國齊國陳曼簠拓片

《陳曼簠》文字記述了陳曼為其皇考獻叔作器的情況。《陳曼簠》字取縱式，從筆畫的齊整和字距、行距的均勻分佈來看，已呈小篆體勢的雛形，書法規整秀麗、優美典雅。

臨晉這個關。楚國雖然被秦所滅，但鄢郢的官吏同樣不肯降秦，他們聚集在城南，如果大王招攬他們，並給他們配以百萬之眾，使之收復楚國故地，那麼就可以收復武關。如此，就不僅能重立齊國國威，也可以消滅虎狼之秦。現在大王竟然要拋棄南面稱王的尊嚴，甘心西面事秦，實在是不應該。」齊王建對這些勸諫並不以爲然，還是入秦拜見秦王。

齊國滅亡

秦王政十七年（西元前二三○年），秦滅韓；十九年（西元前二二八年），秦滅趙；次年，秦破燕，燕王逃往遼東；兩年後，秦滅楚；又過兩年，秦王派王賁爲大將，率軍渡過鴨綠江，俘虜燕王喜，滅燕國；接著揮師西進，滅代國，代王嘉自殺，趙國徹底滅亡。當東方六國已經被秦國吞併了五國之後，齊國才從「齊秦交好」的美夢中醒過來，發現自己馬上就要成爲秦國要吞吃的最後一塊肥肉了。齊國該何去何從？

與此同時，接連兼併五國的秦國已經有點吃不消了，連年征戰耗費了秦國太多精力，秦軍早已疲憊不堪。新接手的國家又不是一朝一夕就能馴服的，局勢尚未穩定，如果現在出兵攻齊，很可能令秦國透支過度，到手的江山可能又要易主了。所以，秦王傾向於不用武力就能降服齊國。於是，秦王寫了一封勸降書給齊王，大意說的是：「齊國的江山早晚都會是秦國的，齊國不管怎麼抵抗，最多只能拖延滅亡時間而已，所以還不如現在就主動投降。」

收到勸降信的齊王又驚又怕，趕緊召集群臣商議對策。即墨大夫極力主戰，此時的後勝竟然也支持與秦作戰，他大概是怕齊國滅亡了秦王一樣會殺死自己這樣的叛國賊。於是，在大臣們的鼓動下，齊王建下令齊國從現在開始斷絕與秦國的一切外交接觸，全國進入緊急應戰狀態。同時，齊王派人在全國範圍徵兵，並將全部兵力放置在西方邊境上，用來預防秦軍從秦國東進攻齊，卻未料到秦王並沒有從秦國調兵滅齊，而是直接寫信給剛剛滅掉燕國殘餘力量、駐兵齊國

戰國·楚高盥缶

直口，方唇，圓腹，矮圈足，肩附雙獸耳，上覆圓蓋圓紐，器口沿刻「右征尹」，耳上刻「楚高」，蓋口沿上亦刻「楚高」等銘文。一九五四年出土於山東泰安城南東更道村。

以北地區的王賁，命其直接從燕國南下，攻打齊國北部。

從燕南到齊國都城臨淄（今山東臨淄市），一路上地形易攻難守，又沒有齊國兵力阻攔，王賁大軍輕易地渡過黃河、濟水兩道天險，由歷下、淄川進犯臨淄，如入無人之境。齊國四十多年不受兵戈，軍事戰備全無，士兵也久不操練，全無戰鬥防禦能力，況且剛剛糾集的齊軍全被安置在西部邊界，根本來不及回師來救，怎麼可能是秦軍的對手？

戰國後期．鑲嵌菱紋帶鉤

臨淄城內大亂，齊王和後勝都沒有料到秦軍來得如此迅猛，臨淄城已經被團團圍住，根本不可能逃跑。眼看著秦軍就要攻城了，齊王趕緊召開御前會議，沒想到大臣們早已跑了大半。秦國派使臣陳馳入城說服齊王和平投降，不要抵抗，這樣秦國還會封給齊王「五百里地」。軟弱無能的齊王建根本不敢說什麼就打開城門宣布投降。秦軍浩浩蕩蕩地進入臨淄城，齊國滅亡。

秦王得知齊國已滅，大喜，傳令說：「齊王建聽了後勝的話，斷絕與秦國的來往，還想抵抗秦國，現在我軍將士奮力拚殺才消滅齊國，本來應該將齊國君臣全部殺掉，但念及齊王建這幾十年對秦相當恭順，就免了他死罪，讓他遷到共城住吧，每天給他一斗粟。」後勝奸佞誤國，就地處斬。」後勝這個貪污叛國的小人，終於受到了懲罰。

齊王建與王后被遷往共城，這裡確實是秦國所許諾的「五百里地」，但卻是渺無人煙、滿山松柏的荒蠻之地。齊王建與王室成員住在茅屋裡，每天只能吃到秦王派人送來的一斗粟，根本吃不飽，衣食不繼，孩子們餓得嗷嗷大哭，齊王建爲之淒然，後悔當初不該聽後勝這個奸佞小人的話，如今落得這樣的淒慘下場，不幾日就鬱鬱而終了。

千古一帝

兩千年來，人們對秦始皇的功過評論從來褒貶不一。有人讚歎他統一全國、統一文字、統一貨幣、統一度量衡，開統一之局，又有人批評他焚書坑儒、築長城，修阿房、建陵墓、迷信方士、窮奢極欲。但事實勝於雄辯，他就是「千古一帝」。

大秦皇帝

秦王政二十六年（西元前二二一年），嬴政吞併六國，建立了全新的大一統帝國。新的帝國如一張白紙，等待嬴政對其潑墨描畫。

秦王嬴政爲新帝國描畫的第一筆是「正名」。秦始皇下詔給丞相和御史大夫，詔書稱：「從前韓王交出土地獻上印璽，請求做守衛邊境的臣子，不久又背棄誓約，與趙國、魏國聯合反叛秦國，所以派兵去討伐他們，俘虜了韓國的國王。我認爲這很好，因爲這樣或許就可以停止戰爭了。趙王派相國李牧來訂立盟約，所以歸還了他們抵押在這裡的質子。不久他們就違背了盟約，在太原反抗我們，所以派兵去討伐他們，俘獲了趙國的國王。趙公子嘉竟然自立爲代王，所以就派兵去滅了趙國。魏王起初已約定歸順於秦，不久卻與韓國、趙國合謀襲擊秦國，秦國官兵前去討伐，終於打敗了他們。楚王獻出青陽以西的地盤，不久也背棄誓約，襲擊我南郡，所以派兵去討伐，俘獲了楚國的國王，終於平定了楚地。燕王昏亂糊塗，他的太子丹竟然暗中派荊軻來做刺客，秦國官兵前去討伐，滅掉了他的國家。齊王採用後勝的計策，斷絕了與秦國的使臣來往，想要作亂，秦國官兵前去討伐，俘虜了齊國國王，平定了齊地。我憑著這個渺小之身，興兵誅討暴亂，靠的是祖宗的神靈，六國國王都依他們的罪過受到了應有的懲罰，天下安定了。現在如果不更改名號，就無法顯揚我的功業，傳給後代。請大家商議帝號。」

丞相王綰、御史大夫馮劫、廷尉

秦始皇像

李斯等人建議秦王說：「從前五帝雖然統治地方千里，但都只是天下的共主而已，沒有絕對的統治權。如今陛下平定天下，收服海內，法令一統，成就了自上古以來都未嘗有的偉業，即使是五帝也遠遠不及。臣等謹與博士商議：『秦的古代神話中有天皇、地皇、泰皇，其中以泰皇最爲尊貴。』所以，臣等建議大王改尊號爲『泰皇』。政府的命令稱爲『制』，政府的通告稱爲『詔』，天子自稱爲『朕』。」嬴政對這份奏書並不十分滿意，他認爲「泰皇」的名號太過古老，缺乏新氣象，因此自己決定去掉「泰」字，加上「帝」字，自號「皇帝」，其他則如李斯等人之建議，不再更改。秦始皇自稱爲始皇帝，尊父親子楚爲太上皇，同時廢除謚號。

秦・始皇廿六年詔量

有柄，柄部中空。主體橢圓形，前後兩側略長，平底。外側陰刻銘文，記載廿六年秦始皇統一度量詔的內容。

立威更制

正名之後，始皇決定以「五德終始說」來確定大秦的統治權威。「五德終始說」是指天子之所以能成爲天子，是因爲他得到了五行中某一行的德。比如，大禹得了木德，所以才開創夏朝；商湯得了金德，金能克木，所以他能滅亡夏，開創商朝；周爲火德，火則克木；而秦之所以能夠代周而興，是因爲秦爲水德，水能克火，所以秦取代周乃是順應天命。秦在制度和行事上都要順應水德：水德顏色爲黑，所以新帝國的禮服、旄旌、節旗皆用黑色；水德對應的幸運數字爲六，所以帝國相關的物品都以六爲標準，符、法冠皆六寸，輿六尺，六尺爲步，乘六馬。水主陰，陰刑殺，所以大秦帝國的治理應該貫徹水德的精神，刻薄剛毅，不需要講「仁」。

在正名、立威、立郡縣之後，秦始皇在李斯的輔佐下，又推行了以下統一政策。首先，統一度量衡，由中央政府向各郡縣頒發統一製作的標準量器。其次，統一貨幣。第三，車同軌。第四，統一文字，李斯作《倉頡篇》七章，趙高作《爰歷篇》六章，胡毋敬作《博學篇》七章，將這三篇書法作爲官方的標準字體。

秦・始皇廿六年兩詔版

長方形，背呈弧狀，中有一凸鼻，以備鑲嵌權量之用。正面刻始皇廿六年四十字和二世元年詔書六十字，背面有大字始皇詔書殘文四字。

秦置郡縣

郡縣制早在春秋時期就已經出現，但範圍有限。秦始皇統一天下之後，正式在全國範圍內推行郡縣制，奠定了中國幾千年來的郡縣制。

歷史沿革

郡縣制早在春秋時期已經出現，但郡與縣之間並無相互統屬的關係，這與秦國的郡縣有很大差別。

春秋時期的縣可以分為兩種：直屬於君主的縣，如楚國和秦國的縣；以及屬於卿大夫的封邑，如晉國和吳國的縣。這兩種縣都採用世族世襲官制，但官制由國君直接分配。此時的縣還具有邊防重鎮的作用。

最早設立縣的國家是楚國。楚武王在位期間（西元前七四〇年至西元前六九〇年）滅掉權國（今湖北境內），將其改建為縣，這是歷史記載的最早的縣，縣長被稱為尹或者公。之後，秦國、晉國等國也在邊境地區設縣，晉國將縣的長官稱為大夫。縣的長官一般由強大的世族擔任，實行世襲繼承製。

春秋後期，各國腹地慢慢也開始推行縣制。卿大夫們一般在自己的屬地內設立縣，由自己的家臣或者士擔任縣的長官。到戰國時期，設縣已經非常普遍，這時候縣的長官不再實行世族世官制，而開始納入官僚體系中。秦孝公十二年（西元前三五〇年），商鞅進行第二次變法，開始在秦國推行縣制。商鞅將鄉、邑、聚等合併為縣，設置四十一個縣，縣令為一縣之長，縣令之下設置縣丞負責民政，縣尉負責軍事，同時設立管理各

秦．兩詔文空心銅權

銅權外形似鐘，空心，高體方肩，上有環形紐，表面十七稜。權體刻有始皇二十六年和秦二世元年詔文。秦始皇詔文四十字，秦二世詔文六十字。秦朝建立後，以秦制統一全國度量衡，故在此器刻始皇詔，定為標準器。秦二世繼位後，加刻二世詔，兩部詔書均記述了秦始皇統一度量衡的史實。

種事務的嗇夫和令史等官職。國家對這些官吏實行定額俸祿制。縣令等長官都由國君任免。在少數民族地區，秦國設置了「道」，道是與縣並列的地方機構。

相對於縣而言，郡設置較晩。周襄王二年（西元前六五一年），晉惠公對秦國使者談到「君實有郡縣」，隨後晉國、趙國、吳國都設置了郡。

秦．「半兩」圓形方孔錢

然而這時候的郡和縣並無統屬關係，郡的地位比縣還低。戰國時期，魏文侯曾經設立西河郡與上郡，楚悼王設立宛郡，這一時期的郡也是作爲邊防重鎭所設立的。隨著郡和縣不斷增多，就需要建立更高一級的管理機構，於是形成了郡縣兩級制的地方管理體系。郡的長官是郡守，郡守多是武將，有統兵打仗的權力。

到了戰國末年，郡縣制在各國已經非常普遍，但範圍還不夠大，因爲傳統的封國制度還是普遍存在。

分封與郡縣之辯

秦始皇嬴政統一六國之後，如何處理新納入秦版圖的地方成爲亟待解決的問題。秦始皇召開御前會議與大臣們一起商議：是應該保留原來的分封制？還是應該推廣郡縣制？

丞相王綰認爲應該倣傚周制繼續保留分封制：「現在諸國初破，燕、齊、楚三國都離秦太遠，如果不封國立藩，怕是難以治理。周之所以能維持八百年，就是因爲宗法和分封，所以還是應該倣傚周制，設立封國。」

秦始皇對王綰的提議並不滿意，他認爲：「大秦不是像商朝一樣存在四百年或者像周朝一樣存在八百年就夠了，而是要萬世永存。周朝的分封制正是天下紛爭的根源，現在大秦怎麼能重蹈覆轍？」廷尉李斯贊同秦始皇的看法，說：「周朝最初建立分封制時，是分封給周文王、周武王的後代，大家血緣親近才得以和睦相處。然而時間長了，這些諸侯之間的親屬關係逐漸疏遠，就開始爲了利益互相攻擊，如同仇人一樣，連周王也沒有辦法處理。現在好不容易才重新統一，就應該按照秦國的新制度，將全國分爲郡縣，由皇帝直接可控制。諸位公子與功臣可以用賦稅作爲獎賞，但不可以給封地，這樣才會使得天下一統，不會產生異議，國家才能安寧。」李斯的看法深得秦始皇的欣賞。於是，秦始皇下令在全國實行郡縣制度。

秦置郡縣

秦將全國初分爲三十六個郡，每一個郡設一位掌管行政的長官爲郡守，設一位掌管軍事的長官爲都尉，以及一位掌管監察的官吏爲郡監。郡內設縣，每一縣設有縣令，縣令以下設置縣丞。所有百姓或者無官職的人都被稱爲黔首。

地方上的官吏，不論郡縣，都是由皇帝直接任免。中央對地方進行控制的手段主要是考課和監察，建立起自上而下的層層督課。郡守每年秋冬要向中央上計，縣也同樣要向郡上計，這時中央或者郡就對下屬機構進行考核，依令賞罰。

郡縣制的設置打破了西周以來的分封割據局面，加強了中央集權，有利於防止地方分裂，維護國家統一。秦的郡縣制在後世兩千年來都得以繼承，這也是中國從古至今保持統一的主要原因。

秦・二號銅車馬

二號車名為「安車」，分為前後兩室，前室較小，僅供馭手一人乘坐。上罩一個穹隆式的篷蓋，狀如龜甲，前後室均罩於篷蓋之下，具有防風避雨、防塵防曬的實效。御官俑身佩長劍，跽坐於車前室，手中握著轡索。後車室內沒有發現兵器，輿內僅置有銅方壺和銅折頁各一件，輿底為類似於古車軟墊的「文茵」方形大銅板。

秦征南越

秦始皇兼併六國，取得了全國統一之後，繼續派兵征服南部的百越。經過數年艱苦卓絕的戰爭，終於得以統一百越，並在此地設置閩中、南海、象、桂林四郡，將分散的百越統一起來，促進了民族大融合。

統一南越

戰國末期，從現在的寧紹平原直到廣西盆地以南的廣大地區，生活著種姓各異的越人，史稱百越。主要包括於越、東甌、閩越、揚越（南越）、西甌、駱越、滇越等不同的越人集團。當中原七國正忙於兼併與反兼併戰爭的時候，中國東南部最南部的嶺南地區還是一片平寂，這裡生活了上百個越人部族，嶺南越人雖然名稱不一樣，居住環境不一樣，但都還處在原始社會末期，靠著簡單的青銅器和石器，過著刀耕火種、捕魚狩獵的原始生活，文化上也比較相似。

秦王政二十五年（西元前二二二年），秦國滅楚之後，秦王嬴政派大將王翦乘勝繼續往南進發，征服江南地，降服於越、東越與閩越，在此地設置會稽郡與閩越。秦王政二十六年（西元前二二一年），全國統一，還剩下兩塊地方沒有納入秦的版圖：北方的匈奴之地，以及嶺南的百越之地。所以天下初定之後，秦始皇派大將蒙恬北擊匈奴，又命尉屠睢和趙佗率軍南下平定「百越」。秦軍共分五路人馬，分別進攻廣西北部的越城

靈渠北渠

北渠由大天平尾部北陡門起，往北迂迴於平疇沃野間，流程二十五公里，再回到湘江。

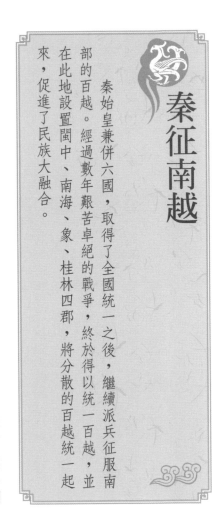

靈渠水街百公尺浮雕牆

水街百公尺浮雕牆上鐫刻著秦軍南征的歷程。威武雄壯的大秦軍隊經由這裡下南越，南越國王俯首繫頸歸降大秦。

嶺、湖南南部的九嶷山以及江西南康和餘干等地，接著向今天兩廣地區的越族進軍。一路上秦軍在其他地區都節節勝利，但唯獨在兩廣地區卻遲遲難以取勝。兩廣地區地形崎嶇，越人因爲熟悉地形，又善於跋山涉水，經常夜襲秦軍，甚至殺死了秦將尉屠睢，秦軍慘敗。除此之外，越人經常會切斷秦軍糧道，使得秦軍還要經常面臨斷糧的痛苦。所以，戰爭一直持續了三年多，也未見結果。

爲了盡快結束戰爭，必須要先改善南越地區的交通情況，保證秦軍的糧食供給，秦始皇任命監察御史史祿和三位石匠開鑿靈渠。

修建靈渠

歷時三年，史祿終於成功開鑿了靈渠，將湘江和珠江水系連接起來，使得秦國的援兵與糧食補給源源不斷地運往前線，爲戰爭供給物質與兵源。靈渠全長三十七公里，全部工程由鏵嘴、大小天平石堤、南渠、北渠、陡門和秦堤構成。其中，陡門相當於現在的「船閘」，是中國古代建築史上的驚世之作，是世界上最早的「船閘」，對世界水利航運發展產生了重大影響。

靈渠南渠

南渠為引湘入漓的一條渠道，從小天平尾部的南陡起，至溶江鎮匯入大溶江的靈河口止。明代詩人俞安期在《舟過秦渠即景》詩中描繪「秦渠曲曲學三巴，離立千峰插地斜。宛轉中間穿水去，孤舟長繞碧蓮花」。

睡虎地秦墓竹簡

又稱睡虎地秦簡、雲夢秦簡，是指一九七五年十二月在湖北省雲夢縣睡虎地秦墓中出土的大量竹簡。這些竹簡長二十三・一至二十七・八公分，寬〇・五至〇・八公分，內文爲墨書秦篆，寫於戰國晚期及秦始皇時期，反映了篆書向隸書轉變階段的情況，其內容主要是秦朝時的法律制度、行政文書、醫學著作以及關於吉凶時日的占書，爲研究中國書法，秦帝國的政治、法律、經濟、文化、醫學等方面的發展歷史提供了翔實的資料，具有十分重要的學術價值。

睡虎地秦墓竹簡共一千一百五十枚，殘片八十枚，分類整理爲十部分內容，包括：《秦律十八種》、《效律》、《秦律雜抄》、《法律答問》、《封診式》、《編年記》、《語書》、《爲吏之道》、甲種與乙種《日書》。其中《語書》、《效律》、《封診式》、《日書》爲原書標題，其他均爲後人整理擬定。

其中法律部分記載了秦代施行的二十幾個單行法規的條款原文，共記載法律條文六百條。記載的秦律的形式主要有：律、令、式、法律答問、廷行事。時至今日，尚未見到完整的秦代法典，所見最多的法律條文也僅是睡虎地雲夢竹簡所載的一千多枚竹簡記錄的秦朝條文。

湘江與漓江雖然相距不遠，但從未有過交集，導致了中原與百越地區處於老死不相往來的境況，而靈渠溝通了湘江與漓江，聯繫了長江水系與珠江水系兩大水系，從此中原與百越之間的天然阻隔被靈渠所化解。兩個原本並不相通的地區開始密切地融合在一起，中央的政令可以順利到達南越，南北方的貨物可以暢通地流動，中原與嶺南之間的文化、經濟、民族都能得以交流與融合，保證了中國幾千年的統一。郭沫若曾經以「北有長城，南有靈渠，同爲世界奇跡」來評價靈渠的歷史價值。

民族大融合

秦征服嶺南百越之後，在當地設立了桂林郡、南海郡和象郡三郡。爲了穩定南越局勢，秦王命令進軍嶺南的將士留守當地「屯戍」，並且任命任囂爲南海尉，任命趙佗爲南海郡龍川縣令。趙佗上任後，推行「和輯百越」的民族政策，上書秦始皇，要求從中原遷居五十萬居民至南越。秦始皇於是下令將五十萬犯人流放到南越，並且強制性地從中原徵調一萬五千名未婚女子趕赴南越，與守戍將士成婚定居，繁衍後代。這是中國古代規模較大的一次民族大遷徙。

流放嶺南的罪犯中有不少是原來六國的貴族子弟，他們爲嶺南帶來了先進的生產技術與中原文化。遷到嶺南的漢人與當地的越人融合在一起，進行艱苦卓絕的嶺南大開發，生活苦不聊生，男子負責軍事征戰，婦女負責繁重的後勤工作，促進了嶺南地區的社會、經濟、文化發展。

北掃匈奴

秦國完成了兼併六國、統一天下的大業，但北部邊疆還處在匈奴的威脅之下。秦始皇命蒙恬北擊匈奴，收復河套，「卻匈奴七百餘里，胡人不敢南下而牧馬」。

北方勁敵

自西周開始，戎人和狄人長期威脅著中原的華夏文明。周幽王時期，犬戎部落曾經攻陷鎬京，迫使周平王東遷。雖然戎狄在中原諸侯國不斷的打擊下力量有所衰竭，但不久之後，北方興起了一個更爲強大的民族——匈奴，這是一個崇拜狼的民族，非常勇猛凶悍。

匈奴擅長騎射、機動性強，很快就吞併了原來的戎狄部落，形成了強大的匈奴王朝。周赧王十五年（約西元前三世紀時），匈奴已經控制了從裡海到長城中間的地區，包括現在的蒙古、西伯利亞、中亞北部和中國東北等地區。

戰國初期，北方的燕、趙兩國經常受到匈奴的侵擾，兩國都採取修築長城的方式抵禦匈奴。後來趙武靈王進行胡服騎射改革後，才得以將匈奴驅逐出趙國國境。戰國末期，趙將李牧曾經一戰擊敗匈奴，使得匈奴十幾年不敢再入趙國國境內。

然而，隨著秦國與中原各國忙於兼併和反兼併戰爭，北方的匈奴再次

戰國．匈奴鷹冠

鷹冠由冠頂及冠帶組成，冠頂以金片捶擊成形，呈半球體，表面鏨刻四組狼噬羊淺浮雕紋飾，羊角處鏤空。冠頂上立一雄鷹，鷹體中空，飾有羽毛，頭部以兩塊綠松石磨製而成，鷹首及尾均以細金絲從內部與鷹腹相連，可左右擺動。冠帶以三條半圓形金帶組成，皆鑄造成形，其中兩條相互榫接成一圓箍，另外一條與圓箍前部金帶上下榫合，金帶為交錯繩索狀，兩頭浮雕對稱臥虎、盤角羊、馬等動物形象。

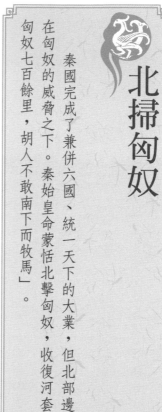

蠢蠢欲動，他們利用中原戰亂之機，不斷騷擾北方各國。匈奴頭曼單于率領匈奴軍隊越過陰山和趙國長城及黃河，占領了河套以南的大片土地，西邊侵入秦長城一帶，劫掠隴西、北地（今甘肅寧縣西北）、上郡等地，匈奴活動的地方距離秦都咸陽只有數百里，直接威脅著秦都咸陽的安全。

蒙恬北征

在統一六國，建立大秦帝國之後，北方的匈奴成爲秦始皇最後的心腹大患。正在此時，之前被派往海外求仙的方士盧生回來，帶了一本記錄「仙人語錄」的《錄圖書》，上面寫著「亡秦者胡也」，這無疑更加劇秦始皇對匈奴的憂心。秦始皇決心派遣青年將領蒙恬率兵北擊匈奴。

蒙恬出身武將世家，祖父蒙驁輔佐四代秦國國君，一生屢立戰功，父親蒙武是秦王嬴政兼併六國時的得力武將。蒙恬年紀輕輕就隨老將王翦出征楚國，也是秦國統一戰爭的功臣。除此之外，他長年駐守在北方邊境上，與匈奴人已經有過多次交手，對其戰術也非常熟悉，與其他擅長在中原地區進行攻堅戰的將領相比，蒙恬對在塞北平原上對抗匈奴的野戰比較有經驗。

秦始皇三十二年（西元前二一五年），蒙恬帶領秦軍三十萬，日夜兼程地趕赴邊關，到達黃河之濱後，以步兵對抗彪悍兇猛的匈奴騎兵。第一次交戰，蒙恬因爲戰略得當，紀律嚴明，迅速擊敗了匈奴大軍，攻略了黃河以南。第二年春天，蒙恬又與匈奴進行了幾次戰爭，重創匈奴主力，迫使匈奴逃到大漠以北七百里地。

蒙恬這一戰就驅逐匈奴，收復河套，使得匈奴十幾年內不敢再進漢地，爲北方人民帶來了十幾年的安定環境。蒙恬也因爲擊敗匈奴，成爲秦國最爲出色的將領，人們稱他爲「中華第一勇士」。

戰國．子母豹銅牌飾

牌飾透雕子母豹形象，母豹蹲踞，頭下垂，尾內卷，子豹立於母豹腿上，下頷貼於母豹額部。一九八二年在寧夏固原出土。

戰國．虎紋牌飾

這是一件典型的匈奴裝飾品。一九七九年在內蒙古涼城毛慶溝出土。

萬里長城

秦統一六國之後，北方的匈奴成為帝國最後的心腹大患。此時，方士盧生訪仙歸來，告訴秦始皇「亡秦者胡」，這更加重了秦始皇的憂慮。於是秦始皇立即派遣大將蒙恬北擊匈奴，同時修築萬里長城

亡秦者胡

秦始皇二十六年（西元前二二一年），秦國徹底吞併韓、魏、楚、趙、燕、齊六個諸侯國，建立了中國歷史上第一個統一的中央集權國家。然而，秦始皇是一個有強烈危機感和憂患感的人，即使已經當上始皇帝，卻還是憂心忡忡，並沒有因爲統一天下而放鬆下來。

天下初定，六國諸侯的殘餘力量還是對秦不滿，使得大秦的政令在全國很難通行。爲了能夠安定民心，秦始皇在稱帝之後第二年就開始在全國巡行。沒想到，在巡行途中，他先後兩次遇刺，一次是在東巡路途上，另外一次竟然是在都城咸陽。雖然這兩次都倖免於難，但對秦始皇的打擊非同小可，連自己的都城都不安全，可想而知秦始皇內心的恐慌，想要做「千古一帝」絕非易事。

秦始皇深知，只有長命才能長治。所以，正值壯年的秦始皇開始

秦長城五里墩

五里墩位於陝西定邊縣境內的安邊鎮。墩台約有三公尺多高，墩中有一門洞，如今磚層已脫落。這裡是一處著名的秦長城遺址，雖然飽經風霜，它依然在這裡矗立。

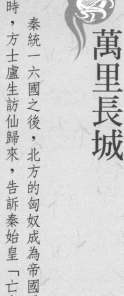

寧夏風化的秦長城遺址

戰國秦長城始於甘肅。該長城建築依地勢而定，城上每隔二百至三百公尺築一外凸形墩台。

求助於仙人方術，想得到長生不老藥。秦始皇三十二年（西元前二一五年），秦始皇第三次巡遊祭海。此次東巡到達了渤海北岸的碣石（今河北秦皇島）。在爲自己刻石立碑、歌功頌德之後，秦始皇令燕國的方士盧生出海，爲他尋求仙人不死之藥。盧生出海後自然一無所獲，回來見到秦始皇，只能胡亂說了一通，繼續對秦始皇逢迎拍馬、歌功頌德，卻說不出一句實質性的話。秦始皇對歌功頌德的話並不感興趣，他所需要的是對自己眞正有益的東西，於是命令盧生再次入海尋求神仙指示。這次，盧生不再是「無功而返」，而是帶回來了一本記錄「仙人語錄」的《錄圖書》，上面有一句話「亡秦者胡也」。

「亡秦者胡」當然只是盧生爲了搪塞任務而胡謅出來的，盧生根本想不到自己的一句謊言竟然對秦國，乃至後世歷史產生怎樣的影響。秦始皇對這句話十分篤信，他以爲自己終於找到威脅大秦帝國的隱患了，認爲：「如果不立即消滅胡人，大秦帝國就可能亡於胡人之手！」於是，他立刻派青年將領蒙恬率軍三十萬趕往北部邊防抗擊胡人，將胡人驅逐出河套地區。之後他還不放心，再命蒙恬駐守北部邊塞，修築萬里長城，以絕胡人亡秦之患。

萬里長城

修築長城其實並非秦始皇首創，早在春秋戰國時期，各個諸侯國爲了防禦對方進攻，就在國界上修築一些高大的城牆，稱這些城牆爲長城。戰國時期，北方的趙國、燕國和秦國爲了防禦匈奴的侵擾，在其北部邊疆都修築了長城。

蒙恬擊敗匈奴之後，開始遵照秦始皇的命令，重新修築長城。他首先將原來的趙長城、燕長城以及韓長城連在一起，之後又增擴了很多部分，形成一條氣勢雄偉、隔斷南北的巨龍。長城修建的原則就是「因地形，用險制塞」。蒙恬將長城建於高山之上，儘量以山脊、峰巒作爲城，使得匈奴騎兵無法越過，又利用河流作爲屏障，將長城修在河流的北邊，防止敵人找到水源，在丘陵、平原地區則修築高大的城牆。

內蒙古固陽縣秦長城

始建於秦始皇三十三年（西元前二一四年），多數地段城牆為石塊錯縫干砌，是國家級重點文物保護單位。

秦始皇時代的萬里長城主要分爲西、中、東三段。西段長城以黃河天險作爲屏障，建立城堡障塞。中段長城主要是在趙長城基礎上修築而成，依托大青山和陰山，用毛石塊壘砌，從內蒙古興和縣開端，繞過集寧市，沿著大青山向西，北依陰山，南障黃河後套，經五原、杭錦後旗北境，西抵烏蘭布和沙漠北緣。沿長城內外，在山巔之上，還建有供傳遞軍情用的烽火台，山間則修築一系列城堡。東段長城在燕長城基礎上修築，一直延伸到北韓境內平壤大同江北岸，沿線同樣也修築了許多城池、障塞和烽火台一類的防禦設施。

雖然以現在人看來，長城是人類歷史上前所未有的奇跡，但對大秦的黎民蒼生而言，卻是災難與痛苦的源頭。當時修築長城的軍隊、戍卒以及犯人總共不下數百萬人。征發戍邊的士卒只有百分之三四十能夠生還，當時的民謠唱道：「生男愼勿舉，生女哺用脯，不見長城下，屍骸相支拄。」意思就是說：「生了男孩千萬不要養活他，生了女孩要用最好的肉養活，你難道看不見長城下面是用無數屍骸支撐的嗎？」當時秦總共人口才兩千萬，除去婦孺老幼，就只剩下八百多萬。秦始皇修長城、修驪山皇陵、修阿房宮，耗費了幾乎全國大半的青壯年勞動力，這樣的情形無疑會造成人們對秦始皇的怨恨，透支著大秦帝國的生命。

長城的傳說

秦始皇修築萬里長城，爲大眾帶來了無窮無盡的災難。長城是由百姓的血和淚修築而成的。因此，長城也給後人留下了許許多多的傳說和逸聞。在這些傳說和逸聞當中，最具代表性的就是孟姜女哭長城。

傳說，秦始皇爲修長城而大量徵用民工，其中就有孟姜女的丈夫范杞梁。孟姜女和范杞梁的感情非常要好。卻說范杞梁在北方修長城，孟姜女在南方日思夜念，夏日蚊蟲多，孟姜女祈禱說：「蚊子啊蚊子，就是咬上孟姜女千萬口，也千萬別咬我的夫君范杞梁。」冬日來臨，寒風陣陣，孟姜女想到范杞梁身著薄薄的單衣，就做了幾件厚厚的棉衣，決心去看望丈夫。孟姜女過了一關又一關，歷經千辛萬苦，終於來到了長城腳下。巍峨的長城腳下民工萬萬千，可就是不見她的夫君范杞梁。孟姜女多方打聽，方才知道他已累死在長城腳下。一霎間，孟姜女放聲大哭，淒慘悲愴，聲聞九天。幾聲巨響，猶如天崩地裂，長城倒了八百里。

這個故事最早出現在漢代劉向編撰的《列女傳》中，後來經過不斷的加工才形成了我們今天看到的這個版本。

孟姜女像

阿房宮

「六王畢，四海一，蜀山兀，阿房出」。杜牧的一篇《阿房宮賦》，留給後世無數關於「阿房宮」的瑰麗幻想，也使一位悲劇英雄從此脫不去「火燒阿房宮」的罪名，但這一切都是真的嗎？

歷史對阿房宮的記載寥寥無幾，人們一般是從杜牧的《阿房宮賦》中來揣測阿房宮當年的氣勢磅礡、雄偉瑰麗：「五步一樓，十步一閣，廊腰縵回，簷牙高啄，各抱地勢，鉤心鬥角。」而西楚霸王項羽一把火燒盡阿房宮的故事已經流傳了千百年，成爲戲曲、小說乃至現在的電視電影所濃墨渲染的題材。這座人們想像了兩千多年的大殿，實在有太多說不盡的故事與謎題。

阿房宮的傳說

秦始皇爲什麼要修建阿房宮？民間廣爲流傳著一個關於「阿房女」的故事。傳說秦始皇還在趙國邯鄲城裡的時候就愛上了一位美麗的民間女子，名叫阿房。這段美麗的愛情到底是如何開始的，現在的人可能並不清楚，只知道最後兩人並沒有很好的結局：阿房在秦始皇統一六國、當上始皇帝之前就早早離世了。爲了紀念自己深愛的女子，秦始皇不惜人力物力，修建了雄偉奢華的阿房宮。

這當然只是傳說。根據史料記載，秦始皇建立大秦帝國之後，開始大興土木，廣修宮殿。他每征服一個國家，就會命人繪製該國的宮室圖，然後在咸陽城內仿造該宮殿，史稱「六國宮殿」。秦始皇三十五年（西元前二一二年），秦始皇徵調七十多萬人，在秦惠文王當年在渭河以南的上林苑中建造的朝宮基礎上，修建更大規模的宮殿，即阿房宮。阿房宮工

佚名．阿房宮圖

程浩大，秦始皇在全國範圍大規模的徵調各地男丁，凡是年滿十七歲，都要輪流到咸陽來服徭役。

阿房宮並非一朝一夕就能完成。直到秦始皇三十七年（西元前二一〇年）秦始皇去世，這座美麗的阿房宮還未建成。秦二世胡亥即位後，更加橫徵暴斂，徵調眾多百姓修建阿房宮，更加重了人民的負擔。

陳勝、吳廣起義以後，大秦帝國的統治已經岌岌可危，秦相李斯心急如焚，上書勸說秦二世停止修建阿房宮，減少一些徭役，將注意力放在消滅反秦起義之上。結果秦二世對此置若罔聞，反而發詔責備李斯不讓他修建「先王未竟之業」。李斯害怕被秦二世責罰，再也不敢提「停修阿房宮」的建議了，只能對秦二世唯唯諾諾地阿諛奉承。結果，秦二世和李斯的「掩耳盜鈴」並不能掩蓋住大秦帝國氣數已盡的事實，民間的反秦抗爭愈演愈烈。劉邦大軍攻入關中，屯兵霸上，逼秦王子嬰投降，大秦帝國徹底滅亡。

不久，劉邦迎項羽大軍入關，項羽進入咸陽以後，對咸陽城大肆搶掠，並且火燒咸陽城。傳說項羽聽說自己的愛妾虞姬被擒，十分惱怒，就一把火燒掉了阿房宮，大火整整燒了三個月，阿房宮化爲灰燼。

爲什麼叫阿房

「阿房」名字的由來是什麼？除了民間傳說秦始皇爲一位叫阿房的女子修建宮殿外，歷代以來對此有不同看法。一種觀點認爲：「阿」是「近」的意思，指這個宮殿離咸陽城比較近，所以叫阿房。第二種觀點認爲：阿，指的是彎曲處、曲隅、庭之曲等，因爲這個宮殿的形狀是「四阿旁廣」，阿房宮「盤結旋繞、廊腰縵回、屈曲簇擁」的建築結構正好體現了「四阿房廣」的特點。《史記·秦始皇本紀》中記載：「此以其形命宮也，言其宮四阿旁廣也。」第三種觀

南宋·趙伯駒·阿房宮圖

點認爲：阿，指高大的丘陵。阿房宮得名是因爲這個宮殿建立在高大的丘陵上。《漢書》中提到：「阿者，大陵也，取名阿房，是言其高若干阿上爲房。」從現在發掘的遺址可以看出，當年的阿房宮確實是坐落在一個地勢較高的丘陵上，那裡至今還殘存著宮殿的高大地基。第四種說法認爲：因爲這個宮殿與山相鄰，但還沒建成，所以尚未正式取名，先叫做阿房，等到建成之後再重新取個正名。

現代・黃秋園・阿房宮圖

這幾種說法各有道理，但誰也不知道眞實的歷史到底如何。至今爲止，阿房宮的取名還是個未解之謎。

阿房宮到底多大

現代人當然無法親眼目睹阿房宮的雄偉壯麗，但根據杜牧的賦，可以得知阿房宮「覆壓三百餘里，隔離天日」、「一日之內、一宮之間，而氣候不齊」。傳說阿房宮內有大小宮殿總共七百多座，一天之中，各個宮殿的氣候都不盡相同。宮中珍寶如山，美女如雲。阿房宮的規模之大，建築面積之廣，遠超現在的故宮。

《史記》中同樣記載：阿房宮的前殿，東西五百步，南北五十丈，殿中可以容納一萬人，可以樹起五丈高的大旗，四周都是閣道，從殿下一直延伸到南山。南山之巓又兼有宮闕，又修建從阿房宮直達咸陽的復道。秦代的一步爲六尺，三百步爲一里，一尺約爲〇・二三公尺，所以按照《史記》記載，阿房宮僅僅前殿就東西寬有六百九十公尺，南北長爲一百一十五公尺，佔地八萬平方公尺。

這些史籍與文章所載的，到底是不是眞的？阿房宮眞的有這麼大嗎？現代考古學家對阿房宮遺址進行了發掘，發現在前殿的遺址上有一個長一千二百七十公尺、南北寬四百二十六公尺，夯土面積五十四萬一千零三十平方公尺的夯土台基，這是迄今爲止的中國乃至世界歷史上規模最大的夯土基址。可見阿房宮的規模確實驚人。

但考古同樣證明，阿房宮根本沒有建成，其被毀之前的面積根本不是杜牧所渲染的那麼大，只是一塊還未完全建成的工地。因爲如果宮殿當時已經建成，無論怎樣毀壞，都會如秦咸陽宮遺址那樣有一公尺多厚的瓦礫堆積遺存，但阿房宮遺址卻沒有；而且，如果已經建成宮殿，就算裡面的金銀財寶被洗劫一空，也一定會有碗片之類等物品留下，但考古發掘中卻同樣沒有發現。

其實，《史記》上記載很清楚，阿房宮因爲秦始皇駕崩就停工了，當時還未建成，等到秦二世胡亥即位時，四月才開始重新修建阿房宮，但七月陳勝、吳廣就起義了，僅僅三個月時間顯然無法修建成那麼龐大的阿房宮。杜牧之所以那樣極度渲染阿房宮的宏大規模，是爲了諷喻唐朝皇帝不要再像秦始皇那樣大興土木，惹起人民怨恨，最終導致王朝覆滅。

阿房宮是項羽燒的嗎？

進入咸陽城的項羽，對秦王朝的一切所採取的態度就是——殘酷清洗。所有皇宮、官邸和巨宅都被洗劫一空，連同普通百姓的財產也被劫掠殆盡，秦王子嬰和王室成員全部被殺。最後項羽還不過癮，就直接放了一把火，火燒咸陽城。秦始皇統一天下之後辛苦積累起來的所有財富、文化書籍都付諸一炬。秦代以前的歷史也因爲這把火變得模糊不清，叫後世的人難免欷歔哀歎。杜牧文中提到「楚人一炬，可憐焦土」說的正是項羽火燒阿房宮。

然而現代考古卻已經證實：阿房宮並非葬身火海！被火焚燒的重要證據是紅燒土和炭灰，但考古發現，阿房宮前殿遺址中根本沒有發現紅燒

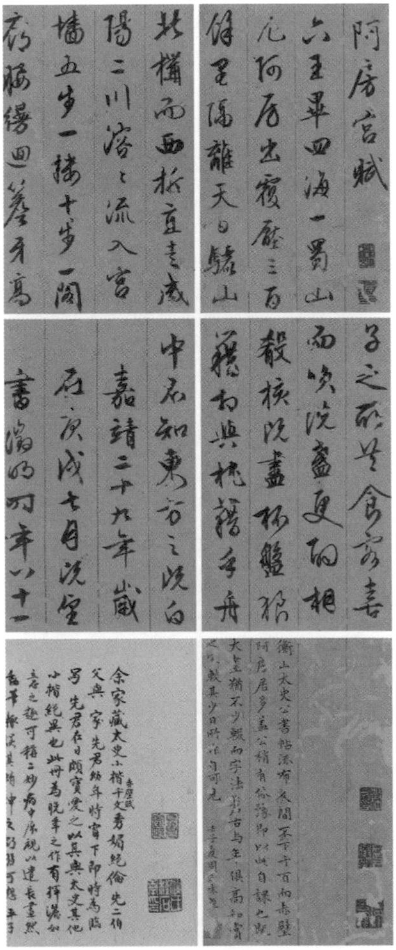

明．文徵明．行書《阿房宮賦》冊頁

文徵明的書法，四體俱長，小楷尤精，行書亦可與祝允明頡頏。此冊書《阿房》、《赤壁》二賦，可見其自趙子昂上窺二王而最終成就自己的風格。作品結構嚴謹，出筆勁利，氣機暢達，瘦而能厚，剛中寓秀，尤可稱道的是自首至尾無一懈筆，無一率筆。

土，沒有任何焚燒的痕跡。有人提出，阿房宮遺址中沒有紅燒土是因爲農民在平整土地的時候，把秦代火燒遺存取走了。這種說法在考古學上根本就不可靠，因爲考古隊在遺址上已經發掘出了漢代文化層，秦代文化層位於漢代之下，農民是不可能穿過漢代文化層，將完整的秦代文化層拿走的。其實，如果項羽入咸陽的時候阿房宮並沒有修建成功，那也就沒有什麼可燒的了。

事實上，《史記》並沒有說項羽燒了阿房宮，只是說燒了「秦宮室」，火燒了三月不滅，但並沒有詳細說燒的就是阿房宮。當時秦始皇在咸陽修建的宮殿有兩、三百處，並不能就此判斷《史記》上所說的「秦宮室」就是指阿房宮。現在考古已經證明，被燒掉是秦咸陽宮。在歷史上其他記載阿房宮的書籍中，例如《三輔黃圖》、《水經注．渭水》、《漢書．賈山傳》等，都只是提到了阿房宮的規模，並沒有提到項羽火燒阿房宮。所以杜牧在《阿房宮賦》說項羽火燒阿房宮，只是藉自己想像的歷史，來表達自己對歷史、時代的看法，借古諷今。

既然阿房宮不是被焚燒而亡，那是怎麼毀掉的呢？歷史上並沒有記載，現在只能說，阿房宮很有可能是毀於戰火。

阿房宮已經不復存在了，它的宏偉與奢華再也無法重現了，現代的人們只能透過「隻言片語」來驚歎古人的勞苦與智慧，追溯大秦帝國曾經的輝煌與最後的衰落。

陝西西安阿房宮遺址公園

焚書坑儒

「焚書坑儒」一直被後世人當做「一件」事情來批判秦始皇殘酷暴虐，然而「焚書」與「坑儒」卻是兩件性質不盡相同、起因完全不同的事件。兩千年來，「焚書坑儒」一直是後世天下文人唾罵的對象，秦始皇也因為這件事被貼上了殘酷暴虐的標籤，被認為是愚民政策的「開拓者」。尤其是當後世儒家學者為了弘揚孔孟仁義之道，總會將「焚書坑儒」拿出來當反面教材加以抨擊。

「休養生息」，就被拉去北擊匈奴、南平百越、修築長城、建造阿房宮、修馳道、建驪山帝陵，要應付數不清的勞役徭役，要繳納交不完的錢糧，也難怪百姓，尤其是尊崇「仁愛」的儒生們，對秦始皇不滿了。

這種自由議政的民風讓剛剛統一度量衡、統一文字、統一法律的秦始皇非常不安。天下初定、民心未定，威望還未完全建立，新的經濟文化統一政策的推動也面臨一些困難，如果

儒法之辯

秦始皇二十六年（西元前二二一年），中國從分裂割據的戰國時期進入天下一統的秦朝。雖然時代已經變更，新的統一制度也在全國範圍內積極推行，但戰國時期百家爭鳴的思想文化並沒有變，舊諸侯，尤其是原來的貴族和文人墨客們，甚至市井販夫都還是一如既往地談論政府的行政得失，批判官員的私德，並且時常拿原來的商周與現在的大秦統治進行比較討論，抱怨新政府的人不在少數。儒生們開始懷念以前商周的制度，對奉行法家思想的大秦有諸多不滿。而且，天下一統之後，百姓還沒有來得及

秦始皇新政圖

這幅繪畫作品表現的是秦始皇在推行新政之時與丞相李斯的堅決偉岸，並以舊官僚的猥瑣加以襯托，極具藝術感染力。

任由天下人發表評論，難免會「惑亂民心」，可能影響到自己的統治。

秦始皇三十五年（西元前二一二年），爲了慶祝秦對匈奴和南越的軍事勝利，秦始皇在咸陽城大宴群臣，邀請七十多位齊魯一帶的儒學博士參加宴席。席間，善於拍馬屁的大臣周青臣趁機對秦始皇大唱讚歌：「昔日秦國區區千里，全靠陛下英明才能平定天下，使得普天之下無人不心悅誠服。陛下所創的郡縣制度，使得天下再沒有割據戰亂，百姓得以安樂，任何君王都無法與陛下相比！」

博士齊人淳于越心中不服，他起身說道：「殷商之所以能夠存在一千五百年那麼久，就是因爲能分封皇子功臣爲諸侯，使之成爲帝王的輔助，就像一棵大樹的根一樣，向各個方向蔓延扎根，這樣樹才不會被風吹到，也能抵抗乾旱。現在陛下已經擁有天下，卻沒有分封皇子一寸土地，那麼要是權臣中有人起異心，外人怎能救呢？」淳于越這麼說正是衝著「權臣」李斯來的。六國盡滅，天下初定時，曾經圍繞「郡縣制」與「分封制」有過一次爭論，丞相王綰主張在離秦較遠的燕齊楚等地分封皇子爲王，廷尉李斯堅決反對，秦始皇聽從李斯，在全國施行郡縣制度。淳于越等儒生並不認同郡縣制，也不喜歡奉行法家思想的李斯。他不顧旁邊李斯和秦始皇的臉色難看，繼續往下說：「古人制度流傳下來自然有它的好處，如果不會帶來十倍的利益就不要改革古制，貿然施行沒有經過考驗的新制度可能會有危險。」

秦始皇故事圖

這組圖片著重表現了秦始皇運籌帷幄。頒布法令、修築長城、封禪泰山等情景。

淳于越重提舊事，令秦始皇覺得

非常掃興，但他並沒有發作，只是說：「好吧，既然有人對新制度不贊同，就趁今晚大家討論一下。」話音剛落，早在一旁忍耐不住的李斯跳起來說：「三皇五帝各有各的綱領制度，並非世代相襲、一成不變，大秦不是故意要與前代唱反調，而是時代變了，制度法則就不得不跟著變。陛下現在成就的乃是前所未有要世代流傳、超越三皇五帝的偉業，豈是你們這些迂腐的儒生能懂？剛才你說的商周才一千五百年，怎麼能跟陛下相提並論？」淳于越並不示弱，立即率領七十位博士進行反駁，李斯這邊也迅速形成陣營，兩邊開始唇槍舌劍的辯論。

這場由「分封」與「郡縣」制度引起的辯論慢慢地擴展為儒家與法家之戰，雙方辯論得酣暢淋漓，已經差不多忘記了旁邊的秦始皇，一直吵到半夜還沒有任何結果。等到快天明的時候，秦始皇發話了：「辯論到此為止，由李斯總結此次辯論，寫成奏折呈給朕。」

焚書

相比儒生，李斯更瞭解秦始皇：對於一個想要超越三皇五帝的人，怎麼能拿三皇五帝來教訓他呢？怎麼能叫他遵守三皇五帝的古老制度呢？儒生們在這次辯論中算是過足了癮，卻想不到在秦始皇的心裡，他們只是一群「食古不化」的迂腐文人而已。不久，李斯向秦始皇上奏本次辯論的結果：「以前諸侯相爭時候，各國都爭相招賢納士，養成了遊學和私人辦學的風氣。現在天下一統，法令統一，士就應該去學習新的法令制度。但這些儒生，不學習現在的學問，卻只知

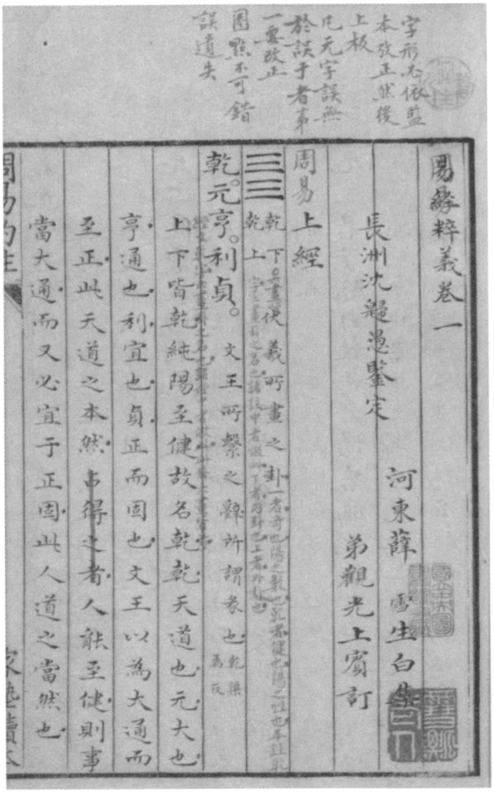

《周易粹義》書影

秦始皇下令焚書坑儒，諸子百家諸作因之散佚，其中就包括儒家典籍。唯一例外的是《周易》，被當做卜筮之書而完整保留下來。

焚書坑儒

秦始皇三十四年（西元前二一三年），秦始皇接受丞相李斯的建議，為禁絕異端思想，下令焚燬除法家以外的諸子百家的著作，史稱「焚書」。秦始皇為進一步排除不同政治思想和見解，在第二年首都咸陽活埋四百六十餘名儒生和方士，史稱「坑儒」。

道鑽研古書、亂發議論、惑亂民心，使得天下百姓對陛下的新政起了疑心。只要一有新制度頒布，這些人就用古人的經典來反駁，不但不遵行，反而還聚眾亂發議論、誹謗朝政。再不禁止這種狀況，百姓就不信任陛下的新政了！」

那麼，該如何禁止這些儒生亂發議論呢？李斯建議：「焚燬所有非秦國歷史的史書，除了史官之外，任何人不得私藏《詩》、《書》和諸子百家的書，由郡守、郡尉執行查禁，搜出來的書全部都要焚燬。凡是兩人以上聚集討論《詩》、《書》的，都要處斬；凡是以古制來非議新制度的人，要滅族。三十天內還沒有執行焚書令的人要罰築長城四年。只有醫學、卜筮、園藝等實用書籍例外。如果有人想要學習政治、刑名之學，要到官方學校學習。」秦始皇完全贊同李斯的建議。

「焚書令」一出，大秦的土地上，無論東西南北，連續三十天不分晝夜地開始焚書，無數先祖的典籍心血都付之一炬，先秦時代的文化歷史被粗暴地一併焚燒了。但其實當時焚燒的只是在民間的書籍，在秦宮裡還保存有被焚燒的書的備份。最終使得上古典籍徹底消亡的其實是西楚霸王項羽，項羽引兵入咸陽之後，火燒咸陽城，火連燒三月不滅，將秦皇宮內所有珍藏的書籍都燒掉了。

「焚書」本意是控制儒生亂發議論，排斥不同的思想見解，加強君主的集權統治，但並沒有達到預期目的。短期內，「焚書」使得天下人幾乎沒有書可看，儒生們無事可幹，愈發對秦始皇和政府不滿，全國謾罵聲一片。而長期內，這種簡單粗暴的做法使得人民更加反對秦的統治，導致了秦始皇統治力急劇下降，最終導致大秦帝國僅僅維持十五年就夭折了。唐代詩人章碣在其《焚書坑》一詩中寫道：「坑灰未冷山東亂，劉項原來不讀書。」正寫出了焚書不久，秦王朝的統治就遭遇了危機。

坑儒

焚書之舉使得儒生們對朝廷愈發不滿，雖然表面上不敢說什麼，背地裡卻一片謾罵，這些謾罵很快就傳到了秦始皇的耳中，令秦始皇更討厭儒生。

焚書之後第二年，秦始皇要求方士盧生在阿房宮中主持修建「始皇登天台」。秦始皇之所以要盧生修建「登天台」，是想要他邀請仙人下凡。盧生當然請不動什麼「仙人」了，於是他說：「臣爲陛下求仙藥卻總是不得，是因爲有惡鬼妨礙仙人，仙人不願意給臣。臣以爲，陛下應該時常祕密出行，才能驅逐惡鬼，神仙眞人才會下凡。這些眞人都是入水不濕、入火不傷、會駕雲遨遊、長生不老。現在陛下日常的言行一定要保密，不要叫別人知道，就不會惹惡鬼，長生不老藥也就有了。」秦始皇竟然相信這番拙劣的謊言，說：「朕很仰慕你所說的那些眞人，從今以後，朕要自稱『眞人』，你們也都要稱呼朕『眞人』！」

接著，秦始皇果然按照盧生所說，對外保密自己的起居出行。他命人將咸陽城四周的兩百多個宮殿都用甬道、天橋連接起來，凡是自己去過的地方不許告訴任何人，如有透露，馬上處斬。有一次，秦始皇在梁山宮上看到山下有一隊陣容奢華的車騎經過，原來是李斯的車隊，秦始皇心中有些不滿，口中發了幾句牢騷。不久，李斯再次出行的時候減少了跟隨車騎。秦始皇知道這件事後不但沒有滿意，反而大怒，因爲這說明有人將他私下的言行洩露給李斯了。秦始皇便將當時在場的侍從全部處死。這件事使朝內大臣再也不敢親近秦始皇了。

盧生得知此事後更是膽戰心驚：

戰國．彩繪牛馬鳥紋漆扁壺

此壺兩腹一面繪雄壯有力的牛，另一面繪並肩前進的奔馬和飛鳥，動物形象栩栩如生，與著名的「馬踏飛燕」有異曲同工之妙。

萬一秦始皇知道自己之前說的都是謊話，眞不知道自己會是怎樣的下場，於是決定逃走。在逃走之前，盧生告訴諸儒生和方士：「始皇爲人剛愎自用，自從兼併諸侯後，更是自以爲功高蓋世。他專任寵幸獄吏，雖然有七十位博士，卻不過是留著備用罷了。丞相和其他大臣也只是接受命令而已，一切其實都是始皇親自做主。始皇喜歡以刑殺立威，使得天下人因爲害怕，都不敢對他說實話，所以他從來沒有聽過批評，就愈發驕傲，下面的人就更要用欺瞞掩飾來討他的歡心了。秦國律法規定，一個方士不能有兩種方術，方術不能應驗的就要處死。然而占卜星辰的人有三百多個，本來是正直之士，但因爲害怕始皇，都阿諛奉承，不敢說出他的過錯。天下無論大小事都取決於他。他每天日夜不息，要處理一百二十石的奏章。他這樣貪戀權勢，是不可能找到仙藥的，我已經盡力了，不想再伺候他了！」

盧生這番話在儒生和方士中間迅速傳開，也傳到了秦始皇的耳朵裡。始皇極爲憤怒：「朕一直尊重禮遇盧生他們，沒想到他們現在竟然誹謗我，立刻去追查咸陽城裡的儒生、方士，看看是誰口出狂言惑亂百姓。」

經過御史的審問，咸陽城裡的儒生們大都膽小如鼠，互相告密，結果一下子引出了四百位與盧生有關的人。秦始皇三十五年（西元前二一二年），秦始皇在當時秦首都咸陽將這四百六十多名方士與儒生全部坑殺。

值得注意的是，後世人常常將焚書與坑儒並列，其實坑儒本身不是針對儒生，而是針對方士。司馬遷在《史記．儒林列傳》中清楚記載：「及至秦之季世，焚《詩》、《書》，坑術士。」其實最早提出「坑儒」說法的是西漢時期的桑弘羊，當時已經距離秦始皇駕崩一百多年了，而且是董仲舒推行「罷黜百家、獨尊儒術」的時期，這時候將秦始皇「焚書坑儒」當反面教材來批判，符合現實需求。但在後代學者的著作中，例如唐代韓愈、北宋司馬光，都寫道「坑殺學士」、「屠術士」而非「儒士」。所以歷史的眞相很多時候並不是後人所認定的那樣。

除了坑殺四百人之外，秦始皇還謫遷了一批人至北方邊地。「坑儒事件」使得秦始皇愈發顯得眾叛親離，長子扶蘇勸他說：「現在天下初定，遠方百姓的心還未收攏，諸生都是誦讀孔子的門徒，現在全部降罪處罰，恐怕會使人心不安，希望陛下明察！」暴怒之中的始皇聽不進去任何人的話，即使是自己最得意的兒子扶蘇。因為這件事情，扶蘇被趕出京城，發配到北部邊疆蒙恬軍隊那裡做監軍。

秦始皇用「焚書坑儒」這種簡單殘暴的方法，是想要控制天下人的思想，禁止天下人對秦始皇和秦國有所非議，進而統一思想，維護自己的統治。然而這絲毫沒有減少人們對秦帝國的不滿、對秦始皇的痛恨，也沒有減少思想之間的分歧，反而促成了秦朝的衰落與早亡。兩年後，秦始皇便死在出巡途中，權臣李斯與趙高偽造遺詔殺死太子扶蘇與大將蒙恬，擁立胡亥即位。胡亥統治時期變本加厲，昏庸殘暴，終於導致了秦帝國徹底的崩潰。

秦始皇出征雕像

始皇巡遊天下

秦始皇一統天下的第二年，就迫不及待地開始了四處巡遊。短短十年間，他已經五次出巡。其出巡頻率之高、時間之長、出行季節之規律、巡遊疆域之廣，都令人驚歎。最終秦始皇死在了第五次出巡的路途上，倉促地結束了他的「始皇帝業」。

儘管先秦儒學經典中已有天子四方巡狩的設想，但眞正將其付諸實踐的第一代帝王卻是秦始皇。他從統一天下、登上皇帝的第二年（西元前二二一年）開始，到駕崩於沙丘平台（西元前二一〇年），短短十年間，已經五次巡視全國，足跡所至，西到隴西北地（今甘肅寧夏陝北一帶），東到膠東琅玡（今山東半島），北到九原遼東（今內蒙古、遼寧），南到會稽、長沙（今浙江、湖南），行程數萬里，遊遍帝國各地名山大川。他開了帝王巡遊風氣之先，深深地影響著歷代帝王的巡遊行爲。

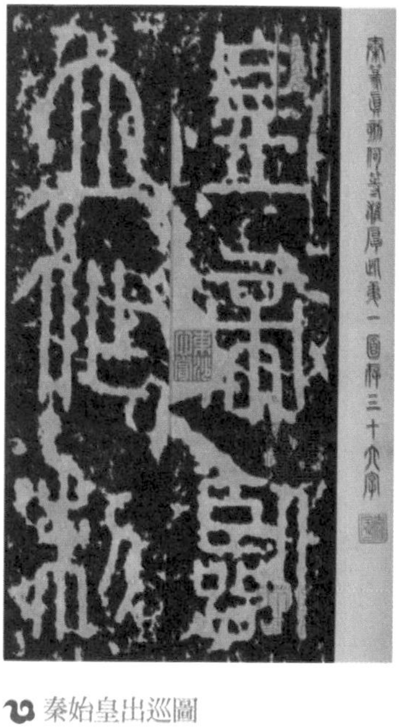

秦始皇出巡圖

這幅作品著重描繪了秦始皇巡行天下的情景，山水人物，設色典雅。

首次西巡

是秦始皇併吞六國、一統天下的第二年，他迫不及待地開始了第一次出巡。這是他一生中唯一一次西巡內陸，其他四次均是向東巡海。這次出巡主要是爲了尋根祭祖，回顧秦人先祖發達的足跡，祭告祖先統一天下的大業已經完成。

出巡隊伍由咸陽都城出發，沿渭河一直向西到達秦國遷都咸陽以前的舊都雍城（今陝西鳳翔）。雍城埋葬的是秦孝公以前的秦王，秦始皇拜祭完畢之後繼續向西，到達隴西郡犬丘（今甘肅天水地區）。犬丘是秦人最初開始放牧養馬、繁衍生息的地方，秦始皇又拜祭一

秦泰山刻石拓片

秦泰山刻石立於秦始皇二十八年（西元前二一九年），是泰山最早的刻石。此刻石原分為兩部分：前半部是秦始皇東巡泰山時所刻，共一百四十四字；後半部為秦二世胡亥即位第一年（西元前二〇九年）刻制，共七十八字。刻石四面廣狹不等，刻字二十二行，每行十二字，共二百二十二字。兩刻辭均為李斯所書。

番，之後從隴西向東回到雍城，再由雍城往北一直到汧水河谷地區，從汧水上游的回中（今陝西隴縣西北）翻過隴山，進入北地郡，抵達涇水源頭的雞頭山（今甘肅省平涼市西）。雞頭山一帶是秦人發跡的地方，所以這裡被稱爲秦的發祥之地，也是秦始皇尋根祭祖的最後一站。祭拜完先祖之後，秦始皇從雞頭山返回咸陽。

在歸途中，渭河河畔的美麗風景令秦始皇非常著迷，於是他下令在渭水以南建築行宮，後來又改稱爲極廟——即「至高無上之宮殿」的意思。又命人從極廟挖通驪山，一直到甘泉，建築前殿，再修築甬道直通咸陽。以後始皇出行都在甬道中行馳，平民百姓是看不到的。除此之外，在巡視當中，秦始皇發現道路崎嶇難行，於是下令修築馳道和直道。

馳道與直道

爲了方便巡遊，秦始皇下令在全國修建馳道與直道，總共修築了五大交通幹道，以及爲抵禦匈奴而建的北邊道和直道。

馳道是不同於普通道路的高速行車道，有三個車道，中間是皇帝專用道，其他人不得擅自使用，兩邊爲吏民使用的旁行道。最長的馳道寬約五十公尺，高出地面，由多層夯土築成，寬闊平坦，馳道兩旁植有樹木，壯觀、秀美、通暢。馳道以都城咸陽爲中心，溝通帝國東西南北，與其他道路輻射連接：從咸陽西去有隴西北地道，東進有三川東海道，聯通南北的有河內廣陽道，連接東南有南陽南郡道，又有瀕臨渤海、黃海、東海的

琅邪台刻石（拓本）

秦始皇統一六國以後，曾多次巡視全國，立石刻，歌頌秦德。據《史記．秦始皇本紀》記載，有《嶧山刻石》、《泰山刻石》、《琅邪台刻石》、《芝罘刻石》、《東觀刻石》、《碣石刻石》、《會稽刻石》等七種。這些刻石既有政治意義，也有極高的藝術價值。可惜現在都已毀掉，傳世而無爭論的僅有從黃海打撈出的一塊琅邪台殘石，尚存秦二世所刻八十四字，現藏於中國國家博物館。

遼西會稽道，馳道四通八達，縱橫交錯。

隴西北地道是從咸陽沿渭河向西，經過雍城進入隴西北地，支道可以抵達西垂和犬丘。這條道路正是始皇第一次出巡的路線。

三川東海道是貫通帝國東西的交通大動脈。它由咸陽沿渭河向東，出函谷關，沿黃河南岸行，經過三川郡洛陽、陳留和碭郡，經泗水郡彭城，一直抵達東海郡臨朐縣，始皇第二次巡遊時就沿此道一直向東。

南陽南郡道是帝國的東南通道，由咸陽東郊沿灞河東南行，經過藍田、商洛、武關、南陽，穿越江漢平原，抵達南郡江陵一帶，再沿長江東下，直抵長江下游的會稽。始皇第五次巡遊時，就是沿此道到會稽山。

河內廣陽道是帝國南北交通的主幹道，由河內郡向北，經過安陽、邯鄲、恆山郡東垣，到達廣陽郡薊縣，南北縱貫華北平原，東西與太行山平行，一直向東到碣石一帶。這條道上的薊縣是燕國故都，邯鄲是趙國故都，安陽是魏國要地。這是始皇第四次出巡時所走的道路。

遼西會稽道是沿著始皇帝四次巡海的路線修建，北起遼西郡南部，南下經過右北平、漁陽、廣陽、鉅鹿、濟北、臨淄、琅玡、東海諸郡，一直抵達會稽郡。秦始皇曾經在這條道上的碣石、琅邪山、會稽山刻石記功。

除了五大幹道之外，還有爲抵禦匈奴而修的北邊道和直道。爲了保證萬里長城的施工和佈防需要，秦始皇下令沿長城修建貫通東西的軍用交通要道，即北邊道。秦始皇第四次出巡迴程途中，就是沿著此道巡視北部邊防。蒙恬擊退匈奴之後，秦始皇下令他修建連接都城咸陽到北部邊防重地九原郡（內蒙古）的直道，這條直道是爲了方便從都城咸陽調兵抵抗匈奴。秦始皇第五次巡遊死在途中，也是從這條直道被運回咸陽。

巡遊祭海

在告祭完秦的列祖列宗統一大業已經完成以後，秦始皇開始著手登山封禪。秦代普遍盛行多神崇拜，認爲全國各地的山山水水無不有神的存在，在這樣的背景下，秦始皇推崇五德終始說，遍訪名山大川，祭祀封禪。其中，齊地是中國神學思想的中心，這與齊人的傳統文化有關。齊人祭拜的「八神」都位於海濱：「日主」祠成山，「月主」祠萊山，「陽主」祠之罘，「四時主」祠琅邪，「天地主」祠泰山、梁父等。所以，懷有虔誠宗教情感的秦始皇四次巡遊齊魯海濱，並多次登臨之罘、琅邪、成山等地。

西行巡遊的第二年，始皇帝從咸陽出發，出函谷關，經過洛陽、滎陽、大梁、定陶，抵達嶧山（今山東鄒縣南），刻石頌功，然後冒雨登泰山，舉行封禪告天的大祭。從泰山下來，秦始皇意猶未盡，繼續巡遊，經過淄博、黃縣，沿海經過腄縣（今山東煙台西），到達山東半島之東角的成山（今山東榮成），繼續沿海西南行，在之罘山（今山東煙台北）刻石記功，抵達琅邪（今山東膠南南）。秦始皇在琅琊樂而忘歸，下令遷徙三萬戶人家移居琅琊，在此修築離宮高台，停留時間長達三個月之久。

秦始皇在琅邪之所以流連忘返，除了因爲琅琊的海濱美景外，還與琅琊一帶神祕的求仙思想有關。燕齊之地因爲瀕臨渤海，常有海市蜃樓出現，此地的人便結合傳說中的海外國度，組合成了一個令人嚮往的神境

泰山五大夫松

仙界，所以方術文化傳統悠久，之罘、琅邪、成山等地正是方士們活動的中心。當秦始皇巡遊至琅邪時，當地的方士們聞風而動，「齊人徐市等上書，言海中有三神山，名曰蓬萊、方丈、瀛洲，仙人居之。請齋戒，與童男女求之」。方士的上書正合秦始皇求仙的心願，從此，秦始皇與徐福、盧生等一幫方士們開始了狂熱的尋仙活動，他立即派方士齊人徐市出海。

第二次出巡回到咸陽不到一年，秦始皇就再次踏上了巡海的路途。這次走的是與第二次完全相同的線路，出函谷關，過洛陽、滎陽，奔大梁而去，然而這次東巡進行得並不愉快，因爲發生了著名的「張良刺秦」事件。張良出身韓國貴族，智慧勇敢，爲了報亡國之仇，他散盡家財，找到一位力大無窮的滄海力士，打算刺殺始皇。經過推算秦始皇第三次出巡的路線與時間，他與滄海力士潛伏在陽武縣博浪沙，等秦始皇車馬經過的時候，令力士持鐵椎伏擊，結果因爲當天風沙極大，鐵椎只砸中了副車，秦始皇有驚無險。這次刺殺事件並沒有挫退秦始皇巡海的決心，他依然繼續前行，再次到達之罘，在此刻石立碑，接著到琅邪。

三年後（西元前二一五年），秦始皇開始第四次出巡，此次仍舊是東巡，到達渤海北岸的碣石後，除了刻石立碑、歌功頌德之外，還派遣方士盧生出海，爲自己尋找長生不老藥。再過了五年，始皇第五次出巡，先向南巡視九嶷（今湖南寧遠），接著沿長江東下到錢塘，再次登上會稽山，拜祭大禹陵。刻石立碑之後，秦始皇第三次到達琅琊，之後經過成山、之罘，繼續沿海西行。當出巡隊伍到達平原津（今山東平原）時，秦始皇已經染病不起，最終在沙丘（今河北廣宗西北）病逝。

琅邪台始皇巡遊祭海像

秦始皇四處巡遊，在全國各地都留下了他的足跡。無論是泰山還是東海，都有秦始皇的蹤影。

徐福求仙

已經坐擁天下的秦始皇愈來愈害怕人生老病死的自然循環。他以為只要自己能長生不老，大秦帝業就會萬世永傳，於是他開始癡迷於迷信方術，屢派方士出海，為自己尋找長生不老藥。秦始皇最後死在尋求長生不老藥的漫漫征途上。

經過連年的浴血奮戰，秦始皇終於建立起了前所未有的大秦帝國，實現了他一直以來想要超越三皇五帝的夢想。這項曠世偉業一方面給他帶來極大的榮耀與滿足，另一方面也使他愈來愈害怕：有一天自己也將面臨死亡，那他的千秋大業怎麼保存下去？人能不能長生不老？

長生不老之夢

秦始皇一生離死亡最近的時候有四次。第一次就是著名的荊軻刺秦。

秦始皇十九年（西元前二二八年），嬴政先後滅掉韓國與趙國後，指揮秦軍兵臨易水，戰火蔓延到了燕國邊境。驚慌失措的燕國竟然想到一個阻止秦國進軍的「妙計」——刺殺秦王。燕太子丹四處尋訪天下壯士，終於找到了遊俠荊軻。燕太子丹爲「刺秦」做了極周密的準備：由荊軻詐言獻降，將淬了火毒的匕首藏於地圖之中，並帶上秦國叛將樊於期的首級以表「誠意」。當荊軻向秦王慢慢展開地圖時，圖窮匕見，趁機刺死秦王。

秦始皇尋仙入海處

秦始皇尋仙入海處位於秦皇島市，這是中國唯一一個以皇帝命名的城市，而今這裡已經形成了以始皇入海求仙為主題的旅遊景區。

結果荊軻刺秦失敗，燕國因此引火燒身，很快就被滅國。

第二次是高漸離刺秦，這其實是第一次荊軻刺秦的延續。高漸離是荊軻的知己，善於擊筑。荊軻死後，高漸離一心想爲荊軻報仇。在隱匿數年後，高漸離以一手高超的擊筑技藝得入秦宮，以圖行刺。沒想到很快他就被人認出來，秦始皇命人用馬糞熏瞎他的雙眼，但仍留他在宮中擊筑。有一次爲秦始皇擊筑時，高漸離故意將擊筑聲音調低，秦王聽不清楚，就令他靠近點，高漸離看準機會，用力將早已灌滿鉛的筑砸向秦始皇，卻因爲雙目失明，難辨目標，最終刺殺未遂，也被當堂斬殺。自此之後，秦始皇再不敢相信原來六國的人，終生不再接近和舊諸侯有任何關係的人。

秦始皇接下來的遇刺發生於第三次出巡時，在博浪沙遇到張良襲擊。張良出身韓國貴族，韓國被滅後，張良一心一意想要爲韓國復仇。他散盡家財，找到一個能揮動一百二十斤鐵椎的壯士，兩人一起伏擊在博浪沙，等待秦始皇車騎經過，就將鐵椎扔出去，可是因爲風太大，鐵椎只砸中了副車，秦始皇這次又是有驚無險，逃過一劫。

屺姆島上徐市塑像

屺姆島位於山東省煙台龍口市西北十公里處，渤海海峽間，是個遠伸海中似孤嶼又連陸的奇特半島。據說當年徐市入海尋找仙山就是從這裡出發的。

最後一次遇刺距離前兩次僅僅兩年。當時秦始皇在咸陽城內巡遊，結果遇到刺客襲擊，幸好有旁邊侍衛拚死相護，始皇才得以安然無恙。

秦始皇一生數次遇刺，使得他不得不開始擔心自己的生命安全，這幾次能夠死裡逃生實在是運氣好，但不可能一輩子都會有這麼好運氣。況且，就算沒有被刺殺，自己最終也會和平常老百姓一樣，逃不開生老病死的循環。那個時代盛傳長生不老藥的傳說，西周穆王曾經巡遊崑崙山，求見西王母，獲賜長生不老藥，最後活了一百零五歲；而上古傳說中的不死人彭祖也活了八百八十歲。秦始皇因此開始了求仙尋藥的漫漫征途。

徐市東渡

秦始皇二十八年（西元前二一九年），秦始皇東巡至琅琊。燕齊之地方術氣氛很濃，因為瀕臨渤海，常有海市蜃樓出現，當地人便結合傳說中的海外仙山，編造了一個令人嚮往的神境仙界。得知秦始皇將巡遊至琅邪後，燕齊的方士們就聞風而動。方士徐市上書秦始皇說：「海外有三座神山，名叫『蓬萊、方丈、瀛洲』，上面居住著神仙。如果陛下能齋戒，並派童男童女去拜訪他們，就可以得到長生不老藥。」徐所說的這三座神山在當時早有傳說，戰國時期許多諸侯都非常嚮往，多次派方士前往尋求長生不老藥。秦始皇對徐市的話也深信不疑，立即派給他數千童男童女，命他出海遠航。

徐市出海之後，秦始皇日夜盼望徐市的滿載而歸。結果一直等了快十年，直到秦始皇三十七年（西元前二一〇年），徐市才兩手空空地隻身返回。秦始皇當然大怒，徐市倒也有話應付：「臣已經到了蓬萊仙山，但仙人們卻嫌禮物太薄了，不肯給長生不老藥。」秦始皇對此話沒有疑問，只問：「仙人們還要什麼？」徐市答：「還需要三千名童男童女、五穀種子，以及百名精通各種技巧的能工巧匠。除此之外，海上航行非常危險，因為經常有大魚出沒，希望陛下能派一些善於射箭的人一起去。」秦始皇又一次答應了徐市。

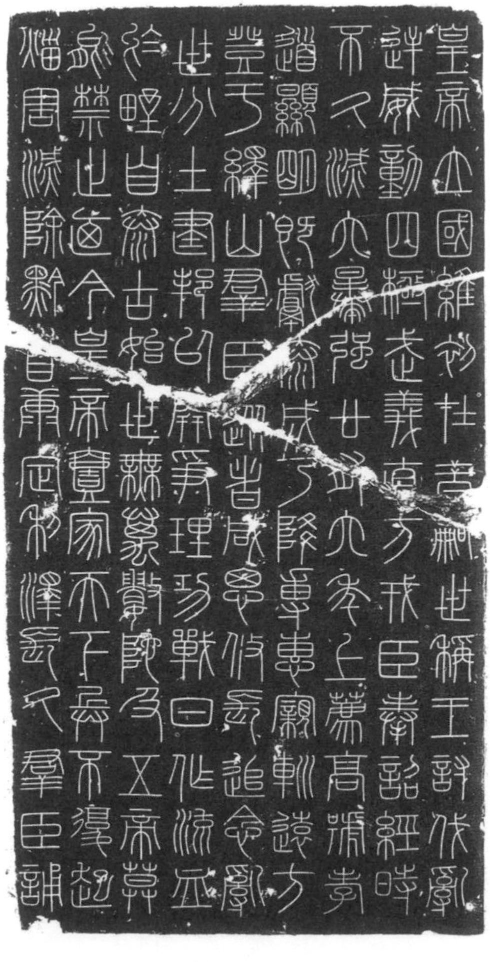

嶧山刻石（拓本）

秦始皇在統一中國後的十餘年間，為了加強對全國的控制，先後五次遠途巡視各地。秦始皇二十八年（西元前二一九年），他出巡山東齊魯故地登陶縣的嶧山（今山東鄒縣東南）時，登高遠望，激情滿懷，對群臣說道：「朕既到此，不可不加留銘，遺傳後世。」李斯當即成文篆字，派人刻碑石於嶧山之上。這就是著名的秦《嶧山刻石》。

沒想到徐市這次一去不返，音訊全無。秦始皇眞的以爲徐市被大魚殺害了，就命令入海的人都要攜帶捕殺大魚的工具，一旦看見大魚就要將其射殺。在第五次巡遊的時候，秦始皇親自帶著有機關的弓弩到了琅琊，等待大魚出來便要射它，可是一直到成山港，都沒有遇到一條大魚。直到之罘，才看到大魚出沒，秦始皇親自射殺了一條大魚，之後就沿海向西進發。然而大魚射死了，但並沒有換回徐市和長生不老藥，秦始皇十分掃興地鬱鬱而歸，沒想到剛走到沙丘平台就病死了。

日本徐福公園

徐福（即徐市）公園是一所紀念秦朝方士徐福的公園，地點位於日本和歌山縣新宮市新宮七千一百七十八番地。公園入口是一座中國式的牌坊，是仿照中國式建築資料所建成，上面鋪蓋的是台灣所製造的瓦片。一九九四年八月十二日，和歌山縣政府為了推動觀光，以「徐福像」為中心，重新整理徐福墓碑周邊並建造牌坊之後，取名「徐福公園」並對外開放。

徐市的影響

徐市傳說，虛虛實實，歷來是中日兩國史學界的棘手「謎案」，但又是游離於歷史與文化之間的熱門話題，徐市傳說成了中國與東北亞地區的一種獨特文化。在中國，自漢以下歷代文人墨客，以此爲題材撰文賦詩的不在少數。

在日本古代史上，綿延了六千多年的繩紋文化，在約東周周赧王時期（西元前三世紀）前後突然中斷了，日本列島的文明進程，從石器時代一下躍入了金石並用時代，這一作用，來自於列島以外的移民，是外來的大規模集體移民帶來了新的文化。而司馬遷的《史記》記載徐市出海求仙事又正發生在這一時期，這又不能不引起歷史學家們的關注。但是，《史記》中對徐市去向的記載只有「徐市得平原廣澤，止王不來」這麼幾個字，這平原廣澤是哪兒？誰也不知道，以後又無令人信服的考古資料可以佐證。在日本，有文字記載的史料在七世紀才出現，對於古代文史，大多是以口碑形式流傳下來的，其可信度也有限。因此，要確切地弄清是哪些人從中國大陸帶去先進文化，著實是有困難的。當時中國正值列國紛爭，連年征戰，老百姓爲逃避戰亂，紛紛蹈海東渡。移民集團到達朝鮮半島、日本列島的又何止徐市一個。就在史學界，關於倭人始祖問題，歷來也有「吳人後裔說」、「太伯後裔說」、「越人後裔說」、「徐市後裔說」、「騎馬民族後裔說」等諸多觀點，影響著日本歷史發展的外來文化有吳越文化、齊魯文化、通古斯文化等。因此，考察徐市文化的源頭，眞正的涵義在於文化的認同和歸屬，這一認同和歸屬又以廣泛的血緣交融爲基礎的。「徐市」僅僅是這一時期大陸移民集團的代名詞，是一種文化源頭的象徵。

徐市與日本歷史結合起來，從純歷史學的範疇到形成一種文化現象，隨著歷史的發展，有一個流變的過程。自司馬遷《史記》記載以後，東漢班固的《漢書》、晉陳壽的《三國誌》、南朝宋范曄的《後漢書》都記載有徐市出海求仙的事跡，且不出《史記》內容的窠臼，所說徐市到過的祖州、瀛洲、夷洲、澶洲、蓬萊、方丈等地，均是虛無縹緲的。

徐市傳說與日本之接軌，大約開始於隋唐時期。到了唐代，中日交往日趨頻繁，人們發現日本的文物制度類似中國，頗存上古遺風，於是逐漸將徐市東渡之地鎖定爲日本。

清．袁耀．蓬萊仙境圖

此圖以神話傳說為題材描繪蓬萊仙境，圖中山石陡峭，奇形怪狀，蒼茫大海，波濤洶湧；山中樹木蔥鬱，樓閣宮殿華麗壯觀，是神仙異人之所在。

沙丘身亡

秦始皇二十六年（西元前二一一年），大秦帝國發生了一系列的怪事：天現凶象、沉璧復返、隕石降落。年近半百的秦始皇為了緩解這些怪事給自己帶來的壓力，開始了他人生中第五次大巡遊，沒想到卻在出巡途中命喪沙丘。

帝國怪事

秦始皇統一天下的這一年，大秦帝國出現了三件奇事：天現凶象、隕石降落、沉璧復返。最開始是天上出現凶相「熒惑守心」。古人認爲熒惑守心是最不吉利的天象，是指火星侵入心宿。這種天象意味著帝王要有災難。秦始皇本身就迷信鬼神，對天象預言更是深信不疑，得知「熒惑守心」出現，因此憂心忡忡。

不久，有一顆隕石從天上掉到了東郡（今河南濮陽西南），傳說上面刻有「始皇帝死而地分」七個字，意思就是說秦始皇死後，統一的帝國將要分崩離析。本來就對「死」很忌諱的秦始皇得知此事後，怒火沖天，下令立即搜查刻字的人，隨後將隕石附近的人全部處死，並銷毀隕石。雖然隕石已毀，但秦始皇心裡的陰影卻並沒有消失。

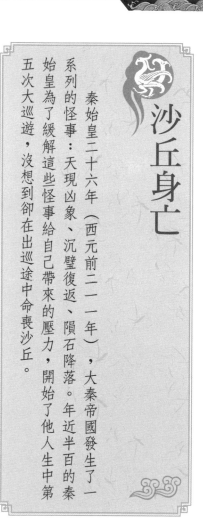

這年秋天，帝國又發生了一件怪事。秦國使者從關東返回，夜裡走到華陰平舒道時，遇見一個自稱是滄海君的人，手裡拿著秦始皇當年丟在洞庭湖中的傳國玉璽。他將玉璽交給使者，然後說：「今年祖龍死。」（祖龍就是指秦始皇）說完就消失了。莫名其妙的使者將玉璽交還給秦始皇，如實告訴他滄海君所說的話。始皇聽完後，沉默許久，歎氣說：「山鬼本來只能預言一年的事情，現在已經是秋天了，剩下的日子不多了，這話未必能應驗。」對鬼神之事深信不疑的秦始皇雖然嘴裡不信，心裡卻還是很忌諱。一旁的宦官趙高看出了秦始皇的陰鬱，急忙安慰：「祖龍說的是人類先祖，那句話說的意思是人類先祖恐怕活不過今年罷了。」趙高這句話是隨口胡謅的，秦始皇當然不相信。

一年之中連續發生三件怪事，叫秦始皇坐臥不安、心神不寧。他爲這事專門舉行了占卜，得到的結果是：出巡和遷徙百姓就能避凶趨吉。於是秦始皇下令遷移三萬戶人家到北河、榆中地區，同時在同年十月開始了自己的第五次出巡。

命斷沙丘

同前幾次出巡一樣，秦始皇還是選擇了巡遊祭海。左丞相李斯、宦官趙高以及上卿蒙毅是秦始皇的親信，奉命跟隨，右丞相馮去疾奉命留守京城。除此之外，秦始皇喜歡的小兒子胡亥也要求陪父親出遊，秦始皇就答應了。

秦始皇先南下浙江錢塘，在會稽祭奠了大禹，刻石頌德，然後北上到達琅邪（今山東青島膠南）。在琅琊，秦始皇見到了早前奉命出海的徐市。巡視完琅琊、成山港、之罘等地，秦始皇就踏上了歸途，當時已經是第二年的五月，天氣慢慢變熱了。誰也沒有料到，車隊到達平原津（今山東平原縣西南）的時候，秦始皇突然病倒了。

秦始皇心裡清楚自己可能眞的不行了，就著手爲自己安排後事。他寫信給遠在北疆的長子扶蘇：「北疆兵務交給蒙恬就好，你快快回咸陽，爲我主持葬禮。」信寫完後，秦始皇將其密封起來，蓋上御印，交由中東府令和行符璽事趙高，命他將信速速傳給扶蘇。巡遊車隊繼續前行，行至沙丘平台（今河北廣宗西北），時值七月，秦始皇已經處於彌留階段，普通官員很難再見到秦始皇一面，有任何事務都要先通報趙高，由趙高轉達秦始皇。秦始皇三十七年（西元前二一〇年）七月丙寅，年僅五十歲的始皇駕崩於沙丘平台。

秦．兵馬俑一號銅車馬

一號銅車馬為雙輪、單轅，前駕四馬，車輿為橫長方形。車輿右側置一面盾牌，車輿前掛有一件銅弩和銅鏃。車上立一圓傘，傘下站立一名銅御官俑。

秦國的爵位等級

秦國的爵位制度初建於商鞅變法，共分為二十個等級，論功行賞，計首賜爵，得一甲首，賜爵一級。這種制度刺激了秦軍的無畏鬥志，所以秦又被稱為「上首功之國」。漢朝也沿用此制

秦國的爵位等級制度初建於商鞅變法，明確規定了二十等級，後來逐漸形成爲一套內容詳細的等級爵位制度。

軍功授爵

在戰國歷史上，秦人的文化和秉性與中原六國截然不同。中庸謙讓的中原文明很難被他們眞正接受，尚武和爲利益而競爭在他們看來是天經地義的。韓非子曾經記錄自己初次接觸秦人的感受：「只要一聽說有仗可打，秦人就如餓狼碰到食物一樣，頓足赤膊、急不可待，無畏生死。」根據當時秦國一位法官的描述，秦軍上戰場之前和之後，都要大碗喝酒，喝酒使人亢奮，在戰場上的秦人無不光頭赤膊、奮勇向前，左手提著人頭，右胳膊下夾著俘虜，追殺敵人，這樣的秦軍實在令人不寒而慄。更令人驚訝的是，戰場上士兵竟然爲一個敵人首級大打出手、自相殘殺：一位士兵斬獲了敵人一個首級，另外一個士兵企圖殺死他將首級據爲己有。這樣可怕的事情讓人不禁發問：到底他們爲什麼對敵人的首級這麼渴望呢？

一方面，這可能與秦人的文化有關，因爲秦國早期身處落後野蠻的西部邊陲，文化上也更加接近戎狄之族；另一方面則是因爲商鞅變法的影響。秦孝公元年（西元前三六一年），商鞅爲秦國制定了一套嚴酷、特殊的法律制度，從此，秦國一直恪守這套制度精密運轉。商鞅變法目的是爲了國富兵強，最終兼併六國、統

秦‧兵馬俑立俑

秦國的爵位制度史書雖有記載，具體情況卻不得而知。兵馬俑的考古發掘為秦代爵位制度提供了證明。

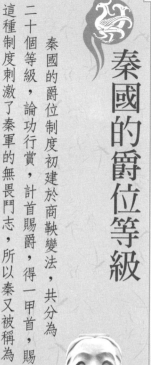

一天下。所以打造一支無畏作戰的強大軍隊成爲商鞅的首要目標。商鞅創建了軍功受爵制度，這種制度的特徵就是不論出身只論功勞，明目張膽地鼓勵國民追逐功利。

為了獎勵軍功，商鞅規定凡行伍中人，不論出身門第，一律按其所立軍功大小受賜，連秦國宗室也不例外。宗室中沒有立功的人不得擁有爵位。秦國爵位等級制度的主要特徵是計首賜爵，即在戰場上如果能獲得敵人的首級，就被賜爵位。得到爵位的人可以做官，可以得到田宅和僕人，也可以用來贖罪或者贖買奴隸，比如，如果一個士兵的父親是囚犯，一旦他立功，父親就立即成爲自由人；如果他的妻子是奴隸，那麼他立功，妻子就可以轉爲平民。不同爵位等級對應不同的利益，功勞大則爵高賞多，功勞少則爵低賞少。不同爵位的人每頓享受的飯菜也不一樣，低爵位的人可能只能吃粗米，而高級爵位的人卻能享受精米。爵位是可以父子相傳的，如果父親戰死沙場，功勞則記在兒子頭上，一人立功，全家受益。

所以，上戰場對秦人來說，就意味著有可能改變身分地位和生活享受。敵人的頭顱就是獲得這些財富地位的憑據，所以會發生士兵們爭搶敵人首級的事情了。正是由於這種制度將功名利祿與軍功直接掛鉤，大大刺激秦軍將士在戰場無畏作戰，使得秦軍成爲區別於東方六國軍隊的一支虎狼之師。

兵馬俑立俑

無論是普通士兵或者是奴隸，只要立戰功，就能獲得陞遷的機會。

二十等級爵位制

秦國的二十等爵分別是：一級是公士，二級是上造，三級是簪裊，四級是不更，五級是大夫，六級是官大夫，七級是公大夫，八級是公乘，九級是五大夫，十級是左庶長，十一級是右庶長，十二級是左更，十三級是中更，十四級是右更，十五級是少上造，十六級是大上造，十七級是駟車庶長，十八級是大庶長，十九級是關內侯，二十級是徹侯。其中，第八級爵以下被稱爲民爵，以上被稱爲官爵，即普通吏民獲的爵位不會超過第八級。

商鞅變法時規定，只要能斬獲敵人甲士（軍官）一個首級，就可以獲得公士爵位。公士可以擁有一頃田、一處房宅和一個僕人。斬殺的敵人首

彩繪跪射俑

考古發掘已經證明，真實的秦俑並不是灰頭土臉的樣子，是經過彩繪而成。

級愈多，獲得的爵位愈高。公士可以升爲上造，獲得上造爵位的人在軍隊裡可以吃到粗米，仍需要服役。上造可以升爲簪裊，獲得簪裊爵位的人在軍隊中能夠吃到的飯菜爲：一斗精米、半升醬、一盤菜羹、半石乾草。但簪裊與上造一樣仍須服役。簪裊可以升爲不更。獲得不更爵位的人可以避免被征發爲輪流服役的兵卒，但仍要服其他役。不更可以升爲大夫。以前若是做小吏的，可以升爲縣尉，賞賜奴隸六人和五千六百錢。既是大夫，又擔任國家行政職務的人，可以升爲官大夫。官大夫可以升爲公大夫，公大夫見到縣令、縣丞可以不拜，只作揖就可以。公大夫可以升爲公乘。公乘可以升爲五大夫，並被賞三百戶的稅收。五大夫可以升爲左庶長（庶長有四種：大庶長、右庶長、左庶長、駟車庶長。這四種都是職爵一體，既是爵位，又是官職。）右庶長可以升爲更，更又有三級：左更、中更、右更。大庶長可以升爲關內侯，封有食邑。爵位的最高級爲徹侯。

獲得爵位的人享受不同的歲俸，歲俸以實物的形式向各級官吏發放，主要是粟米，粟米的單位是「石」，一石相當於現在的三十．七五公斤，最低級的公士可獲五十石，至此往上，每升一級，加五十石，最高級徹侯可獲一千石。

爵位標誌

爵位高低可以從秦軍將士的裝飾、髮型與帽子中反映出來。秦兵馬俑中最前面的坑中，先是三排弩兵，頭髮統一梳成一個上翹的椎髻，身穿便裝，他們是一級爵位的士兵。步兵卻身穿鎧甲，梳著髮辮，或者戴著麻布做的尖頂圓帽，他們可能是二級爵位的士兵。而駕馭戰車的御手們都帶著板狀的牛皮帽子、穿著比較精緻的鎧甲，他們是秦軍中最基層的軍官，主管一輛戰車，爵位至少在三級以上。另外有一些軍官，頭戴板帽，板帽的中間有一條稜，他們可能負責縱隊的一個分隊。指揮整個縱隊的軍官雙手持劍，帽子形狀獨特，鎧甲的甲片細小而規整，前胸和後背都有花結，這些軍官居爵位大致在七八級左右，軍銜應該是都尉。

秦兵馬俑中發現的最高指揮官是都尉，大致相當於現在的團長，但並沒有發現指揮整個軍團的統帥。那麼，秦軍的統帥是誰呢？

原來，秦軍最高的統帥就是秦始皇，強大的秦軍僅僅聽命於一個人的調遣，這樣就可使秦軍統一調配，防止將士作亂。秦王政九年（西元前二三八年），嬴政剛剛開始親政時，就遇上了嫪毐叛亂。嫪毐是嬴政母親莊襄太后的地下情人，與太后生有兩個兒子，氣焰囂張，發動政變想要弑君奪位。然而這場叛亂很快就被平息，因爲嫪毐圖謀造反並沒有獲得軍隊的支持，參與叛亂的只有一些自己的親信，他們很快就被秦王一網打盡。嫪毐位居最高的二十級爵位，權勢僅僅次於秦王，但如此權高勢重的人竟然不能調動軍隊，正是因爲秦軍的軍隊統帥是秦王。

當時，只要調動五十人以上的軍隊，就必須要用虎符，虎符被分爲兩半，左邊的歸屬統軍之將，右邊的歸屬國君，兩半相合才能調兵遣將。嫪毐並未得到秦王的虎符，所以無法調動大規模秦軍。

秦兵馬俑一號坑

兵馬俑以恢宏的氣勢向人們展示了威武雄壯之師、虎狼之師的原貌。

扶蘇之死

在秦始皇的眾子中，長子扶蘇剛毅智慧、仁義勇武，最為秦始皇所器重，為朝野上下所服膺。他是大秦帝位當仁不讓的繼承者，可歎這樣一位賢仁公子最終卻在秦始皇沙丘暴亡之後被自己的親弟弟逼死了。

賢仁公子

秦始皇有子女二十餘人，其中兒子十八人，長子是扶蘇，幼子是胡亥。扶蘇的母親鄭妃是鄭國人，因爲喜歡吟唱當地流行的情歌《山有扶蘇》，所以秦始皇便爲兒子起名爲「扶蘇」。「扶蘇」出於《詩經》，是古人用來形容樹木枝葉茂盛的詞，有香草佳木之意。

晚年的秦始皇日漸暴虐，曾經下令焚書毀禁百家之言，活埋諸生方士。扶蘇不同意父親進行焚書坑儒，勸諫他說：「現在天下初定，遠方百姓的心還未收攏，諸生都是誦讀孔子的門徒，現在全部降罪處罰，恐怕會人心不安！」暴怒之中的始皇聽不進去任何人的話，即使是自己最得意的兒子扶蘇。因爲這件事情，扶蘇被趕出京城，發配到北部邊疆上郡那裡，去蒙恬軍隊裡出任監軍。扶蘇的太子名號也被取消，之後秦始皇就一直未立太子。這可能就是秦始皇晚年最大的失政——不立太子。秦始皇只是因爲扶蘇勸諫自己，就將這位朝野上下公認的繼承人趕出都城，這對於後來皇位的繼承問題和未來的政治格局影響非常巨大。當然，也有人說，秦始皇是故意派遣自己未來的繼承人扶蘇到北部邊疆鍛煉，以培養他的治國才能。無論如何，現在人是不可能得知秦始皇當時的想法了。

扶蘇到上郡之後，與大將蒙恬相處非常融洽，一體同心。幾年的塞外征戰使得扶蘇成長得愈發果敢勇猛，他以出色的才能與謙遜的人品，深得秦軍將士的愛戴與推崇。

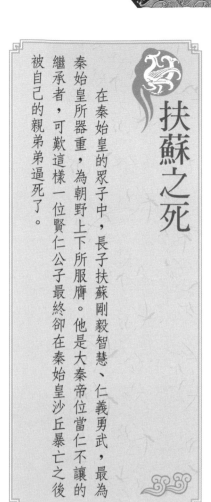

沙丘密謀

秦始皇突然死亡，使李斯、趙高和胡亥一面感到非常震驚，一面又迅速籌劃著應對之策。其中，最蠢蠢欲動的大概就是趙高。趙高手握秦始皇的真正遺詔，他並沒有按照秦始皇所命令，而是截留。他不想扶蘇登上帝位，因為扶蘇做了皇帝，必然親近蒙恬與蒙毅兄弟，而趙高與蒙毅有仇。趙高曾經犯下大罪，蒙毅依法治之，判其死刑，後來因為秦始皇憐惜趙高才能於是赦免了他。蒙恬蒙毅兄弟倆，一個是武將任外事、威震匈奴，另一個是文臣主內謀、位至上卿，素來為公子扶蘇所倚重。一旦扶蘇即位，蒙氏兄弟的地位必將更加鞏固，對趙高的威脅也就更大。所以趙高必須設法阻止扶蘇即位，而扶持自己的學生胡亥為帝。

趙高首先說服了胡亥，接著還需要拉攏另一個重要人物——李斯。趙高清楚李斯是一個現實主義政治家，只要以權力相誘，就能說服他。趙高問李斯：「您覺得自己在才能、功勞、謀略、無怨於百姓以及和扶蘇關係上，哪一樣勝過蒙恬？」李斯沉默半晌，回答：「我確實一樣都不及他。」趙高再問：「若是公子扶蘇即位，必然會用蒙恬為相。我沒有見過被罷免的丞相功臣有封賞延及第二代的，幾乎都被問罪誅殺。您能逃脫這個結局嗎？我做胡亥的老師多年，沒有發現另比胡亥更好的人，由他即位，不是更好嗎？」這正是李斯所顧慮的。李斯與公子扶蘇曾經在焚書坑儒的問題上有分歧，李斯贊成焚書坑儒，而扶蘇反對。李斯與蒙恬政見對立，因為李斯當初反對進軍匈奴，而蒙恬正是進攻匈奴的主將。所以扶蘇即位，確實對李斯個人不是一個好消息。

扶蘇自刎

說服了李斯之後，趙高篡改了秦始皇的遺詔。偽詔中寫道：「朕巡遊天下，禱祀名山眾神，以求延年益壽。今扶蘇與將軍蒙恬領軍數十萬屯駐邊疆，十餘年間，不能前進，士卒

扶蘇墓

扶蘇墓位於陝西省綏德縣城內疏屬山頂。由墓、扶蘇祠、八角亭等部分組成。墓塚呈長方形，長約三十公尺，寬六公尺，高八公尺。墓旁原立石碑一通，上刻「秦太子扶蘇墓」六字，現已佚。墓地周圍瓦礫頗多，當年似有宮殿於其上。墓南側有扶蘇祠，為明代建築。墓的頂部有民國建築八角亭。

多耗，無尺寸之功，反而多次上書誹謗朕之所爲，並且因爲不能回歸京城爲太子日夜怨望。扶蘇身爲人子卻不孝，賜劍自裁。蒙恬輔佐扶蘇居外，知其謀而不能匡正，爲人臣卻不忠，賜死。屬下軍隊，交由副將王離統領。」僞詔寫好後加蓋皇帝璽印，然後封好，由胡亥的門客送往上郡交給扶蘇。在僞詔送出之後，李斯與趙高宣稱始皇帝要繼續北上巡遊北疆，於是載著秦始皇的屍體繞上郡繞行，以此來威懾在上郡的扶蘇和蒙恬。

使者到達上郡，向扶蘇和蒙恬宣讀了僞詔。沒等扶蘇說話，蒙恬先說了一番話打算拖延時間：「交接兵權需要花費一段時日，詔命既已送到，扶蘇公子與我自會了斷，不必急於一時！」接著與扶蘇二人進入內室。扶蘇一進去就放聲大哭，準備拔劍自刎，蒙恬立即奪下劍，勸說他：「陛下巡遊在外，並沒有冊立太子，派臣統領三十萬大軍守衛邊疆，並使公子擔任監軍，這關係到天下安危。如今只憑一個使者帶來的一份眞假難辨的詔書就馬上自殺，對得起陛下嗎？希望公子上書請求覆核，覆核無誤後再自殺也爲時不晚。」蒙恬這番話不無道理，憑他多年統兵在外的經驗，以及對當前政治局勢的瞭解，是絕對有理由對皇帝詔書的眞假提出疑問。當年信陵君竊符救趙，正是使用這種詐稱王命的手段殺死大將晉鄙，奪取其軍權；如今始皇帝帶病在外，突然派了使者宣詔要皇長子和大將自殺、交出兵權，難免讓人懷疑裡面的蹊蹺。

然而，任憑蒙恬怎樣急切地

秦始皇兵馬俑一號坑全景圖

勸說，扶蘇竟然一心求死：「將軍不用勸我了！『君要臣死，臣不死不忠；父要子亡，子不亡不孝。』我既是子，又是臣，如今父皇賜我死，怎麼還能覆核？」說罷，面向咸陽連拜三下，接著就拔劍自刎。蒙恬抱著扶蘇的屍體號啕大哭。使者見扶蘇已經自殺，就過來催蒙恬：「扶蘇公子已經上路，望蒙將軍追隨護衛！」

蒙恬雖然懷疑詔書的眞假，拒絕自殺，但扶蘇的死，使他一時陷入非常被動的境地。無奈之下，蒙恬只能將兵權交給副將王離，被囚禁於上郡陽周縣。李斯立即派自己手下的人代替扶蘇，出任北疆大軍的監軍。

得知扶蘇已經自刎、蒙恬被囚禁，緊張不安的胡亥、李斯、趙高三人終於放下心來，立即駕車從九原郡直接南下，直奔咸陽。八月，李斯等人回到咸陽，正式爲秦始皇發喪，舉國戴孝，並公佈遺詔，扶持胡亥登基稱帝，號稱二世皇帝。李斯繼續擔任丞相，趙高則升任郎中令，躋身於政府主要大臣之列，負責宮廷警衛。九月，秦始皇被安葬於驪山陵中。

花崗岩雕秦始皇出巡圖

胡亥繼位

秦始皇沙丘暴亡後，宦官趙高聯合丞相李斯篡改詔書，逼死公子扶蘇，扶持秦始皇的小兒子胡亥即位。胡亥昏庸無能，受趙高蠱惑，誅殺朝中大臣與自己的骨肉兄弟。大秦帝國的統治愈發黑暗殘暴。

逼死蒙氏兄弟

胡亥即位以後，原本想要釋放蒙恬與蒙毅，繼續啓用蒙氏兄弟，然而李斯與蒙恬曾經在出兵匈奴上有過分歧，政見不合；而趙高又因爲蒙毅曾經判他死罪，自然對蒙毅恨得牙癢癢。趙高勸說胡亥：「臣聽說先帝曾經早有意立陛下爲太子，但是因爲蒙毅反對，使得太子久不得立。依臣看，像蒙毅這種不忠之臣應該誅殺，以免日後生亂。」登上帝位的胡亥最害怕自己「來之不易」的權位受到威脅，趙高這番讒言，正說中了他的擔憂，哪還敢再啓用蒙毅這種「亂臣」，趕緊處死。

這時，秦公子嬴嬰站了出來，勸諫他說：「昔日趙王遷誅殺良將李牧，而起用顏聚爲將，燕王喜私用荊軻之謀，而背棄和秦之約，齊王建殺戮舊臣，而用佞幸後勝，最終都導致國家滅亡、君王身首異處，這些都是陛下應該吸取的教訓。蒙氏三代功臣，是大秦的棟樑，陛下剛剛即位，就要無故誅殺他們，臣以爲萬萬不可。臣聽說，做事輕率的人難以治理國家，一意孤行的人難以輔佐皇上。誅殺忠臣是內使群臣懷疑、外使將帥離心的事情，希望陛下三思。」胡亥此時根本聽不進去這番話，還是堅持處死了蒙氏兄弟。

秦始皇統一天下以後並未誅殺功臣，秦二世胡亥處死蒙氏，開了無故誅殺大臣的先例，使得秦廷百官無不驚恐萬分。秦二世的殘酷暴政由此開始。

秦・小篆磚刻

上刻小篆體十二字：「海內皆臣，歲登成熟，道毋饑人」。

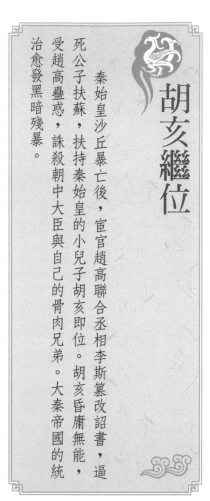

誅殺親兄

胡亥剛剛即位，就決定倣傚父親秦始皇巡遊天下。他對趙高說：「先帝曾經巡視各郡縣，宣揚他的強大，威震海內。現在朕年紀尚輕，又剛剛即位，百姓還不順服，如果不出去巡遊，百姓還以爲朕無能，無法統治天下。」於是，第二年春天，胡亥便在以丞相李斯和郎中令趙高爲核心的百官的陪同下，離開咸陽往東追尋始皇東巡的蹤跡，從三川東海大道往北，到達碣石，再到遼東，沿海返回，接著從並海道南下，遊歷泰山、之罘、琅玡、朐縣（今江蘇連雲港南），渡過長江，抵達會稽郡。四月，又從南陽武關道返回咸陽。

這次巡遊進行得非常順利，但胡亥並不安心。因爲自己以幼子行陰謀殺長兄才得即位，宗室大臣之間本來就有疑問，而十幾位兄長的存在，對自己的帝位難免有威脅，每當想起這些，胡亥總是覺得如芒刺在背。趙高正在想如何剷除異己，建立專權，就順著胡亥的話說：「臣也有同感，只是不敢講罷了。諸位公子都是陛下的兄長，大臣又都是先帝的老臣，陛下即位，諸位公子和大臣本來就對沙丘之事心存疑問，現在只不過是表面順從。臣的境遇比陛下更慘，那些大臣們看到臣居此顯位管理中樞政事，對臣表面恭敬，背後卻怏怏不服。這樣陛下怎麼能安寧呢？」胡亥問：

「那怎麼辦？」趙高慫恿胡亥：

「臣以爲陛下要主動制敵，首先要鏟除那些不聽話的大臣，再重新提拔對陛下忠誠的人；第二要對付那些意欲結黨與陛下爭位的諸位公子。」胡亥面露難色：

「可是，怎麼對付他們呢？」趙高胸有成竹地回答：「欲加之罪，何患無辭？結黨成群、圖謀不軌就是最好的罪名。」胡亥愕然，大概這個時候他才意識到，自己的老師原來如此善於「權術鬥爭」。

在趙高的配合下，秦二世胡亥對自己的親兄弟姐妹開始大舉清肅。他首先在杜城（今陝西長安杜曲）以「怨懟誹謗、圖謀不軌」之罪處死六名隨著出巡的同父異母的兄弟，矺處死公主十人，財產一律沒收，親近多所株連。

秦·秦二世青銅詔版

指鹿爲馬的趙高

秦始皇夢寐以求的「千秋帝業」，由於趙高亂政而加速破亡。因為他的陰謀權術，長子扶蘇被逼自殺，昏庸無能的胡亥即位，良臣宗室被整肅，大秦帝國的統治愈發殘酷黑暗，反秦烈火加速燃起。

趙高的出身

提到趙高，《史記》中對此僅僅寥寥數語簡單介紹：「趙高者，諸趙疏遠屬也。趙高昆弟數人，皆生隱宮，其母被刑僇，世世卑賤。」這段模糊不清的話在後世引發了諸多爭論。

首先，關於趙高的出身「諸趙疏遠屬也」的爭論。一種說法認爲「諸趙」指的是國名，這句話指出趙高以前是趙國人。清代學者趙翼認爲，趙高本來是趙國貴族，因爲痛恨秦國滅趙，所以混入秦宮，發誓爲趙國報仇，趙高乃是以勾踐事吳之心，行張良報韓之舉。近代學者郭沫若也曾說「趙高原是趙國遠支宗室的後代，因其父犯罪被處宮刑，當了宦官……騙取了秦始皇的信任。」這種說法完全顛覆了歷代以來對「趙高亂秦」的定調，反而將趙高描述成爲一個忍辱負重、爲國獻身的英雄。

其次，關於「皆生隱宮」的爭論。常見的說法認爲，這句話是指趙高是宦官。趙高的宦官身分已經被歷代所接受。清代學者趙翼認爲，趙高爲了報仇，毅然揮刀自宮，以苦肉計混進宮內，博得秦始皇的信任。這種理解同樣是將趙高描述成一位爲成就大事不惜犧牲自己的英雄。但現代學者另有一種說法，認爲趙高不是宦

秦・「大禾未央」銘蟠螭紋鏡

橋形鈕，繩紋鈕座，鈕外有小篆銘一周：「大禾未央，長相思，慎毋相忘。」鈕座區有螭龍紋飾，主紋飾區以四博山爐紋分為四區，各配置一條雙線蟠螭龍紋。最外區為素寬卷緣。

官。隱宮，是指刑滿人員工作的地方，與宮刑沒有關係。司馬遷並未說趙高是閹人，「宦官說」其實是在南北朝以後，人們對宦閹亡國極爲痛恨的情況下出現的。而且，趙高是有女兒的，這也證明趙高並非閹人。

其實，無論趙高是不是趙國公子，也無論他是不是「宦官」，非常確定的是趙高在進入秦宮之前確實身分卑賤，但因爲長得高大強壯，騎術車技精湛，才被秦始皇慧眼識中，升任中車府令。中車府令職務相當於皇帝的侍從車馬班長，負責皇帝的車馬管理和出行隨駕，甚至親自爲皇帝駕馭，職位至關緊要。除此之外，趙高的文學功底深厚、書法卓絕、精通秦國律法，秦始皇非常看重他的才華，命他擔任秦始皇幼子胡亥的老師。

正當前途看好的時候，趙高卻犯罪入獄，審判他的是上卿蒙毅。蒙毅秉公執法，判趙高死罪。後來，始皇帝惜才不忍，顧念趙高侍奉多年，行事敏捷勤奮，才能突出卓絕，就下令赦免趙高，恢復其中車府令的官職。從此，趙高就與蒙毅結下仇怨，這件事直接影響了後來的沙丘之謀，以及蒙氏家族、李斯的命運，甚至爲大秦帝國最後的毀滅埋下了伏筆。

戰國秦國「半兩」錢背銅範

秦代的半兩錢作為秦代通行貨幣，曾被大量鑄造。此錢範保存完整，是研究秦代鑄幣工藝的珍貴資料。

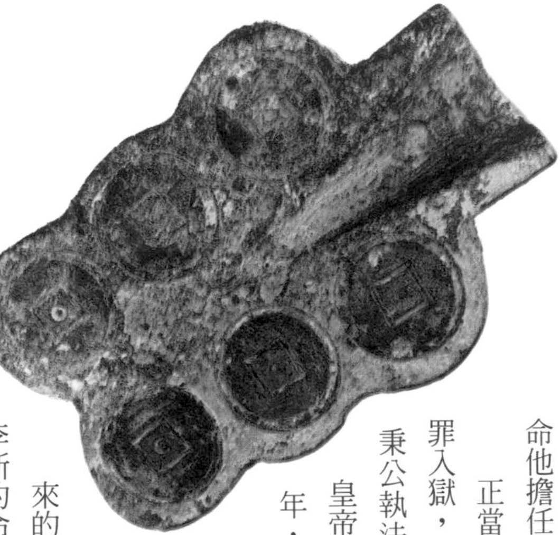

鉗制言論

李斯死後，趙高除去了身邊最後的攔阻，名正言順地當上丞相。大秦帝國的國政大事完全由他一人專斷，趙高幾乎成了太上皇，但他的野心並沒有滿足，還想取胡亥而代之。爲了試探群臣的反應，秦二世三年（西元前二〇七年）八月，趙高趁群臣朝賀之時，將一頭鹿獻給胡亥，說：「臣進獻一馬供陛下賞玩。」胡亥覺得很可笑，糾正他說：「丞相說錯了吧，這明明是頭鹿，怎麼說是馬呢？」趙高不以爲然，一本正經地問周圍的大臣：「你們說這是鹿還是馬？」左右大臣或者沉默，或者奉承趙高說是馬，或者搞不清楚狀況說了眞話，胡亥見眾口不一，以爲自己是中了邪，才認馬爲鹿。趙高於是招來太卜爲他算卦，太卜按照趙高所指示的，欺騙

秦隸的創造者程邈

程邈，字元岑，下邽（今陝西渭南）人；有作下杜（見許愼《說文解字敘》）、下邳人（見庾肩吾《書品》）。相傳他首先將篆書改革爲隸書。南朝羊欣《采古來能書人名》載其「善大篆。得罪始皇，囚於雲陽獄，增減大篆體，去其繁複，始皇善之，出爲御史，名書曰隸書。」作品無考。唐代張懷瓘《書斷》稱：「案隸書者，秦下邽人程邈所造也。邈字元岑，始爲衙縣獄吏，得罪始皇，幽繫雲陽獄中，覃思十年，益大小篆方圓而爲隸書三千字，奏之，始皇善之，用爲御史。以奏事繁多，篆字難成，乃用隸字，以爲隸人佐書，故名『隸書』。」庾肩吾《書品》曰：「尋隸體發源，秦時隸人下邳程邈所作。始皇見而重之，以奏事繁多，篆字難制，遂作此法，故曰『隸書』，今時正書是也。」

綜上所述，看來程邈原爲縣裡小官，因罪入獄，獄中他整理了隸書三千字上奏，得到秦始皇賞識，赦其罪，並封爲御史。由於程邈是個徒隸，起初又專供隸役應用，所以把這一書體稱之爲隸書。這個故事可能有很大附會的成分。實際上正像書法的產生一樣，隸書也是靠日積月累許多人共同創造的，程邈所作的大概是整理工作。

胡亥說：「這是因爲陛下祭祀時沒有齋戒沐浴才會這樣。」胡亥信以爲眞，便聽從趙高的安排，離開皇宮去齋戒了。胡亥走後，趙高馬上處死那些說眞話的大臣，這下群臣更不敢反對趙高了。

弒君專權

昏庸的胡亥忙於享受宴樂，趙高忙於在朝廷內清除異己，兩人都不關心咸陽城外的亡秦風暴。此刻項羽領導的反秦義軍勢如破竹，在鉅鹿殲滅了秦軍主力，而劉邦已經率軍進入武關，兵臨咸陽城下。趙高無法應對，開始稱病不上朝。此刻胡亥就算再昏庸，也聽說了兵臨城下的消息，再也不能坐視不管了，派人去問趙高到底怎麼回事。趙高被問得啞口無言，他知道胡亥已經不信任自己了，於是決定弒君政變。此時劉邦為

秦・彩繪戰首鳳形勺

此器將實用的木胎漆勺與鳳鳥造型合為一體，以勺體為鳳，以勺柄為鳳鳥的長頸，柄首做成鳳首。在勺體與勺柄對稱的部位，雕出平伸的鳳尾。通體髹漆，勺體內紅外黑，在鳳頸、鳳尾，都用紅彩和褐彩，繪出鳳的目、耳、鼻、口和鳳體毛羽。器高十三・三公分，湖北雲夢睡虎地出土。

秦二世胡亥墓

秦二世胡亥墓，位於西安市雁塔區曲江鄉西曲江村南半坡上。墓為圓形，封土堆直徑二十五公尺，高五公尺。墓北有石碑一座，高三公尺，寬九十八公分，厚二十八公分。碑面陰刻「秦二世皇帝陵」六個隸書大字，為乾隆四十一年陝西巡撫畢沅所立。

了早日攻克咸陽，也派人暗中聯繫趙高做內應。於是趙高與弟弟趙成、女婿閻樂商議弒君政變的計劃：打算由趙成爲內應，而由閻樂率領手下士兵裝扮成民兵的樣子，攻打胡亥所在的望夷宮（今陝西咸陽市東北），趙高則負責指揮全局。

趙成先散佈謠言說宮內有盜賊，然後命閻樂假意發兵追擊，致使宮內防守空虛，同時閻樂又率千餘人以追賊爲名直逼胡亥的行宮而來。等衝到宮門前，閻樂以阻擋強盜進宮不力的名義，一路斬殺宮內侍衛，一直殺到驚慌失措的胡亥面前，胡亥嚇得急召左右護駕，沒想到侍從們早已溜之大吉，身邊只有一個宦者。閻樂大吼：「我奉丞相之命，爲天下剷除暴君，你不用多說，快快自裁吧！」胡亥此刻才明白發生了什麼事情，但已經來不及了，就這樣結束了一生。

陳勝吳廣起義

秦二世胡亥變本加厲的殘暴統治終於點燃了反秦起義的烽火。秦二世元年（西元前二〇九年），被發往漁陽戍邊的陳勝、吳廣打著「大楚興，陳勝王」的口號，揭竿而起，築壇盟誓，誅伐暴秦，建立張楚政權。雖然最後因為內部矛盾導致起義失敗，但反秦起義的火種卻並沒有熄滅，反而迅速形成了燎原之勢。

大澤鄉起義

剛剛結束兼併戰爭的大秦帝國，在還沒有來得及休養生息的時候，就被迫又開始了高速運轉。秦始皇建宮殿、築長城、修馳道、北擊匈奴、南越用兵等，無不消耗大量人力和財力。秦二世胡亥即位不到半年，就重新開始修建驪山陵、阿房宮，同時征發五萬兵丁屯守咸陽，苛捐重賦、嚴刑酷法，比秦始皇有過之而無不及，人民生活苦不堪言。

秦二世元年（西元前二〇九年）七月，一支前往漁陽戍邊的隊伍被大雨困阻在泗水郡蘄縣大澤鄉（今安徽宿州市東南）。這是從帝國中南部各郡徵調的戍卒，約九百人，由陽城（今河南登封縣）人陳勝和吳廣率領。

陳勝這個人，關於他起兵之前的事，歷史記載很少，只知道他年輕時候曾經受雇爲人耕田，但他並不甘心就這樣種一輩子地。有一次他對耕田的同伴說：「苟富貴，勿相忘！」其他人笑他這話太癡傻：「爲人種田怎麼會富貴發達？」陳勝不以爲然：「燕雀安知鴻鵠之志哉？」這就可見陳勝的心志。吳廣，字叔，陽夏（今河南太康）人，出身與陳勝類似。

陳勝王陵前的陳勝雕像

在前往漁陽的路上，大雨滂沱不止，道路泥濘不堪，包含陳勝和吳廣在內的戍邊隊伍根本無法前行，若是不能按時到達漁陽，就要被依律處斬。眼看著抵達日期一天天臨近，人們愈來愈焦躁不安。走投無路的陳勝和吳廣私下商量：「預期抵達漁陽已經不可能了，現在逃跑也許會是一條活路，但棄軍逃亡也是死罪。逃亡是死，舉事起義也是死，同樣是死，與其死於逃亡受刑，不如死於國事！」

起兵必要先正名。陳勝提議：「現在百姓遭受秦暴政之苦已經很久了。我聽說二世是始皇幼子，本來當不上皇帝，長子扶蘇才是皇位繼承人。扶蘇因為屢次勸諫始皇，被發配到邊疆監軍，聽說他無罪卻被二世殺了。百姓大多知道他的賢明，卻不知道他已經死了。楚國名將項燕愛護士卒、軍功卓絕，楚人都懷念他，現在有人以為他已經戰死，但也有人以為他逃亡在外。若是我們打著扶蘇和項燕的名義，必定會天下響應！」吳廣深表贊同。

兩人決定先找人為此事占卜，卜者深知其意，便說：「二位所謀之事皆會成功。不過，二位何不卜問於鬼？」陳勝、吳廣聞言心喜，「卜問於鬼」意思是說藉助鬼神立威。於是，兩人在帛布上用硃筆寫上「陳勝王」三字，偷偷塞到打撈上來的魚腹裡，戍卒買魚烹食時，發現了帛書，很是驚奇。當夜，吳廣潛入戍卒駐處附近荒野叢林中的神祠裡，點起篝火，學狐狸的聲音大叫，說：「大楚興，陳勝王。」戍卒們聽到更加驚訝。白天怪魚、夜裡鬧鬼，眾人愈發驚恐。等到天亮，陳勝已經成為眾人眼中的「焦點」人物了。

當天中午，吳廣趁兩名押送戍卒的秦尉喝醉酒，揚言要逃亡，故意激怒秦尉。果然，秦尉大怒，當眾鞭打吳廣，並拔劍威嚇，旁邊的戍卒們都為吳廣抱不平，群情激奮。吳廣乘勢奪劍，在陳勝的配合下，殺死兩名秦尉，一時間眾戍卒大亂。陳勝、吳廣召集眾人說：「大家遇雨失期，失期當斬，即使不被處死，戍邊者十有六七也是死。壯士不死而已，死就死得大義堂皇，王侯將相，寧有種乎！」這番慷慨激昂的話贏得了全體

陳勝墓

陳勝墓，位於河南永城市東北芒碭山主峰西南麓。現存墓塚高五公尺，周長約五十公尺。周圍築有青石圍牆，高頂，下有須彌座。

戍卒的熱烈響應。於是，眾人搭起祭壇，以兩名秦尉的首級獻祭，九百人袒露右臂，宣誓復興大楚，詐稱公子扶蘇、項燕，號稱大楚。陳勝自立爲將軍，吳廣爲都尉。

勝利進軍

陳勝、吳廣率軍首先攻佔了駐地所在的大澤鄉，接著攻佔大澤鄉所在的蘄縣城。蘄縣是楚國的故土，楚將項燕在此戰亡。陳勝、吳廣以項燕和復興楚國的名義起兵蘄縣，獲得蘄縣民眾的擁護。蘄縣成爲陳勝大軍的第一個根據地，此時，陳勝大軍已有戰車六七百乘，騎兵千餘人，步兵數萬人。陳勝做了東西分進的軍事部署：東進軍由葛嬰率領，向蘄縣以東和以南的地區發展；西進軍由陳勝、吳廣統領，攻克蘄縣的西北鄰縣銍縣（今安徽宿州西南），繼續向西北前進，攻佔（今河南永城西），接著折向東南，攻佔譙縣（今安徽亳縣），然後西進，攻佔陳郡郡治陳縣。

攻佔陳縣後，陳勝召集陳縣的父老豪傑，商議反秦大計。陳縣父老建議陳勝：「應該稱王復興楚國，以復興楚國的名義號召天下，伐無道，誅暴秦。」於是，陳勝、吳廣乃立爲王，國號張楚。張楚政權的建立，掀起了全國反秦抗爭的風潮，各郡縣苦於秦暴政者，都紛紛起事殺死長吏，秦嘉、朱雞石起兵於淮北，項梁、項羽起兵於江東會稽郡，劉邦起兵於沛縣，英布、吳芮起兵於番陽（今江西波陽東北），陳嬰起兵於東陽，都響應張楚，共同復楚反秦。六國舊貴族，如魏國王室後裔魏咎、楚國的封君蔡賜、魏國的名士張耳和陳餘等，都紛紛彙集到陳勝麾下。

陳勝以陳縣爲中心，迅速向全國分兵略地。首先，在北線上：一路以武臣爲將軍，邵騷爲護軍，張耳、陳

陳王殿

陳勝吳廣起義 立軸

餘爲左右校尉，率兵三千北上進攻燕趙兩地；一路以周爲將軍，北向進攻原魏國地區——碭郡和東郡（今河南東部、山東西部一帶）。

其次，在東南線上：在安排葛嬰徇蘄以東之後，又增派鄧宗進攻秦九江郡（郡治今安徽壽縣）。

第三，在西線上兵分三路：一路以吳廣爲假王，統領楚軍主力沿三川東海大道西進，直趨滎陽，滎陽是秦在關東的重要軍事基地，附近有貯糧基地敖倉；一路以周章爲將，率軍經過潁川，過函谷關，直搗咸陽；第三路以宋留爲將軍，領兵南向進攻關中的南大門——南陽郡西部的武關，同樣指向咸陽。

第四，以召平爲將，攻取廣陵方向（今江蘇揚州一帶）。

這個軍事部署奠定了日後秦楚之間的軍事戰爭形勢。各路軍隊在各地反秦勢力的支持下攻城略地，所向披靡，很快便佔據了關東的大片土地與郡縣。其中，吳廣率軍進攻滎陽時，遇到了秦軍的頑強抵抗，久攻不下。而周文軍迅速穿過潁川、三川兩郡，直趨關中，到達函谷關時，已有戰車千乘，兵數十萬人。

起義失敗

秦二世元年（西元前二〇九年）九月，周文率軍一舉攻下了函谷關，進入距咸陽百來里的戲（今陝西臨潼東北），逼近咸陽。驚慌失措的秦二世急忙令少府章邯應戰，章邯將修建驪山陵的數十萬刑徒編成新軍，抵抗周文軍的進攻。由於章邯率軍經驗豐富、意志頑強，這支臨時拼湊起來的軍隊竟然大敗周文軍，周文缺乏後援，被迫退出關中，屯兵曹陽。

得知周文軍退出關中，攻佔邯鄲的武臣等人意識到反秦戰爭可能會變成持久戰。在謀士張耳和陳餘的策動下，武臣在邯鄲稱趙王，任命張耳爲右丞相，邵騷爲左丞相，陳餘爲大將軍，趙國復國，建立起獨立的政權。當陳勝下令「武臣兵西入關增援周文」時，武臣拒不執行。

周文在曹陽等了兩三個月，卻不見援兵，被章邯軍打得潰不成軍，周文戰敗自殺。自此，張楚政權反秦的形勢急轉直下。章邯擊敗周文後，繼續東進，與據守滎陽的李斯之子李由夾擊吳廣軍。這時，副將田臧假稱陳勝的命令，殺了吳廣。陳勝知道此事後，不但沒有處罰田臧，反而賜他「楚令尹印，使爲上將」，在這件事上，陳勝犯下了賞罰不當的錯誤。田臧殺吳廣之後繼續圍攻滎陽，結果被章邯所敗，田臧敗死於敖倉。周文、吳廣的兩支西征軍是張楚軍的主力，他們的失敗，是張楚政權的重大損失，也是張楚軍由勝而敗的一個轉折點。

武臣軍的背叛只是反秦戰線分裂活動的一個代表而已。當初張楚叛軍中混有很多六國舊貴族勢力，這些貴族勢力更傾向於利用叛軍的力量來達成復國的目的，所以他們趁著領兵攻打秦軍的機會，紛紛霸佔故國，自立爲王，公開與張楚政權分庭抗禮，不服從陳勝調遣，在叛軍受到圍剿時也袖手旁觀，直接導致張楚軍戰敗。除了武臣恢復舊趙、韓廣恢復舊燕之外，周也擁立魏國王室寧陵君咎爲魏王，恢復舊魏，進攻齊地的田儋看到其他舊諸侯國都反秦自立，於是也自立爲齊王。

反秦戰線的分裂與張楚軍主力的戰敗，大大削減了張楚政權的實力。章邯迅速移兵陳縣，陳勝親自率軍抵抗，結果戰敗，退至城父。秦二世二年（西元前二〇八年）冬天，御者莊賈殺陳勝後降秦。陳勝、吳廣起義宣告失敗。

陳勝吳廣起義石雕

李斯之死

李斯為了保住自己的權位，充當了趙高篡改遺詔、廢長子而立幼子的幫兇。然而最終，卻又是趙高陷害李斯，不但使得他權位不保，而且親手將他送上了黃泉路。

助紂爲虐

胡亥篡位成功，繼承了帝位，趙高昇任郎中令，李斯也保住了相位，大秦帝國看起來又得以平靜如初。然而，在趙高的攛掇下，秦二世胡亥開始了比秦始皇更加殘暴的統治。即位次年春，胡亥便進行聲勢浩大的出巡，同時重新開始動工修建阿房宮，沉重的徭役賦稅和殘酷的苛政刑法使人民生活苦不堪言。更爲恐怖的是，胡亥開始誅殺功臣和諸位公子公主，連坐眾多大臣與宗室，使得朝廷百官與百姓無不人心惶惶，噤聲自保。

爲了保全自己的權位，李斯也順著秦二世的心意，對其百般討好。有一次胡亥問他：「韓非說古代的君王十分辛勤勞苦，難道君王治理天下就是爲叫自己受苦受累嗎？朕覺得這是君王無能。賢人治理天下，就是要天下適應自己，如果自

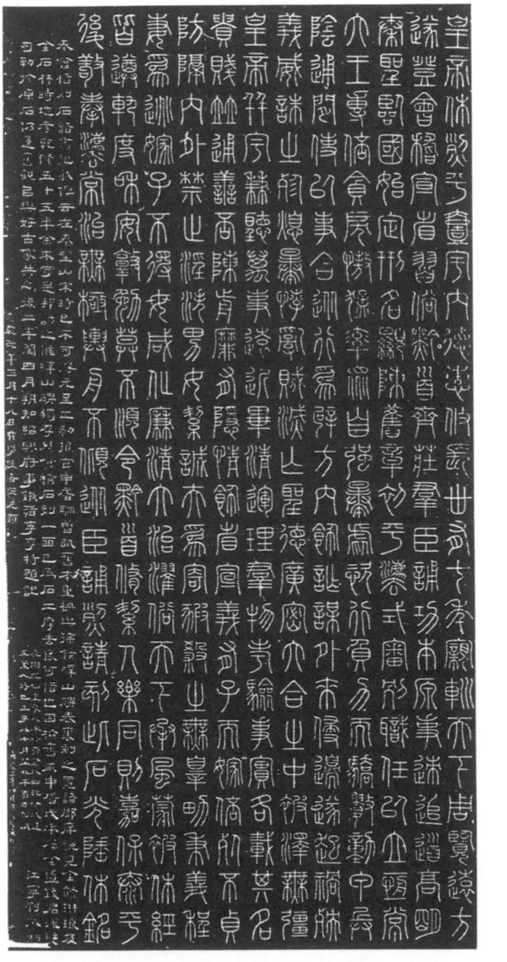

秦・李斯・會稽刻石（新摹）拓本

秦始皇三十七年（西元前二一〇年），秦始皇登上秦望山頂，面對古越大地，頗生感慨，即使丞相李斯刻石於秦望山，即「會稽刻石」。刻石由李斯撰文並篆書，俗稱李斯碑。

李斯井碑

這口井位於上蔡李斯的故居旁。據說李斯當年就是在這口井中汲水灌園。

己不滿足，怎麼治理天下？丞相有什麼好辦法，能叫朕既可以隨心所欲，又可以永遠統治天下？」李斯於是上書，提出一套「督責之術」。「督責之術」是指嚴刑酷法和君王的獨斷專行，其實，就是要君主透過實行「輕罪重罰」來威懾民眾，透過獨斷專行來駕馭群臣。李斯認爲：「賢明的君主若是實行『督責之術』，則群臣莫不全心全意爲君王服務，百姓也就不敢造反了，君王的地位才能穩固，只有這樣的君主才能隨心所欲、爲所欲爲。若不行『督責之術』，那就如堯、舜等一樣，君主過的比百姓還辛勞，實在是受罪。」胡亥對李斯的建議非常滿意，從此就變本加厲地實行「督責之術」，統治愈加殘暴和胡作非爲。

李斯中計

當陳勝、吳廣在大澤鄉揭竿而起後，六國貴族也紛紛招兵買馬，意圖復辟。若是再由著昏庸的胡亥亂來，大秦的末日就不遠了。李斯心急如焚，頻頻上書胡亥，但胡亥並不理睬。趙高爲了攫取更多利益，一直想剷除李斯這個絆腳石。見到李斯苦惱於勸諫胡亥的事情，趙高假意鼓動他：「現在關東盜賊反叛日益囂張，但皇上還是忙於修建阿房宮，整天聲色犬馬，我本來想勸諫，無奈位卑言微，還是丞相勸諫比較有份量。」

李斯苦笑：「我何嘗不想勸諫，只是陛下現在常居深宮，我沒有機會見啊。」

趙高連忙說：「只要丞相有心，我一定會留心，看皇上有空閒，一定稟報丞相。」李斯不知道趙高要陷害自己，還對他感激不盡。

不久，果然接到趙高的通知，說皇上有空閒，可以去奏事了。李斯急匆匆地趕過去，卻看到胡亥正在歌舞狂歡，與眾姬妾嬉戲，根本沒有機會聽自己奏事，只能悻悻而歸。李斯根本沒想到這是趙高「特意」爲自己安排的，還傻傻地等待下次機會，結果一連幾次都是這種情況。胡亥被惹煩了，破口大罵：「李斯這老賊，明擺著欺負朕，朕閒的時候不來，偏偏等朕宴飲正酣時就來掃朕的興致，難道他是因爲朕年輕，所以瞧不起朕嗎？」趙高聽見此話心中大喜，因爲自己已經成功挑起胡亥對李斯的不滿了，就順勢刺激胡亥：「丞相肯定是仗著自己參與了沙丘之謀，想要陛下分封他爲王呢！還有一件事，臣不得不稟報陛下：丞相與那造反鬧事的賊子陳勝等人本是同鄉，現任三川郡守是丞相的長子李由，臣聽說他曾經與陳勝有過書信往來，可見關係非比尋常，陳勝亂賊經過三川的時候，李由並未抵抗，才使事情愈鬧愈大。」這番話無異於火上澆油，胡亥大怒，立即命人查辦李斯父子。

直到此刻，李斯才恍然大悟，自己中了趙高的圈套。

李斯慘死

一瞬間，李斯從權高位重的丞相淪爲被審查

上蔡縣李斯坑

秦二世二年（西元前二〇八年）七月，李斯被斬於咸陽。趙高帶人來上蔡抄了李斯的家，在整個李斯的故居處進行了殘酷的「挖地三尺」，最深處竟達丈餘。久而久之，這裡就成了一片蘆葦叢生的坑塘。後人為紀念李斯，稱此處為「李斯坑」。

的「通賊」嫌疑犯，這對他的打擊不可謂不大。為了挽救自己的生命，李斯急忙上書給秦二世，一面為自己申冤，一面揭露趙高的「邪佚之志，危反之行」。這封信並沒有挽回胡亥對自己的信任。胡亥竟然將這封信拿給趙高看，趙高就反罵李斯意欲害死自己好篡權奪位。胡亥聽信了這番話，更加反感李斯。過了幾日，李斯再次聯合丞相馮去疾、將軍馮劫上書勸胡亥停建阿房宮，減少一些徭役。胡亥大怒，下詔責罵李斯等人：「阿房宮是先帝開創的事業，必須繼續進行。朕剛剛繼位兩年，蜂盜並起，你們鎮壓不力，反而議論先帝所為，要停止先帝開創的事業，真是上無以報先帝，次不為朕盡忠，憑什麼還霸住權位不放！」接著將李斯、馮去疾、馮劫等交付司法官審辦。

馮去疾、馮劫難以忍受羞辱，不久就在獄中含恨自盡。李斯自以為還有機會親自向胡亥解釋，拒絕自殺。負責審問李斯的廷尉是趙高的親信，他按照趙高的安排，對李斯嚴刑拷打，強迫他承認兒子李由通盜。年邁的李斯受不了酷刑，只能承認罪名。按照秦朝律法，懲辦大臣，必須經過皇帝親自派人復驗才能定罪，李斯心裡還期盼等皇上復驗時能為自己翻案。沒想到這個最後的希望還是被趙高摧毀了。趙高派心腹偽裝成皇帝派來的使者去復驗，一旦李斯翻供，就對他嚴刑拷打，直打到他不再翻供為止。這樣三番五次下來，等到皇上真正的使者到的時候，李斯也不敢翻供，於是通盜罪成立。李斯被判腰斬棄市，夷滅三族。此時，李斯的長子李由已經被項梁軍隊所殺，趙高欺騙二世說李由已經被就地正法。

糊塗的胡亥得知李斯認罪，高興地讚揚趙高：「假如不是愛卿，朕幾乎要被丞相出賣了！」秦二世二年（西元前二〇八年）七月，奔赴刑場的李斯悲憤交加，即將行刑之

小篆範本《倉頡篇》

戰國時期，七國分立，文字異體。秦始皇帝既滅六國，採納李斯的請求，「罷其不與秦文合者」。這時秦使用籀文已五百多年，筆畫繁複，實用中漸趨簡化。李斯作《倉頡篇》，中車府令趙高作《爰歷篇》，太史令胡毋敬作《博學篇》。「皆取史籀大篆，或頗省改」，從此定型為小篆。漢初，閭裡書師合《倉頡》、《爰歷》、《博學》三篇，斷六十字以為一章，凡五十五章，統稱《倉頡篇》。《倉頡篇》流行直到東漢，後來被保存在《三倉》中，唐以後才完全亡佚。二十世紀，各地考古發現許多漢簡，時有《倉頡篇》。近二百年來有七、八個輯本，限於材料都不令人滿意，有的把《三倉》及其註解都混入。

前，李斯回頭悲痛地對小兒子說：「我想和你一起，牽著黃狗，再去蔡東門獵逐狡兔，還能辦到嗎？」說罷，父子相對痛哭。這一天，大秦赫赫有名的丞相李斯被處以五刑：墨刑——在臉上刺字，劓——割鼻子，斬趾——砍掉左右腳，宮——閹割，大辟——腰斬，最終腰斬於咸陽街市。全家老小三族全被處死。

李斯之死代表大秦氣數將盡。臨死前，李斯感歎：「現在起兵造反的人已占天下人的一半了，但二世的內心尚未覺悟，居然任用趙高為輔佐，我一定會親眼看見進攻咸陽，只見麋鹿在那兒嬉遊。」

李斯墓

李斯墓在今河南駐馬店市，位於李斯樓東南角，是一個高大的土塚。墓的四周砌有石階，墓前樹有墓碑，上刻「秦丞相李斯之墓」。墓的四周松柏掩映，花木叢生，墓西不遠處有李斯跑馬崗和李斯飲馬澗。據傳，李斯青年時期經常在此處縱馬馳騁，馬渴了就在此澗溝中飲馬，後人便稱此處為跑馬崗和飲馬澗。

鉅鹿之戰

秦末原諸侯國趁著反秦抗暴的風波紛紛復國。秦將章邯與王離圍攻趙國於鉅鹿，楚懷王派項羽率軍救趙。項羽以破釜沉舟的決心與勇氣，奮勇死戰，九戰九捷，大敗秦軍。鉅鹿之困因此得解。

圍攻鉅鹿

陳勝、吳廣起義點燃了秦末起義的熊熊烈火，許多原諸侯國的貴族勢力紛紛揭竿而起。然而，當陳勝、吳廣起義因爲秦將章邯的抵抗而遭遇挫折時，他們就自立山頭，紛紛復國，對陳勝起義袖手旁觀。很快，章邯摧毀張楚政權後，就將矛頭轉向這些恢復了的諸侯國。章邯首先進攻齊國，齊王田儋戰死；隨後進攻楚國，殺死楚將項梁。楚國因爲項梁之死受到重創，項梁手下各路軍隊首領項羽、劉邦以及呂臣紛紛撤走。章邯因此以爲楚國已經不足爲慮，於是率秦軍北上，聯合秦將王離攻趙。

王離是秦國名將王翦之孫，他率軍收復上黨郡之後，從南北兩面夾擊趙國首都信都。由於受到趙國與齊國、燕國聯軍的抵抗，王離軍一直被阻於漳水南岸，直到與章邯大軍會師以後，兩軍合力才攻破了邯鄲城。趙王被迫東遷，退入鉅鹿城（今河北平鄉西南）中，向其他各國緊急求援。

王離與章邯改變了作戰策略：由王離率軍將鉅鹿城團團圍住，而章邯軍則爲處在前線的王離大軍做掩護，爲其源源不斷地提供敖倉的糧草，做好長期作戰的準備。章邯準備以逸待勞，靜待各國援兵到來，則將其一舉殲滅，就算各國援兵不到，等鉅鹿糧盡

項羽率領八千子弟渡江浮雕

項羽率領八千江東子弟橫行天下，征討暴秦，勇猛如項王，當時少有，惜乎勇而無謀，只能讓後人感慨：「江東子弟多才俊，捲土重來未可知！」

兵疲之時也可以一舉將其攻佔。

鉅鹿城被包圍長達三個月，城外的秦軍因爲糧食供應充足，士氣旺盛，攻勢日益猛烈，而城內存糧日漸減少，加上兵士傷亡慘重，士氣低落，形勢十分危急。趙將陳餘並未隨趙王退守鉅鹿城，而是率殘部北上進入恆山郡，駐紮在秦軍以外，等待時機解救鉅鹿危機。陳餘兵力薄弱，無法進攻秦軍，只能一面令趙軍深溝高壘、堅壁自守；另一面不斷向楚、齊、燕、魏各國請援。困在城內的趙王等得不耐煩，派張耳出城催促陳餘進攻，陳餘無奈之下只能以赴難同死的行動取信於趙王和張耳，以五千人爲先鋒進攻王離大軍，結果五千人全軍陣亡，無一生還。從此陳餘再也不敢輕舉妄動，只能坐等援兵到來。

斬殺宋義

趙求救於楚。此時，執掌楚國實權的項梁已死，楚懷王與諸將約定：由先入關中者稱王。項羽主動請纓進攻關中，但楚懷王考慮到項羽過於剽悍兇猛、難以控制，所以並沒有答應他的請求，而是將攻取關中的重任交給了劉邦。懷王認爲，劉邦爲人穩重、寬宏大度，西進有利於爭取民心，功成之後也不會難以駕馭，所以更傾向於讓劉邦關中稱王。當趙來求救時，懷王任命項羽去協助宋義，率楚軍北上援趙。

楚軍以宋義爲上將軍，項羽爲次將，范增爲末將，浩浩蕩蕩地北上。當大軍行至安陽時，宋義突然下令停止前進，打算坐觀秦趙相鬥。項羽幾次催促急行，宋義卻並不理睬，只說：「坐而運策，你還比不上我宋義。」令項羽極爲惱火。正在此時，齊國派人來延聘宋義的兒子宋襄到齊國出任國務大臣，宋義非常高興，就離開楚軍駐地，親自到齊國邊境無鹽爲兒子設宴送行，招致楚軍上下的不滿。

項羽趁宋義離軍在外的機會，就策動楚軍部將：「趙國形勢急迫，我軍卻停滯不前。今年饑荒，本來糧食就

項羽故里的項羽塑像

項羽力拔山，氣蓋世，橫行天下，誰是敵手！生作人傑，死為鬼雄，千載而下，神氣凜然。

很難徵集，現在天寒大雨，後勤供應不暢，軍中存糧見底。這時，我軍應該速渡黃河，依靠趙國的糧食供給，與趙合力攻秦，才是上策。國家安危，在此一舉。而宋義身爲主帥，卻不體恤大家飢寒交迫的處境，不急於救趙，反而滯留無鹽，與齊國勾結，實在不是國家棟樑、社稷忠臣所爲。若不除掉宋義，楚國就沒有希望啊！」諸位部將都支持項羽的提議。

當宋義送子回到安陽楚軍大營時，項羽衝入宋義營帳，拔劍斬殺宋義，假稱：「宋義與齊國勾結叛國，大王密令將其誅殺！」楚軍上下無不懾服，共同擁立項羽爲首領。項羽派將軍桓楚前往楚都彭城報告懷王此事，懷王無奈，只能任命項羽爲上將軍，繼續領兵救趙。

鉅鹿決戰

項羽出任上將軍後，立即起兵北上，從平原津（今山東平原）渡河。他首先命英布和蒲將軍統領兩萬楚軍先鋒渡過黃河，英布等上岸之後立即對部署在棘原和鉅鹿間的秦軍後勤支援部隊發起進攻。當時秦軍是從棘原用船將敖倉的糧食運到前線鉅鹿，所以章邯非常重視棘原，在糧道兩側修建壁壘駐軍守衛，稱爲甬道。英布和蒲將軍率楚軍一舉攻破秦軍甬道，截斷秦軍糧食供給線，將章邯軍與王離軍分割開來。得到先鋒部隊旗開得勝的消息後，項羽率楚軍主力渡過黃河，在英布與蒲將軍的掩護下迅速抵達漳河，與王離軍隊對峙。

項羽大軍的到來大大鼓舞了鉅鹿城內的趙軍與城外

項王衣冠塚

「衣冠塚」，又稱「項王墓」，位於安徽和縣烏江鎮。墓建於霸王祠後面，原墓隆起，砌以青石，呈橢圓形。清盧潤九《讀史偶評・項王墓》詩：「帝業方看垂手成，何來四面楚歌聲；興亡瞬息同兒戲，從此英雄不願生。」墓前有明萬曆時期和州譚之鳳題「西楚霸王之墓碑」。

蒼頭軍

秦二世二年（西元前二〇八年），陳勝被害，其部將呂臣組織「蒼頭軍」，在新陽（今安徽界首北）繼續抗秦。不久便攻克陳，處死殺害陳勝的叛徒莊賈，「張楚」的旗幟重新在陳的城頭飄揚。「蒼頭軍」在反秦抗爭中有較大影響，但其成員的社會地位問題，卻讓後世學術界歧義難消。

一說蒼頭軍是奴隸軍。據《漢書》的《霍光傳》、《鮑宣傳》載，奴婢的一種稱謂爲「蒼頭」。查《史記》，書中並無漢代名奴爲蒼頭的紀錄，可見這種稱呼出現較晚，與秦末的蒼頭軍應無必然聯繫。一說蒼頭軍是一支頭戴青帽或以青巾裹頭的軍隊。《史記·蘇秦列傳》中有「今竊聞大王之卒，武士二十萬，蒼頭二十萬，奮擊二十萬，廝徒十萬，車六百乘，騎五千匹」之語。這段記載説明，武士、奮擊、廝徒都是戰國時代魏國軍隊的不同稱號，而蒼頭與之並列，可見並非奴隸的稱謂。《史記索隱》引晉灼的話說：「殊異其軍爲蒼頭，謂著青帽。」《戰國策》的注文中，也有類似解釋。這些註釋都證明，「蒼頭軍」是頭部有特殊標記以示區別的軍隊，與奴隸無關。綜上所述，後一說的意見似乎更爲可信。

的各國聯軍。陳餘軍早已在鉅鹿城北修築壁壘，等待配合項羽進攻。張耳的兒子張敖也率領代郡兵前來救援，大約一萬人駐紮在陳餘軍旁。燕王韓廣也派部將臧荼統領燕國援軍南下，也駐紮在陳餘軍旁。諸國聯軍不敢主動攻擊秦軍，都在等待項羽大軍到來一起進攻。

秦軍由於糧道被切斷，一時之間陷入諸國聯軍的包圍之中。項羽一面令英布和蒲將軍就地堅守陣地，阻止章邯與王離的聯繫，另一面自己率楚軍主力渡過漳河與秦軍決戰。渡河之後，項羽下令全軍將士一律備足三天用的乾糧，同時鑿沉全部渡船，焚燬全部帳篷，砸碎釜甑等炊事用具，自絕退路，激勵楚軍將士拚命殺敵絕不退後。「破釜沉舟」之舉不僅震動了全軍，而且成為青史留名的壯舉，被後世廣為傳頌。

沒有退路的楚軍唯有在三天之內擊退秦軍，全軍上下人人無不誓死決

霸王別姬扇面

霸王垓下被圍，楚歌四起，軍心渙散。虞姬帳前起舞，霸王憤而作歌：「力拔山兮氣蓋世，時不利兮騅不逝。騅不逝兮可奈何，虞兮虞兮奈若何？」

戰。鉅鹿城外戰火彌漫，楚軍將士人人奮勇當先，怒號擊殺秦軍，秦軍步步潰敗，軍營逐一被焚。一日之內，楚軍與王離軍大戰九次，連戰連捷，攻破秦軍甬道，拔除秦軍壁壘，鉅鹿城外血流成河，唯有楚軍的旗幟高高飄揚。此時固守壁壘的各國聯軍，紛紛開營出軍，配合楚軍攻擊，終於徹底擊敗秦軍。秦軍主將王離被俘，副將蘇角被殺，副將涉間也拔劍自刎。

戰爭結束後，項羽傳令召見諸侯將軍，諸將無不戰戰兢兢地低身膝行穿過堆屍如山、血流成河的戰場，進入軍營拜見項羽時，竟然沒有人敢抬頭仰望項羽。鉅鹿之戰使項羽一戰成名，項羽因此被推舉爲諸侯聯軍的統帥。

章邯投降

鉅鹿慘敗之後，章邯率軍退守漳河一帶，依托河內郡、河東郡、三川郡以及敖倉糧庫、黃河漕運，構築起堅固的防禦工事，集結兵力，仍然頑強抵抗諸國聯軍的進攻，戰爭一直持續了七個月。章邯以爲，秦軍在漳河南岸設防，只要利用漳河天險，堅守住河內，戰局就可能有轉機。項羽大軍殲滅王離之後，迅速率領諸國聯軍向漳河緊逼過來。項羽仍然以英布和蒲將軍爲先鋒，尋求與章邯軍主力決戰。章邯軍堅守不出，步步爲營，

項羽戲馬台

戲馬台位於徐州市户部山崗上，是該歷史文化名城現存最早的古跡之一。漢王劉邦元年（西元前二〇六年），蓋世英雄項羽滅秦後自立為西楚霸王，定都彭城（即今徐州），於城南的南山上構築叢台，以觀戲馬、演武和閱兵等，故名。

撤向河內郡安陽縣。

本來秦二世對章邯鉅鹿戰敗就極爲惱火，這次章邯軍又接連後退，更是不能理解，於是二世連連派人到章邯軍中催戰，章邯陷入內外交困的險境。不久，趙將司馬卬率趙軍從上黨郡南下，攻入河西郡，抵達黃河孟津北，切斷了河內郡與河東郡的聯繫，本來司馬想南渡孟津攻佔三川郡，徹底包圍章邯軍，切斷其糧道，擊敗秦軍。然而這時，已進入潁川郡的劉邦爲了與司馬搶功，率軍突襲，攻佔孟津，迫使司馬軍放棄南渡。

劉邦與司馬兩軍相爭，給了章邯軍喘息的機會。章邯立即派長史司馬欣入咸陽求兵，沒想到司馬欣一連等了三天，也沒有被秦二世召見。司馬欣恐怕是趙高從中作梗，秦二世才不接見自己，這樣下去恐怕趙高會藉機殺死自己，以徹底阻攔自己向秦二世報告秦軍戰事不利的消息。司馬欣於是匆匆趕回軍營，果然趙高派人追殺他，司馬欣一路有驚無險，才回到軍營。得知司馬欣沒有求到援兵反而差點喪命的消息，章邯實在是對秦二世以及秦廷失望至極。正在此時，陳餘派人送信給章邯，勸說他不要像白起、李斯一樣，最終身首異處，還是投降項羽最好。對秦大爲失望的章邯開始動搖，派心腹前去與項羽談判。

此時，趙將申陽率軍從北邊的上黨郡直接攻入河內郡，切斷了章邯軍與關中的聯繫，包圍了章邯軍。章邯無奈之下，只能答應與項羽議和。秦二世三年（西元前二〇七年）七月，項羽在殷墟（今河南安陽）接受章邯軍的投降。於是，章邯軍隊就此投降項羽，大秦帝國的根基也隨之動搖。

霸王扛鼎雕像

項羽號稱西楚霸王，有扛鼎之力，有萬夫不當之勇。鉅鹿一役，名滿天下。可惜楚漢相爭，一世英名付與汪洋，不能不令後人感慨。

子嬰除趙高

秦二世被趙高逼死之後，秦公子嬴子嬰即位為秦王，有人稱其為「秦三世」。子嬰即位五天就設計除掉了趙高，試圖挽救危在旦夕的秦王朝，然而大秦滅亡已成定局，最終子嬰只好自縛請罪投降劉邦。子嬰從即位到投降一共四十六天。

身世之謎

秦二世三年（西元前二〇七年），秦王朝最後一位王——子嬰即位。子嬰到底是誰？司馬遷在《史記》中並未寫明。歷代以來，對子嬰的出身形成了不同說法：最普遍的認識是「秦二世哥哥的兒子」；其次為「秦二世的哥哥」；還有人認為他是「秦始皇的弟弟」；另外有人認為子嬰很有可能是「秦始皇兄弟的兒子」。

關於「二世兄子說」，最流行的一種說法是，子嬰是秦二世長兄扶蘇的兒子，也就是秦始皇的孫子，這種說法普遍見於現代諸多小說、影視戲劇中。《史記．秦始皇本紀》中曾記載，秦二世三年，趙高殺二世後，立二世之兄子公子嬰為秦王。但《史記．李斯傳》中同時記載，子嬰即位為秦王後，與宦官韓談及兒子商量除掉趙高。如此看來，子嬰的兒子那時候應該至少已經成年，才會與父親商議謀殺趙高這種大事。按照秦代律法，男子十七歲可以開始服役，那麼，子嬰之子應該至少十七歲，照此推算，子嬰至少應該在三十五歲以上。而秦始皇五十歲去世，長子扶蘇大概三十多歲，不太可能始皇有子嬰這麼大的孫子。所以，子嬰為「二世兄子」這種說法，也受到很多人的懷疑。

第二種說法是「二世兄說」，

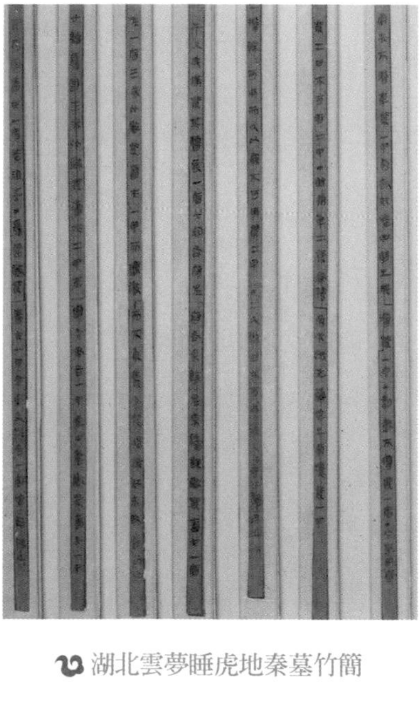

湖北雲夢睡虎地秦墓竹簡

《史記》六國年表中曾記載「高立二世兄子嬰」。但秦二世即位時對有可能威脅到自己皇位的兄弟進行了徹底誅殺，那麼子嬰如果是二世的哥哥，也很難倖免。所以這種說法也被人質疑。

還有人認爲子嬰是始皇的弟弟。《史記·李斯傳》曾記載「高自知天弗與，群臣弗許，乃召始皇弟，授之璽。子嬰即位，患之，乃稱疾不聽事，與宦者韓談及其子謀殺高。」這裡，「始皇弟」與「子嬰」被認爲是同一個人。史書記載，始皇總共有兄弟四人，其中兩位是同母異父的弟弟，爲母親和嫪毐所生，已經被亂棍打死，但還有一位同父異母的弟弟叫成蟜。《史記·秦始皇本紀》中記載，秦王政八年，王弟長安君成蟜率軍擊趙失敗後投降了趙國。有人認爲成就是子嬰。

最後一種說法認爲子嬰是始皇弟弟的兒子。徐廣對《李斯列傳》做的《集解》中提到「召始皇弟子嬰，授之璽」可以理解爲「始皇弟弟的兒子嬰」，也就是成蟜的兒子。

這幾種相互迥異的說法，一方面是由於史實記載有歧義，另一方面是因爲後人對「子嬰」一詞的理解有分歧。「子嬰」可以理解爲「名爲子嬰」或者是「兒子名爲嬰」。至今，子嬰的出身尚無定論。

勸阻胡亥

子嬰在即位之前最有名的事情就是勸阻胡亥殺蒙氏兄弟。秦二世即位時，蒙氏兄弟因爲與扶蘇有關聯，雙

秦·雲紋高足玉杯

青色玉，杯身呈直口筒狀，近底部急收，小平底。杯身紋飾分三層，上層飾有柿蒂、流雲紋，中層勾連捲雲紋，下層飾流雲、如意紋。足上刻有絲束樣花紋。一九七六年出土於陝西西安車張村阿房宮遺址。

雙被俘。本來秦二世想要釋放蒙氏兄弟，繼續啓用他們，但趙高和李斯卻因爲個人恩怨，堅決反對釋放蒙氏。趙高勸說二世：「臣聽說先帝曾經早有意立陛下爲太子，但是因爲蒙毅反對，使得太子久不得立。依臣看，像蒙毅這種不忠之臣應該誅殺，以免日後生亂。」胡亥聽了這番話，遂下定決心處死蒙氏兄弟。這時，子嬰站了出來，勸阻二世殺蒙氏。

子嬰說：「臣聽說，昔日趙王遷誅殺良將李牧而起用顏聚爲將，燕王喜私用荊軻之謀而背棄和秦之約，齊王建殺戮舊臣而用佞幸後勝，最終都導致國家滅亡、君王身首異處，這些都是陛下應該吸取的教訓。蒙氏三代功臣，是大秦的棟樑，陛下剛剛即位，就要無故誅殺他們，臣以爲萬萬不可。臣聽說，做事輕率的人難以治理國家，一意孤行的人難以輔佐皇上。誅殺忠臣是內使群臣懷疑而外使將帥離心的事情，希望陛下三思。」此時的胡亥已經被趙高牢牢控制住，根本聽不進這番話，還是處死了蒙氏兄弟。

從這件事可以看出，子嬰是一個頭腦清醒、憂慮國政的人，他對趙高和李斯的做法和人品都相當不滿。

智除趙高

趙高逼死秦二世後，立即召集諸位大臣公子在朝廷上集合。本來趙高想要自己稱帝，但恐怕朝野上下不服，只好提議由公子子嬰爲秦王。當時原諸侯國都紛紛復立，大秦帝國的版圖已經縮小爲原來秦國的面積了，所以趙高提議子嬰即位不再稱帝，而稱秦王。

秦二世三年（西元前二〇七年）九月，趙高令子嬰先齋戒五日後再進行告廟即位儀式。趙高本來以爲子嬰和胡亥一樣，不過是個隨意聽他擺佈的傀儡帝王，沒想到子嬰早就清醒地看出趙高的奸詐陰謀。接到趙高送來的玉璽後，他與宦官韓談以及自

秦．錯金銀「樂府」鍾

一九七六年二月間出土於陝西臨潼縣秦始皇陵園內西北斷崖瓦礫中的一個陶案內。鍾形小巧玲瓏，為青銅質，鼻鈕上刻「樂府」二篆字，故名「樂府鍾」。鉦和鼓部飾錯金的蟠螭紋；篆間飾錯金流雲紋；鍾帶飾錯銀雲紋；舞部鑄有纖細的雲雷紋；鍾內側亦刻纖細的陽線紋飾。這鍾除了花紋精美、造型新穎而外，在鑄造上採用了「錯金銀」的工藝。也就是在鑄造好的鍾體上，用金銀絲鑲嵌成花紋，然後把器物外表磨光，使其花紋線條鮮明、清晰、艷麗。

賈誼《過秦論》

西漢思想家賈誼考察秦朝滅亡的原因，寫下了不朽之作《過秦論》，討論秦朝滅亡的問題。原文分爲上、中、下三篇。載於《新書》第一卷，《文選》卷五十一，另見於《史記·秦本紀》、《史記·陳涉世家》及《漢書》。全文著重從各個方面分析秦王朝的過失，故名爲《過秦論》。

《過秦論》從內容看，述史實，渲染鋪張，材料富贍，發議論，簡練透闢，見解情微。從外形看，起伏多變，文筆放蕩，論證嚴密，語言優美。寫秦興，氣焰赫赫，不可一世；寫秦亡，急轉直下，迅速覆滅；最後是一錘定音，推出全文論點。魯迅對賈誼《過秦論》的評價是「沾溉後人，其澤甚遠」的「西漢鴻文」。

己的兩個兒子商議：「趙高在夷望逼死二世，因爲害怕群臣誅殺他，才假仁假義地立我爲秦王。我聽說趙高與楚軍私下立約，要消滅我國後瓜分秦土，賣國求榮。這次他叫我齋戒之後到宗廟舉行即位儀式，必定是要趁機在宗廟中殺了我。所以我這次托病不去，趙高自會親自來叫我，到時我們就趁機殺死他，爲大秦報仇！」

五日齋戒滿，趙高派人來請子嬰參加即位儀式，子嬰假裝有病，堅決不去宗廟。趙高實在等不及了，就親自去子嬰那裡請他。趙高在門口說：「聽說陛下龍體欠安，老臣探病來遲，請陛下恕罪。」子嬰騙他靠近：「丞相不必多禮，請上前說話。」趙高走近子嬰，問：「告廟典禮乃是國家大事，陛下爲何不去？」子嬰登時從床上坐起，大喝一聲：「朕就是要等你來！」宦官韓談應聲而出，沒等趙高反應過來，就迅速持劍殺死趙高。

殺死趙高後的第二天，子嬰告廟繼位，稱秦王。他在朝殿中宣布了誅殺趙高的經過，下令對趙高和閻樂處以車裂之刑，誅滅三族。爲避免株連太多，興起大獄，子嬰決定不追究眾位大臣與趙高勾結的事情，同時大赦天下。

子嬰投降

即位後的子嬰面對的是秦始皇和二世剩下來的爛攤子，各地反秦抗暴風起雲湧，大秦帝國的統治已經岌岌可危。

此時，劉邦大軍已經進入關中，直接進逼秦都咸陽，大秦形勢危急，子嬰盡最大的努力調兵遣將，在嶢關阻擊劉邦軍隊，試圖將劉邦大軍趕出武關。然而劉邦迅速繞過嶢關，越過蕢山，在藍田關（今陝西藍田縣西）一帶大破秦軍防衛主力，並追過藍田關口，徹底擊潰秦軍最後的防衛部隊。十月，劉邦軍屯兵霸上（今陝西西安東），咸陽城已經毫無防衛能力。

劉邦並未直接攻入咸陽，而是派人去勸子嬰投降。此時的子嬰並非不想抵抗，而是別無選擇，大秦已經毫無抵抗能力了。子嬰與妻子用繩子綁住自己，坐上素車白馬，穿上喪禮所穿的白色喪服，手持傳國玉璽與兵符，親自到軹道（今陝西西安霸水西岸大道）投降劉邦。劉邦騎在馬上，接過了子嬰手上的玉璽，大秦帝國至此滅亡。

秦．鹿紋瓦當

這件秦代瓦當紋飾新穎，其中的鹿紋極具動感，逼真的姿態充分展現了秦代勞動人民的高超技藝。

劉邦問身邊隨從：「該怎麼處置他？」樊噲提議：「乾脆殺了算了。」劉邦搖搖頭，說：「懷王之所以派我先入關，乃是看中我寬容大度。現在子嬰已經投降，如果再殺死他就不好了。」於是，子嬰做了四十六天的秦王，就被收進咸陽廷尉大牢。一個月後，項羽率軍進入咸陽，將秦宮室付諸一炬，大肆搶掠城內財富，並殺死子嬰。

漢代詩人賈誼認爲：子嬰是致使秦朝完全滅亡的人物，只要他有「庸主之材」，再加上中規中矩的輔佐，就可以保住關中地區。司馬遷在《史記》中也贊同賈誼的觀點。然而東漢時期的班固卻有不同看法：大秦在秦二世死的時候已經無藥可救，子嬰雖然無力救國，但殺死趙高足可以證明他已經盡力完成自己當做的事情。班固認爲：「嬰死生之義備矣。」

關於子嬰的埋葬地點到現在不清楚。近年來，被譽爲「秦兵馬俑之父」的中國考古學家袁仲指出，子嬰極有可能葬在秦始皇陵區，應該就是近來在秦始皇陵旁邊新發現的第二大墓。袁仲認爲秦人祖宗墓葬、太后墓葬及二世墓葬位置等都分佈清晰，所以這個新發現的墓不可能是別的秦王、太后的，而應該是子嬰之墓。

劉邦滅暴秦

陳勝、吳廣起義失敗後，劉邦投奔楚懷王的反秦大軍。楚懷王因為劉邦寬容大度，不像項羽那樣剽悍霸道，所以派他先入關中。劉邦進入關中後，約降秦王子嬰，滅掉大秦。

沛縣起義

劉邦，字季，生於楚國的沛豐邑中陽裡（今江蘇沛縣）。劉邦爲人豁達大度、不拘小節、好酒及色，喜歡以遊俠自任，整日裡浪蕩遊歷，結交了不少豪傑，但並不被父兄所喜愛，也不爲鄉里認同，被視爲無賴。秦王政二十三年（西元前二二四年），秦始皇滅楚，劉邦所在的沛縣也被秦軍占領。秦滅楚之時，劉邦已經過了三十歲，對務農毫無興趣的他參加了秦朝官員選拔考試，考試合格之後，三十四歲的劉邦被任命爲沛縣下屬的泗水亭亭長。後來隨同劉邦起兵的漢帝國開國功臣，很多都是劉邦在泗水亭長任上結識的沛縣中下級官吏，例如後來的漢相蕭何、漢太僕夏侯嬰、御史大夫任敖等。

當時劉邦按照秦制也要服徭役，他在咸陽服役期間有幸見到了秦始皇出巡的排場，心生羨慕，喟然感歎道：「嗟乎！大丈夫當如此也。」這句感慨也預示著劉邦不同於常人的心志與命運。

秦始皇三十七年（西元前二一○年），秦始皇在沙丘暴斃，此時的劉邦已經四十六歲了。秦二世即位後，下令重新開工修建阿房宮與秦始皇陵，劉邦也要押解服役民工入咸陽服徭役。在押解途中，不斷有人逃跑，劉邦估計，這樣下去走到驪山人就跑光了，自己難免受罰，於是索性放了所有的服役民工。當時，隊伍中有十幾個壯士跟隨劉邦，人數慢慢壯大到

沛縣漢高祖劉邦像

漢高祖劉邦，年輕無賴，壯年立志，斬白蛇，起芒碭，傳奇一生，令人讚歎。

一百來人。

秦二世元年（西元前二〇九年）九月，陳勝、吳廣起義，關東各地紛紛起兵響應。九月，沛縣縣令也想響應起義，遂召集屬下蕭何和曹參商議如何起義。蕭何認爲縣令率民起義不好，還是召外面的人來起義更好，於是推薦劉邦。而當劉邦一行到達沛縣縣城時，縣令又反悔了，他懷疑蕭何、曹參串通劉邦要加害自己，所以下令關閉城門，同時逮捕蕭何、曹參。然而蕭何二人早已得到消息，就立即逃出城投奔劉邦。經過商議，劉邦寫了一封帛書，裝在箭上射到城上，帛書上寫：「天下苦於秦政已經很久了，現在諸侯並起，將要攻打沛城。沛縣令是外地人，反覆無常，不爲沛縣著想，卻叫大家爲秦守城，一旦諸侯攻入沛城，大家都要家破身亡。爲了守衛家鄉，我們不如殺掉縣令，在本縣子弟中選人立爲縣令，響應諸侯反秦，這樣就可以保全家世。不然，父子俱屠，無爲也。」沛縣人得到帛書之後，都願意響應劉邦的號召，大家就一起誅殺縣令，開門迎劉邦入城，推舉其爲沛公。劉邦開始主持沛縣軍政大事，動員全縣子弟加入起兵隊伍，組織起一支兩三千人的軍隊。

冬日裡的泗水亭

泗水亭位於徐州市沛縣，漢代開國皇帝劉邦就曾做過「泗水亭長」。泗水亭公園大門內側飛簷下題寫著「千古龍飛地」。

入關破秦

劉邦起義不久，就殺死泗水守壯、泗水監平，派屬下雍齒守豐。秦二世二年（西元前二〇八年），雍齒背叛劉邦，投降魏國。劉邦引兵攻打雍齒，沒有成功，就率眾投奔秦嘉。次年四月，項梁攻殺秦嘉，劉邦又率

劉邦善將將

劉邦建立大漢帝國後，曾與韓信討論率軍才能。劉邦問韓信：「你看像我這樣，能率多少兵？」韓信坦誠回答：「陛下能帶的不過十萬人。」劉邦又問：「那你能帶多少？」韓信毫不掩飾地答道：「臣帶兵是愈多愈好。」劉邦很驚訝，問：「既然你帶兵愈多愈好，怎麼你反而被我所擒？」韓信答：「陛下雖不能將兵，但善將將，這就是臣之所以被陛下所擒的原因。陛下之才乃是天命所授，不是人力所能做的。」這段話說明了劉邦確實具備卓絕的領導才能。

百餘騎投奔項梁。依靠項梁撥給自己的五千兵力，劉邦再次攻打雍齒，這次終於大勝。七月，秦將章邯圍攻齊國田榮，項梁與劉邦一起大敗章邯軍。八月，劉邦與項羽在雍丘大敗秦軍，殺死三川守李由。功績頗豐的劉邦爲楚懷王任命爲碭郡長，封武安侯。

秦二世三年（西元前二〇七年），楚懷王制訂了著名的「先入定關中者王之」的約定。項羽想要爲自己的叔叔項梁報仇，主動請纓，要求率軍攻打關中。然而楚懷王恐怕項羽剽悍殘暴很難聽從自己指揮，就拒絕了他的請求，而派他輔助宋義，率軍北上鉅鹿援趙。攻打關中的重任則給了劉邦，因爲楚懷王認爲劉邦一向寬大溫和，心懷仁義，更容易攻下秦國。項羽本來以爲以自己的強大兵力，就算北上援趙耽誤一些時間，還是會比劉邦的雜牌軍早入關中。沒想到劉邦採用了避實就虛的策略，率軍跟在項羽大軍後面，一路收集被擊潰的秦軍，補充兵力與糧食。途中，劉邦繞過秦軍重點佈防的地方，而率軍經過稍南方的潁川一帶，占領潁川郡的翟陽，之後迴避章邯軍駐守的函谷關，改從武關進攻。

當項羽在鉅鹿破釜沉舟與章邯軍拚死決戰時，劉邦大軍已經攻入武關，直逼咸陽城。秦相趙高派使者與劉邦商議，以殺死秦二世爲條件，與楚軍瓜分關中，劉邦不同意。趙高還是殺死了秦二世，立子嬰爲秦王。子嬰接任五天就誅殺趙高，緊接著，集結秦軍兵力據守嶢關，與劉邦大軍對峙。

項羽結束鉅鹿決戰後，得到劉邦直逼咸陽的消息，立即率軍火速進攻關中的東大門——函谷關。然而劉邦還是比項羽更快一步，他派酈食其、陸賈說服據守嶢關的秦將投降，趁秦將猶豫之時，遂率兵繞過嶢關，越過蕢山，在藍田關（今陝西藍田縣西）一帶大破秦軍防衛主力，並追過藍田關口，徹底擊潰秦軍最後的防衛部隊。秦二世三年（西元前二〇七年）

十月，劉邦軍屯兵灞上（今陝西西安東），咸陽城已經毫無防衛能力。秦王子嬰自縛投降，至此，大秦帝國滅亡。

劉邦進入咸陽之後，與秦人約法三章：「殺人者死，傷人及盜抵罪，余悉除去秦法。」秦人非常擁護劉邦的新政，爭相向劉邦大軍貢獻牛羊酒食，劉邦推辭不收：「軍糧充足，不勞民破費。」百姓更高興，人人都希望劉邦做秦王。此時的劉邦正如項羽亞父范增所說：「沛公以前在山東時，貪財好色，這次入關，卻財物無所取，婦女無所幸，可見其志向不小。」

楚漢之爭

正在進軍函谷關路途上的項羽，得知劉邦已經入關而且封鎖了函谷關，擋住了自己進入關中的必經之路，暴跳如雷，就下令猛攻函谷關。

十二月，項羽大軍至戲，駐軍於鴻門，與屯兵霸上的劉邦大軍形成對壘之勢。在項伯、張良的斡旋下，項羽與劉邦等人舉辦鴻門宴和解雙方的嫌隙，在宴筵上，項羽的謀士范增一再提醒項羽趁機殺死劉邦，項羽卻遲遲不願動手，最終劉邦得以逃脫。

項羽進入咸陽城後，火燒秦宮室、殺死秦王子嬰、將咸陽城搶掠一空，然後自立爲西楚霸王，封劉邦爲漢王，封地爲巴、蜀、漢中，而將關中地區分別封給秦的三個降將：章邯、長史司馬欣以及都尉董翳，項羽希望藉這三人來阻截劉邦東進。

不久，反秦老將田榮因爲不滿項羽分封不公，起兵反叛。項羽立即回擊田榮。劉邦趁此機會一舉擊敗章邯，攻取隴西、北地、上郡，之後出武關，繼續東進，揭開了楚漢之爭的序幕。當項羽擊敗田榮之時，劉邦大軍已渡河進入洛陽，在此地爲楚懷王發喪，並以「項羽殺主背義」的罪名，號召諸侯共同討伐項羽，結果被

歌風台

漢高祖十二年（西元前一九五年），沛人在劉邦唱大風歌處築起一座高台，名為「歌風台」。歌風檯曆經滄桑，屢建屢圮。台高十公尺，前樓後殿，佈局勻稱，雄渾壯觀，台上有大風歌碑、劉邦塑像及兩面二廂古今著名石刻作品。

項羽大敗，狼狽逃往滎陽。項羽追到滎陽時，大敗劉邦新收集的軍隊，劉邦讓屬下紀信扮作自己，帶兩千名婦女夜出東門，假裝投降項羽，楚軍聞訊大喜，紛紛跑到東門觀看，結果劉邦趁機率軍從西門逃走了。逃往成皋的劉邦就地屯兵，繼續與項羽大軍對峙，結果自己又被項羽射傷，兵敗而逃。

正在此時，劉邦手下人將韓信率軍攻取齊國歷下、臨淄，並擊敗項羽手下大將龍且。項羽雖然表面上連敗劉邦，甚至射傷了他，但實際上已經連續丟失了趙、燕、齊三地領土，損失了大量兵力。無奈之下，項羽答應與劉邦劃江而治，以鴻溝以西爲漢，鴻溝以東爲楚。

劉邦並沒有依約西歸，而是跨過鴻溝追擊項羽，在垓下圍困項羽，項羽被追至烏江畔，陷入窮途末路。烏江亭長催其趕快渡江，項羽卻不願意，感慨自己「無顏見江東父老」，接著拔劍自刎。楚漢之爭至此結束。

劉邦進入關中，滅掉大秦，幾經曲折擊敗項羽，最終建立了大漢王朝。

沛縣公園劉邦塑像

楚漢相爭，是秦亡之後最為輝煌壯麗的歷史篇章，舊的一頁揭了過去，一個嶄新的王朝在劉邦和他的功臣們手中誕生。

大秦帝國大事年表

秦襄公	西元前七七〇年	周平王東遷，史稱東周。秦受封爲諸侯，始立國。
秦文公	西元前七六二年	遷至汧、渭之會，築城邑。
	西元前七五三年	初設史官記事。
	西元前七五〇年	伐戎，地至岐。
秦寧公	西元前七一四年	都城東遷平陽。
秦出公	西元前七〇四年	寧公卒，大庶長弗忌等立出子。
秦武公	西元前六八八年	伐邽冀戎，初建縣。
	西元前六七八年	武公死，用六十六人殉葬。
秦德公	西元前六七七年	徙都於雍。
秦宣公	西元前六七二年	與晉大戰河陽，獲勝。
秦成公	西元前六六三年	梁伯、芮伯朝秦。
秦穆公	西元前六五五年	伐晉，戰河曲。
	西元前六五一年	送晉公子夷吾歸國，晉許秦河西八城。
	西元前六四七年	晉發生災荒，向秦借糧，秦興「泛舟之役」。
	西元前六四六年	秦發生災荒，向晉借糧，晉拒絕。
	西元前六四五年	與晉戰於韓原，擄晉惠公，晉獻河東之地。
	西元前六四四年	在河東置官司。
	西元前六四〇年	滅芮。
	西元前六三七年	迎晉國公子重耳於楚。
	西元前六三六年	送晉公子重耳歸晉，立爲晉文公。
	西元前六二八年	秦發兵越晉攻鄭。

秦穆公	西元前六二七年	秦攻鄭未成，滅滑，晉於崤大敗秦軍，擄秦三將。
	西元前六二五年	秦伐晉，戰彭衙，不利，歸。
	西元前六二四年	秦伐晉大勝，取王官及鄗，封崤屍而還。
	西元前六二三年	秦穆公用由余謀伐西戎大勝，「開地千里」，遂霸西戎，天子使召公賀以金鼓。
	西元前六二一年	穆公卒，以一百七十七人爲殉。
秦康公	西元前六一九年	秦伐晉，取武城。
	西元前六一七年	晉伐秦，取少梁。秦伐晉，取北征。
	西元前六一五年	秦伐晉，取羈馬、並敗晉軍於河曲。
秦共公	西元前六〇八年	晉侵宋，求城於秦，秦弗許。
	西元前六〇七年	伐晉圍焦。
秦恒公	西元前六〇一年	晉伐秦，殺秦諜。
	西元前五九四年	秦伐晉，戰於輔氏（晉地）。
	西元前五九三年	與楚、宋、陳人盟於齊。
	西元前五八二年	與白狄伐晉。
	西元前五八〇年	與晉夾河而盟，歸而背盟，與白狄謀攻晉。
	西元前五七八年	晉率各國兵伐秦，秦軍敗走，至於麻燧。
秦景公	西元前五六四年	秦伐晉。
	西元前五六三年	晉伐秦。
	西元前五六二年	使庶長鮑伐晉救鄭，敗晉於櫟。
	西元前五六一年	與楚伐宋。
	西元前五五九年	晉會請侯伐秦，敗秦師於棫林。
秦哀公	西元前五五〇年	至晉會盟，旋即背盟。
	西元前五四一年	秦公子鍼逃至晉，後又歸秦。
	西元前五〇六年	楚國申包胥至秦求兵伐吳。
	西元前五〇五年	秦發兵五百乘救楚，大敗吳師。

秦厲公	西元前四七六年	蜀人來賂。
	西元前四七一年	楚人來賂。
	西元前四七〇年	義渠戎來賂，綿諸乞援。
	西元前四六七年	率兵拔魏城。
	西元前四六三年	晉人、楚人來賂。
	西元前四六一年	伐西戎大荔、取王城。
	西元前四五七年	厲公率兵與綿諸戰。
	西元前四五一年	左庶長攻南鄭。
	西元前四四四年	伐義渠，擄其王
秦躁公	西元前四四一年	南鄭反。
	西元前四三〇年	義渠戎攻秦，至渭南。
秦懷公	西元前四二五年	庶長晁與大臣圍懷公迫其自殺，立靈公。
秦靈公	西元前四一八年	與魏戰少梁。
	西元前四一七年	修城於河瀕。
	西元前四一五年	城籍姑、補龐城。
	西元前四一三年	與魏戰，敗於鄭。
秦簡公	西元前四一二年	魏圍秦繁龐。
	西元前四〇九年	令吏初帶劍。塹洛，城重泉。魏伐秦，築臨晉元裡。
	西元前四〇八年	魏伐秦至鄭而還。
	西元前四〇一年	伐魏，至陽狐。
秦惠公	西元前三九五年	伐綿諸。
	西元前三九三年	魏敗秦於汪。
	西元前三九一年	伐韓宜陽，取六邑。
	西元前三九〇年	與魏戰武城。

秦惠公	西元前三八九年	攻魏之陰晉。
	西元前三八七年	伐蜀取南鄭。
秦出子	西元前三八五年	秦庶長迎獻公於河西而立之。
秦獻公	西元前三八四年	止人殉。
	西元前三八三年	徙都櫟陽。
	西元前三七八年	初行市。
	西元前三七五年	設戶籍相伍。
	西元前三七一年	與趙戰高安，敗績。
	西元前三六六年	戰敗韓、魏於洛陽。
	西元前三六四年	勝魏於石門。
	西元前三六三年	攻魏少梁。
	西元前三六二年	勝魏，擄其將公叔痤。
秦孝公	西元前三六一年	韓、魏伐秦。商鞅入秦。秦伐魏、伐西戎，斬戎之獠王。
	西元前三五九年	用商鞅變法。
	西元前三五八年	敗韓師於西山。
	西元前三五六年	以商鞅爲左庶長。
	西元前三五五年	與魏王會杜平。
	西元前三五四年	與魏戰元裡。
	西元前三五二年	以商鞅爲大良造，將兵圍魏安邑。
	西元前三五一年	築城塞於商。商鞅圍魏固陽，降之。
	西元前三五〇年	徙都咸陽。初聚小邑爲縣。開阡陌。
	西元前三四九年	初在縣設秩史。
	西元前三四八年	初爲賦。
	西元前三四三年	城武城。
	西元前三四〇年	商鞅伐魏。鞅封於商。

秦孝公	西元前三三九年	與魏戰岸門，擄魏錯。
	西元前三三八年	孝公卒。誅商鞅。
秦惠文王	西元前三三七年	楚、韓、趙、蜀朝秦。
	西元前三三六年	初鑄銅錢行於市。
	西元前三三五年	攻取韓之宜陽。
	西元前三三三年	犀首爲大良造，張儀爲客卿。
	西元前三三二年	魏獻陰晉，更名甯秦。
	西元前三三一年	義渠內亂，庶長操將兵定之。
	西元前三三〇年	與魏戰，擄龍賈，斬首八萬。魏獻河西之地。
	西元前三二九年	伐魏渡河，取汾陰、皮氏，圍焦，降之。
	西元前三二八年	始置丞相。張儀爲相。魏獻上郡十五縣予秦。
	西元前三二七年	義渠君稱臣。更名少梁爲夏陽。歸還給魏焦、曲沃等地。
	西元前三二六年	初臘。與楚、燕、齊、魏等參加趙肅侯葬儀。
	西元前三二五年	惠王君稱王。
	西元前三二四年	張儀率兵攻魏。
	西元前三二三年	張儀與齊、楚大臣相會於齧桑。
	西元前三二二年	韓、魏太子來朝。張儀免相。
	西元前三一九年	攻取韓之鄢地。
	西元前三一八年	樂池爲相。韓、趙、魏等五國攻秦，不勝而回。
	西元前三一六年	司馬錯滅蜀。取趙中都、西陽（安邑）。
	西元前三一五年	取韓之石章，敗趙將泥（一作英）。
	西元前三一四年	攻義渠，得二十五城。
	西元前三一三年	樗里子攻趙，擄趙將趙莊，攻取藺。
	西元前三一二年	庶長魏章擊楚於丹陽。又攻楚漢中，置漢中郡。楚攻秦兵至藍田。
	西元前三一一年	伐楚取召陵。蜀相（陳）莊殺楚侯來降。樗里子助魏伐衛。

秦武王	西元前三一〇年	與魏襄王會臨晉。伐義渠、丹、犁。誅蜀相莊。張儀至魏。
	西元前三〇九年	樗里子、甘茂爲左右丞相。張儀死於魏。
	西元前三〇八年	與韓襄王會臨晉外。甘茂、庶長封伐宜陽。
	西元前三〇七年	始置將軍。魏冉爲將軍。拔韓宜陽。渡河在武遂築城。魏太子來朝。八月，武王舉鼎絕臏死。
秦昭襄王	西元前三〇六年	以武遂歸韓。
	西元前三〇五年	庶長壯及大臣諸公子爲逆皆誅。
	西元前三〇四年	與楚在黃棘會盟。王加冠。
	西元前三〇三年	攻韓之武遂，晉之蒲阪、晉陽、封陵。齊、魏、韓共伐楚，秦救楚，三國引去。
	西元前三〇二年	魏襄王、太子嬰入秦朝見。復與魏蒲阪。
	西元前三〇一年	蜀侯反，司馬錯定蜀。庶長奐伐楚。涇陽君質於齊。
	西元前三〇〇年	攻克楚新城，殺楚將景缺。樗里子卒。
	西元前二九九年	齊孟嘗君田文入秦爲相。楚懷王被騙入秦。
	西元前二九八年	孟嘗君歸齊。趙國樓緩爲秦相。齊、韓、魏聯軍攻秦至函谷關。秦攻楚，大敗楚軍。
	西元前二九七年	齊、韓、魏三國繼續攻秦。楚懷王還魏河外及封陵。
	西元前二九五年	免樓緩，用魏冉爲相。予楚粟五萬石。
	西元前二九四年	向壽伐韓取武始。左更白起攻新城。五大夫呂禮奔魏。
	西元前二九三年	白起大勝韓、魏聯軍於伊闕，拔五城，斬首二十四萬，擄魏將公孫喜。
	西元前二九二年	白起攻魏拔垣，復又放棄，攻韓。
	西元前二九一年	攻韓取宛，封公子市（涇陽君）於宛，封公子悝（高陵君）於鄧。
	西元前二九〇年	復占垣。
	西元前二八九年	伐魏取六十一城。魏獻河東地四百里，韓獻武遂地二百里。
	西元前二八八年	十月，秦與齊同時稱「帝」。後復去。
	西元前二八七年	李兌約趙、齊、楚、韓、魏五國攻秦，無功而散。

秦昭襄王	
西元前二八六年	攻韓夏山，攻魏河內。魏獻安邑。
西元前二八五年	與趙、楚會盟。蒙武率兵伐齊，得九城，設九縣。
西元前二八四年	秦與燕、趙、韓、魏攻齊。
西元前二八三年	攻齊勝，取陶。昭襄王與楚頃襄王相會。攻魏取安城，軍逼大梁。
西元前二八二年	與韓、魏盟。
西元前二八一年	攻趙離石。
西元前二八〇年	攻楚取黔中，楚獻漢水及上庸。攻趙，取代、光狼。
西元前二七九年	秦趙會盟澠池。白起率兵攻楚取鄢。
西元前二七八年	白起攻下楚安陸，拔楚都郢，焚夷陵，取竟陵，至洞庭。楚遷都於陳。
西元前二七七年	攻楚黔中、巫郡。
西元前二七六年	楚奪回十五邑。秦攻取魏二城。
西元前二七五年	攻魏，占啓封。
西元前二七四年	攻取魏蔡、中陽等四城。
西元前二七三年	戰趙、魏於韓之華陽，趙、魏敗，秦占華陽。魏獻南陽。初置南陽郡。
西元前二七二年	助楚、韓、魏伐燕。
西元前二七〇年	客卿灶攻齊，取壽、剛，予穰侯。秦中更胡傷攻趙之閼與，趙將趙奢大破秦軍。
西元前二六八年	五大夫綰收取魏之懷。
西元前二六六年	秦攻魏取邢丘。用范睢爲相。
西元前二六五年	攻取趙三城及韓之少曲、高平。
西元前二六四年	白起攻韓之陘城。
西元前二六三年	攻太行之南陽，斷韓本土與上黨之路。
西元前二六二年	攻韓，取野王等十城。大戰趙長平。
西元前二六一年	續戰長平。攻取韓緱氏、綸。
西元前二六〇年	大勝趙於長平，白起坑降卒四十萬。
西元前二五九年	取趙之武安、太原，並攻邯鄲。秦始皇嬴政生於邯鄲，初名趙政。

秦昭襄王	西元前二五八年	續攻邯鄲。任王稽爲河東守，鄭安平爲將軍。
	西元前二五七年	魏、楚救趙。鄭安平降趙。白起罪遷陰密。
	西元前二五六年	滅西周。周赧王卒，周嗣絕。
	西元前二五五年	王稽、范雎死。
	西元前二五四年	攻魏河東。魏向東攻取秦之陶。
秦孝文王	西元前二五〇年	昭襄王卒。十月，孝文王即位，三日即卒。
秦莊襄王	西元前二四九年	呂不韋爲相。滅東周。攻韓建三川郡。
	西元前二四八年	攻魏高都、波，攻取榆次、新城等三十七城。
	西元前二四七年	全占韓之上黨郡。平定晉陽之亂，重建太原郡。信陵君會五國兵攻秦。五月，莊襄王卒。
秦始皇	西元前二四六年	秦攻佔上黨郡全部，派蒙驁平定晉陽，重建太原郡。開鄭國渠。
	西元前二四五年	秦攻取魏國的卷。
	西元前二四四年	秦將蒙驁攻取韓十三城。
	西元前二四三年	秦國發生蝗蟲災害，百姓納粟千石拜爵一級。
	西元前二四二年	秦將蒙驁攻取魏酸棗等二十城，建立東郡。
	西元前二四一年	秦攻取魏國朝歌。秦遷衛君角於野王，以爲秦國的附庸。趙將龐煖率韓、趙、魏、楚、燕五國聯軍攻秦，進至蕞地。
	西元前二四〇年	秦攻取趙國的龍、孤、慶都。秦攻取魏國的汲。秦將蒙驁死。
	西元前二三九年	秦封嫪毐爲長信侯。
	西元前二三八年	秦王政於蘄年宮加冠親政，平定嫪毐叛亂。秦將楊瑞和攻取魏國的首垣、蒲、衍氏。
	西元前二三七年	秦免除呂不韋的相國職務。
	西元前二三六年	王翦、楊端和等人攻趙，取閼與等九城。
	西元前二三五年	秦發四郡兵助魏攻楚。呂不韋死。
	西元前二三四年	秦攻取趙國的平陽、武城，殺趙將扈輒，斬首十萬。

秦始皇	
西元前二三三年	趙將李牧大敗秦軍。韓非入秦，旋即受讒被迫自殺。
西元前二三二年	秦軍分二路大舉攻趙，再次被趙將李牧所敗。
西元前二三一年	韓向秦獻南陽地，秦派內史滕爲南陽假守。魏向秦獻麗邑。
西元前二三〇年	秦內史滕攻韓，俘韓王韓安，建立潁川郡華陽太后卒。民大饑。
西元前二二九年	秦將王翦、楊瑞和率大軍攻趙都邯鄲，李牧率趙軍抵拒。秦用離間計陷害李牧，趙起用趙蔥、顏聚代李牧爲將。
西元前二二八年	秦軍大破趙軍，俘虜趙王遷。趙公子嘉出奔代，自立爲代王。秦王政生母趙太后卒。
西元前二二七年	燕太子丹派荊軻刺秦王，未能成功。秦將王翦、辛勝攻燕、代，在易水西岸擊敗燕、代聯軍。
西元前二二六年	秦軍攻克燕國都城薊，燕王喜遷至遼東。秦將王賁伐楚，取十餘城。
西元前二二五年	秦將王賁水灌魏都大梁城，魏王假降，魏亡。秦設右北平郡、漁陽郡、遼西郡。秦將李信、蒙武攻楚，被楚將項燕打敗。
西元前二二四年	秦將王翦、蒙武率六〇萬大軍大破楚軍，楚將項燕兵敗被迫自殺。秦設上穀郡，廣陽郡。
西元前二二三年	秦軍攻入楚都壽春城，俘虜楚王負芻，楚亡。秦設置楚郡。
西元前二二二年	秦將王賁攻取遼東、俘虜燕王喜，燕亡。秦將王賁攻取代，俘虜代王嘉，趙亡。秦平定楚國江南地區，設置會稽郡。
西元前二二一年	秦將王賁攻齊，俘虜齊王建，齊亡。秦至此完成統一山東六國大業。秦王政上皇帝稱號，號「始皇帝」。改正朔，易服色，以水爲德。除諡法。分天下三六郡。更名民曰黔首。收天下兵器，聚集咸陽，銷鑄十二銅人。統一度量衡石丈尺。車同軌，書同文。徙天下富豪十二萬戶於咸陽。
西元前二二〇年	巡隴西、北地二郡，出雞頭山。治馳道。賜民爵一級。

秦始皇	西元前二一九年	修靈渠。造阿房宮，爲太極廟。出巡東南郡縣，泰山封禪；等芝罘，刻石。旋之琅邪台，刻石頌德；派徐福發童男女數千人入海求仙人，過彭城，之衡山，乘舟至湘山祠，自南郡由武關歸咸陽。
	西元前二一八年	出巡東遊，在博浪沙險遇刺客，鐵錘誤中副車，令天下大索十日。登芝罘，刻石。旋之琅邪，經上黨回咸陽。
	西元前二一六年	使黔首自實田。於咸陽與武士四人微行，在蘭池遇盜，下令關中大索二十日。
	西元前二一五年	秦始皇出巡北部邊地之碣石，刻石於碣石門。使燕人盧生求羨門、高誓，使韓終、侯公、石生求仙人不死之藥。壞城郭，決通堤防。派將軍蒙恬發兵三〇萬北擊匈奴，掠取河南地。
	西元前二一四年	以謫徙民五十萬人戍五嶺，與越雜處。
	西元前二一三年	謫治獄不直者築長城及南方越地。下〈焚書令〉。
	西元前二一二年	修直道。坑殺文學方術士四六〇人於咸陽。公子扶蘇因進諫觸怒始皇帝，令他離開京師到上郡任蒙恬的監軍。
	西元前二一一年	郡有隕石落地，黔首刻石曰：「始皇帝死而天下分。」朝廷使者從關東回咸陽，夜間在華陰平舒道，有人持璧遮攔使者，說：「今年祖龍死。」遷民三萬戶於北河、榆中，拜爵一級。
	西元前二一〇年	第五次出巡。由咸陽出發，左丞相李斯隨從。行至雲夢，望祀虞舜。登廬山，浮江下，觀籍河，渡海渚，過丹陽，至錢塘，臨浙江。上會稽，祭大禹，望於南海，刻石頌德。憩於阼湖，遊會稽，渡江乘。並海北上，至琅邪。有琅邪北至榮城山，又至芝罘，射殺一巨魚。歸途中，至平原津患病。七月丙寅日，秦始皇病死於沙丘平臺。
秦二世	西元前二〇九年	二世即位，趙高掌實權。下令秦始皇後宮無子者皆令從死。陳勝、吳廣起義。
	西元前二〇八年	趙高與其婿咸陽令閻樂合謀，逼胡亥自殺於望夷宮。
子嬰	西元前二〇七年	子嬰即位，殺趙高。劉邦進入關中，子嬰自縛投降，秦朝正式滅亡。

國家圖書館出版品預行編目 (CIP) 資料

大秦帝國 / 童超主編 . -- 第一版 . -- 新北市：
風格司藝術創作坊出版：知書房出版發行，
2021.03
面；　公分 . -- (圖說天下) (中國大歷史)
ISBN 978-986-5493-04-2(平裝)

1. 秦史

621.9　　110003299

大秦帝國

主　　編：童　超
責任編輯：苗　龍
發　　行：知書房出版
出　　版：風格司藝術創作坊
地　　址：235 新北市中和區連勝街 28 號 1 樓
Tel：(02) 8245-8890
總 經 銷：紅螞蟻圖書有限公司
Tel:（02）2795-3656　Fax:（02）2795-4100
地　　址：台北市內湖區舊宗路二段 121 巷 19 號
http://www.e-redant,com
版　　次：2021 年 5 月初版　第一版第一刷
訂　　價：320 元

ISBN　978-986-5493-04-2　　Printed in Taiwan